ACOMPAÑANDO LOS PRIMEROS AÑOS
Ignacia González Rena - Silvina Fridman

Ignacia Gonzalez Rena

Silvina Fridman

ACOMPAÑANDO LOS PRIMEROS AÑOS

Una mirada respetuosa a la infancia

ANTROPOSÓFICA

Título: Acompañando los primeros años, una mirada respetuosa a la infancia

Gonzalez Rena, Ignacia / Fridman Silvina
   Acompañando los primeros años / Ignacia González Rena ; Silvina Fridman. - 1a ed . - Villa Adelina : Antroposófica, 2020.
   260 p. ; 22 x 15 cm.

   1. Educación Alternativa. I. Gonzalez Rena/ Fridman II. Título
   CDD 370.7

Ilustración de portada y carátulas: Gerardo Fridman

Imágenes: Las fotografías utilizadas han sido atutorizadas para esta publicación.

Impreso en Argentina en junio del 2020

Editorial Antroposófica
Buenos Aires, Argentina

E-mail: info@editorialantroposofica.com
www.editorialantroposofica.com

Nuestro miedo más profundo no es que seamos inadecuados, nuestro miedo más profundo es que somos poderosos sin límite.

Es nuestra luz, no la oscuridad lo que más nos asusta.

Nos preguntamos ¿quién soy yo para ser brillante, precioso, talentoso y fabuloso?

En realidad ¿quién eres tú para no serlo?

Eres hijo del Universo.

El hecho de jugar a ser pequeño no sirve al mundo.

No hay nada iluminador en encogerte para que otras personas cerca de ti no se sientan inseguras, nacemos para hacer manifiesta la gloria del Universo que está dentro de nosotros.

No solamente algunos de nosotros está dentro de todos y cada uno.

Y mientras dejamos lucir nuestra propia luz, inconscientemente damos permiso a otras personas para hacer lo mismo, y al liberarnos de nuestro miedo, nuestra presencia automáticamente libera a los demás.

Texto de Marianne Williamson, citado por Nelson Mandela en su discurso inaugural.

Agradecimientos

A quienes nos han hecho y nos hacen preguntas, en la vida misma, en las clases, talleres, capacitaciones.

A Gerardo Fridman, acuarela en mano, por su talento, sensibilidad y paciencia.

A Clara, Ioán, Mariano, Clarisa, Pedro, Juan y Alejandro, por el encuentro y la posibilidad de seguir transformándonos día a día. También por el acompañamiento en estos intensos meses de trabajo.

A nuestras familias de origen por todo lo entregado, recorrido y compartido, con gratitud a los valores recibidos y lo que seguimos transitando juntos.

Al ISFD Perito Moreno, por ofrecernos cada año la posibilidad de seguir creciendo en el encuentro con los jóvenes que inician su camino de formación y nutrirnos en el intercambio con nuestros colegas.

A los amigos y conocidos que colaboraron generosamente con fotos y testimonios.

A los jardines Waldorf y no Waldorf que comparten su trabajo con nosotras, que nos convocan para enriquecernos mutuamente.

A Hernán Coria Spada, maestro del color.

A Susana Malvasio, por la paciencia y dedicación.

A los editores, por confiar en que el cuidado de la primera infancia, florecerá como una sociedad más saludable.

A Michaela Glöckler por su compromiso con la niñez temprana, siendo pionera en la validación y enriquecimiento del trabajo pedagógico con los niños de 0 a 3 años en el marco de la Antroposofía y la Pedagogía Waldorf; y por sus palabras preliminares.

A Dania, por hacer sonar en castellano las palabras de Michaela.

Ignacia:

A las maestras y familias del jardín y la escuela Cuarto Creciente, por acompañar e incentivar estas palabras, enriquecidas en el trabajo cotidiano compartido.

A la escuela de Formación en Pedagogía Waldorf, por abrir el espacio de encuentro con futuros maestros, y las inquietudes que en ellos viven.

Silvina:

A Marta y Gerardo, por haber impregnado mi infancia de gratitud y por seguir transformándose y agradeciendo cada día.

A todas y cada una de las personas que han nutrido y enriquecido mi vida en todos los ámbitos. Su escucha, su mirada, sus palabras, cada encuentro, la vida compartida, la tarea compartida reverberan en mi ser siendo parte de alguna manera también de esta entrega.

Gracias al Hogar Amaranta por ser un faro de luz sanador para niños y adultos.

Amaranta acoge a niños de 0 a 4 años, huérfanos, abandonados, víctimas de abuso, maltrato y violencia, en situación de extrema vulnerabilidad. Trabaja desde la mirada de la Pedagogía Waldorf y de la Atención Temprana del Desarrollo Infantil inspirados en dos hogares modelo, uno en Budapest, otro en Ecuador.

Gracias a cada una de las hermosas personas que lo llevan adelante, hermanas fundadoras de entrega incondicional; bellos, comprometidos cuidadores de una calidad humana única; valiente y presente equipo técnico; desinteresadas hadas, cálidos amigos, generosa red terapéutica.

www.amaranta.com.ar

Índice

Parte del entramado de este libro, como hilos de la urdimbre con los que fuimos tejiendo, que atraviesan todo el libro son: la confianza, el calor, el tiempo, la observación, el respeto, los límites y la salutogénesis.

Prólogo

Con su nuevo libro, Silvina e Ignacia brindan a todos los que tienen que ver con los niños, una orientación inspiradora. Sus prácticas cotidianas con los niños pequeños y sus adultos referentes sustenta su experiencia, combinada con la riqueza de las enseñanzas de grandes pedagogos como Rudolf Steiner y la pediatra húngara Emmi Pikler.

Nos podemos preguntar si no existe ya suficiente literatura con recomendaciones para los primeros años de vida, las dificultades madurativas y también para acompañar un desarrollo saludable, tanto para profesionales como para aplicar en el hogar. Por supuesto, hay mucha literatura en este sentido, pero lo que sigue faltando es el arte de abrir los ojos a la realidad en la que viven los niños y en la cual quieren ser vistos y comprendidos tal como son y qué necesitan para su desenvolvimiento.

Esto es lo que hace que este libro sea tan especial, por mostrarnos esto no solo con muchos ejemplos y experiencias tomadas de la práctica. También muestra cuánto depende el desarrollo saludable de los niños de que los adultos que los acompañan aprendan, a su vez, a desarrollarse y a educarse. Porque solo cuando la educación y la autoeducación se apoyan mutuamente, puede surgir un ambiente cálido y lleno de humor en el que los niños pueden sentirse a gusto y florecer. En este sentido, deseo que este libro tenga una amplia circulación y me alegra que aparezca en el año de la pandemia de coronavirus, cuando todos tenemos el desafío de pensar de una manera nueva sobre lo que fortalece el desarrollo sano del cuerpo y del alma.

Goetheanum / Dornach en abril de 2020.

Dr. med. Michaela Glöckler

Introducción

Hilando procesos

Este es el nombre de la carpeta donde fuimos guardando, compartiéndonos, todo lo que se nos hacía evidencia mínima de procesos enormes, que giran siempre en torno a ese gran punto de convergencia que tienen nuestros caminos, que es el desarrollo del niño… que es el desarrollo del ser humano…. que es la humanidad toda.

"Carpeta" que fue durante muchos años entre mates, cara a cara, preparando clases y talleres…. y que estos últimos meses fue un chat; que nos permitió sortear de forma veloz los miles de kilómetros que nos separan en el mapa.

La aventura de tejer juntas cotidianamente trajo ingredientes vitales, y de asombro para nosotras, convivieron primavera con otoño y verano con invierno de maneras muy divertidas... la simultaneidad de vivencias tan polares compartidas son parte del backstage invisible de este libro.

Quisiéramos que este este libro fuera redondo y tridimensional, así el contenido se acercaría más a la realidad: plasmar algo tan interrelacionado entre sí, en el tiempo fue un enorme desafío. La imagen de niño y su acompañamiento desde este lugar no es lineal, sino viva, dinámica, circular y multidimensional.

Entonces, es esa la invitación; iniciar un camino donde recorremos el despliegue de la individualidad en sus primeros años.

Invitación a significar lo cotidiano

Las ideas que aquí compartimos están fundadas en la imagen de hombre de Rudolf Steiner sobre la cual basó la Pedagogía Waldorf; y los aportes de las investigaciones en la práctica de la doctora Emmi Pikler de Budapest, todo esto atravesado por nuestra experiencia tanto con niños como con el trabajo con adultos. Porque lo compartido en estas palabras, está inspirado también en los años de trabajo conjunto, de experiencias compartidas, de repensar los contextos en los que nos movemos cada una -jardines, hogares, familias…-.

Desde el 2014 todo esto resignifica y enriquece cada año la cátedra de Educación Temprana que damos juntas en el ISFD Perito Moreno. ... si lo lee alguno de nuestros exalumnos, ¡seguro encontrará lugares conocidos!

* * *

Escribir es un desafío enorme: cómo hacer que la palabra siga teniendo vida, cuando no estamos frente a quien la recibe, y no podemos percibir sus emociones, sus preguntas, sus vivencias… ¿entonces por qué escribimos?

Escribimos a partir de preguntas de nuestros alumnos "¿Por qué estas ideas no las conoce todo el mundo? ¿Qué podemos hacer? ¡Esto hay que difundirlo!"

Escribimos con el anhelo de que el camino de autotransformación que es el acompañar a la infancia, pueda germinar en muchos contextos diferentes, más allá de los que nosotras conocemos. Confiamos en que el crear entornos saludables y favorecedores para el desarrollo de los niños es posible en muy diferentes circunstancias.

Escribimos inspiradas en las situaciones que nos tocan de cerca y percibimos con claridad que el colectivo social en el que nos movemos está muchas veces muy lejos de poder conectar con la esencia de la infancia, y con el ineludible rol que los adultos tenemos en los contextos en los que los niños crecen.

* * *

Esta mirada nos invita a un camino de autoconocimiento, de autotransformación, posibilitador. Hay en ella un fuerte hincapié en la formación del adulto y cómo eso es alimento para el niño. Por supuesto que estamos todos rumbo a los ideales… Cuando hablamos de ser "adultos dignos de imitar" es porque esperamos que el niño pueda imitar nuestro intento de ser mejores cada día. Eso será para él una herramienta para toda su vida. Hablamos de altos de ideales, por lo que esta tarea puede parecer exigente. Pero los ideales son las estrellas que nos guían, eso no significa que queremos tocar las estrellas sino que ellas nos recuerdan e iluminan el camino, al que cada vez de nuevo podemos volver. Nuestra autoeducación, nuestra transformación es lo que nutrirá al niño. Ese ir avanzando cada día un poco hacia donde queremos llegar. Paso a paso. Sin prisa pero sin pausa, con **el respeto como norte.**

Aquí plasmamos lo que corroboramos una y otra vez en la práctica, y **también lo que queremos seguir practicando hasta que nos salga.** Estas palabras se nutren además de los tránsitos que la maternidad nos ofrece a cada una. Conocemos el sentir que no damos más, el haber gritado, el arrepentirnos de algo que dijimos o hicimos con nuestros hijos. Desde ahí, el anhelo es que este compartir sirva de abrazo, de sostén, de "vamos, que vale la pena intentarlo. No estamos solos, y ellos no esperan que seamos perfectos, sino que nos quieren conscientes y en camino de autotransformación".

* * *

Mucho de lo que ya compartimos en "Creciendo con amor, adultos presentes, niños con confianza" (Antroposófica 2015) resuena en estas páginas, enriquecido por los encuentros y experiencias de estos cinco años, dándole ahora una vuelta más, poniendo el acento más aún en las propuestas de trabajo interior y reflexión a partir de la práctica de la vida misma y convencidas de que **las herramientas de las que nos hacemos acompañando a la primera infancia, son llaves que nos sirven en muchas otras situaciones a lo largo de toda nuestra vida.**

Algunas cuestiones a tener en cuenta

Cuando decimos *niño*, nos estamos refiriendo a niños, niñas, niñes, como cada uno prefiera leerlo. Lo usamos como genérico, intentando hacer fluida la lectura. Lo mismo para los adultos... **es evidente que hablamos de personas en sus primeros años y de quienes las cuidamos, tengamos el género que tengamos.**

* * *

Por cuestiones de preservar la intimidad hemos cambiado los nombres en la mayoría de los ejemplos que compartimos a modo de ilustrar y hacer más tangibles algunas de las miradas que acercamos.

* * *

Cada capítulo cuenta con ideas generales, con fotos que invitan a descubrirlas en lo cotidiano, en lo concreto; con

16

versos, fragmentos de textos literarios, testimonios de otros que nos parece que pueden inspirar el camino interior de cada uno, con reflexiones, que son para nosotras como fotos del colectivo social en el cual todos viajamos… que está bueno poder hacer una pausa y mirarlas con cierta distancia, para volver a pensar qué queremos hacer.

* * *

Las fotos: la mayoría son del cotidiano, sacadas por quien estaba en esa situación: no tienen la mejor calidad, pero nos comparten cualidades preciosas de esos momentos. Las ofrecemos como ventanas para invitar a observar muchas de las ideas que compartimos.

* * *

Dijimos que queríamos que este libro fuera circular, por el entramado y simultaneidad de los temas. A modo de caleidoscopio , los elementos van tomando distintas formas a lo largo de los capítulos. Hay temas que en algunos son centro y en otros periferia; y van rotando. Esto da la posibilidad de leer capítulos aislados, sin perder la imagen global. Por esto se van a encontrar números con citas en los que los invitamos a ver algún otro capítulo para profundizar en la temática correspondiente. Hay temas que nombramos en un capítulo y luego desplegamos en otro. Hay muchas temáticas interesantes que no llegamos a desarrollar, pero que nombramos de todas formas, a modo de puerta abierta invitante, para quien quiera seguir profundizando.

¡Muy bienvenidos a la trama de nuestro hilar!

Silvina e Ignacia, marzo 2020

Mientras este libro estaba en manos de la diseñadora, el mundo quedó atravesado por la situación del covid19, y posiblemente lo esté aún cuando el libro salga a la luz. Nos damos cuenta de que mucho de lo que compartimos brinda herramientas concretas, facilitadoras para esta situación, a la vez que el trabajo de profundización que hacemos acompañando a familias y profesionales en este marco de aislamiento social y desde Pedagogía de Emergencia de Iberoamérica, vuelve a enriquecer las ideas y prácticas… que quedarán ya para otro escrito.

Que los grandes desafíos que nos trae esta situación sean despertadores y posibilitadores de conciencia, de encuentros verdaderos con nosotros mismos, con los demás y con el mundo.

Silvina e Ignacia, abril de 2020

1.

Acercándonos a la imagen del niño

Vamos a compartir un recorrido por los primeros años de la infancia. Vamos a hablar de niños… ¿qué imagen de niño sustenta este camino?

Podemos hacernos una imagen del niño a partir de un viaje hacia el pasado, hacia nuestra infancia: pensar, en función de lo que recordamos, cuáles son las cualidades de los niños.

Otro puente para llegar a la imagen, puede ser partir de la reflexión sobre los niños que nos movilizan: nuestros alumnos, nuestros hijos, nuestros nietos, los niños que cuidamos, nuestro niño interior.

Y otra puerta para acercarnos a cómo son los niños, puede ser también pensar con qué herramientas nos gustaría que cuenten los pequeños de hoy cuando sean grandes. Poner conciencia en esos propósitos, nos implica pensar en el camino para alcanzarlos… y el camino será de una forma u otra en función de cómo miramos a los niños.

Un niño es un ser espiritual que ha decidido encarnar. Una persona.

SOMOS -¡nosotros también!- seres espirituales; y desde el mundo espiritual venimos a la Tierra.

Cuando nos detenemos a observar la Madonna Sixtina, ese hermoso cuadro de Rafael que suele estar en las salas de los jardines Waldorf; es interesante ver cómo el mundo espiritual se abre cuando un niño llega a la Tierra; y cómo estos dos mundos se encuentran muy unidos en ese momento de "cruzar el umbral" y volverá a abrirse este umbral en el otro extremo de nuestra vida en la Tierra, en la muerte. Esta imagen nos acompaña también en el meditar cómo recibimos al niño que llega a encontrarse con nosotros.

Este venir desde el mundo espiritual implica que venimos con vivencias, con experiencias, con dones, con decisiones... No es azaroso el estar en la Tierra, ¡el estar en el lugar en que estamos, ni el ir encontrándonos con quienes nos vamos encontrando[1].

Esta **decisión de encarnar**, nos lleva a pensar en la meta que cada uno de nosotros trae, que cada niño porta, y en el sentido de la vida, de cada uno, más allá de las circunstancias que nos toque vivir. Todos tenemos una meta en nuestra vida, la vida de todos los seres humanos es valiosa. No hay biografías perfectas ni imperfectas: la cuestión es hacernos amigos de nuestra biografía, poder/querer tomarla, trabajarla, crecer a partir de los desafíos que nos plantea.

Esta decisión de encarnar, nos muestra ya dónde comienza la **iniciativa** del niño, ese impulso interno que busca desplegar.

---

1. Ver Innatalidad, de Peter Selg.

"Tener un cuerpo" es necesario para estar en la Tierra, para hacer en la Tierra. Si nos detenemos en lo que es el desarrollo embrionario, ya nos maravillamos de esa perfección que es la gestación, el "tejido" de nuestro cuerpo. Y si pensamos en los primeros años, es evidente el trabajo que los seres humanos hacemos sobre nuestro cuerpo físico en esa época.

La gran tarea es, entonces, "hacernos reyes, soberanos de nuestra casa". En muchas culturas es considerado el cuerpo como templo del espíritu.

> *"¿A dónde va lo común, lo de todos los días?*
> *¿El descalzarse en la puerta, la mano amiga?*
> *¿A dónde va la sorpresa, casi cotidiana del atardecer?*
> *¿A dónde va el mantel de la mesa, el café de ayer?*
> *¿A dónde van los pequeños terribles encantos que tiene el hogar?*
> *¿Acaso nunca vuelven a ser algo?*
> *¿Acaso se van?*
> *¿Y a dónde van?*
> *¿A dónde van?"*

Silvio Rodriguez

¿A dónde van? En los primeros años, ¡al cuerpo!

Es impresionante tomar conciencia de cómo cada niño va formando y conquistando su cuerpo, desplegando su ser. Cómo todas las vivencias que tiene, se hacen cuerpo. Reiteramos aquí el contundente ejemplo que de esto nos dan las experiencias de los niños que han quedado al cuidado de animales, como es el caso de las niñas lobo en India a principio del siglo pasado: seres que, aunque genéticamente estaban dispuestos para erguirse, hablar, pensar... construyen su cuerpo y se despliegan, en función de las vivencias y modelos que el entorno les ofrece; entonces su visión es más aguda de noche, sus huesos toman una forma tal que no se yerguen, su lengua y sus dientes toman la forma semejante a la de los lobos. El niño construye su cuerpo a través de su iniciativa, percibiendo e imitando.

En los primeros años crecemos mucho, nunca más volvemos a crecer tanto. Un niño recién nacido, en unos meses duplicará su peso, y en unos años modificará la proporción cabeza/cuerpo.

Hacia los siete años aproximadamente terminamos en gran parte este trabajo de "hacernos dueños de casa" , y hemos entonces transformado el cuerpo heredado que recibimos al ser concebidos, en nuestro cuerpo propio. Porque esta es también tarea del primer septenio: transformar el cuerpo heredado. La expulsión de los dientes de leche, y la aparición de los definitivos, es señal de que este trabajo va llegando a su fin. Y vemos también cómo en su "nuevo rostro" impregnado de sus dientes definitivos comienzan a aparecen con claridad los rasgos propios de su personalidad.

Observemos al recién nacido en su redondez, en la coloración rosada de su piel, en la suavidad de su textura, en la fragilidad que percibimos al colocarlo en nuestros brazos. Todo allí es plasticidad y maleabilidad.

Ya en los primeros días, semanas y meses podremos observar cómo van ganando terreno fuerzas que intentan dejar atrás lo "redondo" en pos de que formas más definidas estructuren y brinden límites cada vez más precisos al cuerpo físico. Así podremos reconocer el actuar de la individualidad que, cual escultor, va modelando y creando la propia conformación de la corporalidad.

El progresivo desarrollo del sistema nervioso, que le permitirá al niño erguirse y ponerse de pie, y más adelante desarrollar las cualidades vinculadas con la conciencia, acontece en paralelo con esta actividad de conformación. Observaremos semana a semana, mes a mes, año a año, cómo el crecimiento va acompañado de una definición de la forma, de la presencia cada vez mayor de ángulos y rectas.

Y este proceso encontrará su punto de culminación alrededor de los veintiún años.

Sergio Grines[2]

Cuando vemos un niño, vemos una **relación**: ningún niño es solo. Y de hecho, esta relación, la que el niño tiene con quienes lo cuidan, y a partir de ellos con el entorno que lo rodea -nosotros mismos somos también parte de ese entorno- es fundamental para la construcción de su psiquismo y de su cuerpo. Este modo de relacionarse, de ser mirado, de entablar vínculos, lo podemos ver en sus

---

2. Sergio Grines, médico antroposófico.

gestos, en su juego… Claro que cuando decimos "vemos" no hablamos de una "foto instantánea"… **tenemos que ser cuidadosos cuando "leemos eso que vemos y no juzgar".**

* * *

La imagen del niño recién nacido es ya imagen de la **confianza y la entrega** con la que el niño llega a la Tierra. Esta confianza podemos observarla en muchos ejemplos a lo largo de la infancia, pero en el recién nacido es muy clara: el niño confía en quien lo recibe, confía en que **el mundo es bueno,** y nosotros somos ese mundo que le da cobijo, de la forma en que lo hagamos. Esta confianza y entrega aparecen otra vez en el niño que percibe íntimamente su entorno y lo imita.

Cuenta Jacques Lusseyran, hablando de su infancia en su libro "Y se hizo la luz":

"Corría para ir al encuentro de todo lo que era visible
y de todo aquello que aún no lo era. Iba de confianza
en confianza como en una carrera de postas."

Cuando Steiner se refiere al **niño órgano sensorio** nos habla de su percibir el entorno con todo su ser; y de cómo eso forma su corporalidad. "Un niño escucha con todo su cuerpo" decía una pediatra de terapia intensiva de prematuros… ¡la imagen es más que evidente! Las vivencias del niño en estos primeros años, son con todo su ser, y se hacen cuerpo. Los sentidos no están aún localizados, por eso la imagen es de totalidad, el niño como un gran órgano sensorio.

Cuando pensamos en nuestros primeros recuerdos podemos observar que están impregnados de una fuerte intensidad: podemos ver cómo estábamos vestidos, con quién estábamos, cuáles eran los sonidos, los olores, la atmósfera exterior y anímica de los presentes. Esa intensidad tiene que ver también con ese percibir tan entregado al entorno, la sensibilidad del niño genera que los recuerdos sean tan pregnantes.

Nombramos algo antes del **niño como ser imitador:** entregado a su entorno, toma lo que de él recibe como ejemplo,

Nora tiene 2 años, camina por los jardines de una gran escuela en un dia de feria, hay mucha gente en el predio. Ella camina, está perdida, va sola, confiada, hablando en voz alta con voz dulce y melódica, alegre.

-Abueeelaa, ¿dónde estás?
¿Te escondiste?

Para Nora el mundo es bueno. Ella no está perdida. No tiene miedo de no encontrar a su mamá y a su abuela. En algún lado están.

La confianza básica con la que todo niño llega a la Tierra está intacta en este caso. **El mundo es bueno.**

lo hace propio, y lo replica. Lo exterior actúa sobre la voluntad del niño, sobre su hacer. Los niños no pueden no imitar, son imitadores por naturaleza ¡esto lo ha comprobado quien ha estado con niños, seguro!. Como dice Steiner, el niño imita y necesita **adultos dignos de imitar.** Esto, que puede sonar inalcanzable, lo retomamos en el capítulo siguiente, referido al rol del adulto: ¿De qué se ocupa el niño? ¿de qué nos ocupamos los adultos? Pero es un buen momento para señalar que así como los niños perciben nuestros gestos, también perciben nuestras intenciones. Crecer nosotros al lado de los niños, desplegando el trabajo de autoeducación y autoconocimiento al que ellos nos convocan, este intentar ser un poco mejores cada día, ya es alimento para ellos .

Digámoslo una vez más: no nos quieren perfectos, sino que ¡nos quieren en camino! comprometidos con nuestra autotransformación ya que como humanos ambos somos **seres devinientes,** tenemos la posibilidad de seguir transformándonos y aprendiendo hasta el último minuto de vida.

Siguiendo esta línea de la entrega del niño a su entorno, nos encontramos con su enorme **capacidad de asombro.** Esta es una de las cosas que más agradecemos al estar con los niños: el poder constatar, al verlos, lo maravilloso que hay hasta en las cosas más simples que nos rodean. "Ahhh" es un gesto anímico de apertura donde abrazamos con confianza lo que hay a nuestro alrededor.

El interés, el asombro, la entrega; estas niñas estuvieron largo rato observando una lombriz que descubrieron en el

cantero... a los adultos nos puede parecer algo pequeño...
¡pero los niños descubren allí la grandeza!

El asombro y la entrega del niño a su entorno. Tiempo para descubrir la maravilla en lo grande, en lo pequeño, en lo visible y en lo sutil.

El niño es voluntad, **es hacedor**: se detiene a observar a los hacedores, no a los pensadores. Quiere, necesita aprender qué es esto de estar en la Tierra. Está ávido de procesos visibles de adultos haciendo: un hacer que se comprende con solo verlo, no hace falta ninguna explicación. Estos procesos aparecerán nuevamente cuando hablemos del sentido vital y cuando describamos el desarrollo del pensar, del ir dando un orden interno al mundo, ¡y cuando hablemos de juego! porque **el juego es el hacer propio de los niños,** y mucho de lo que viven aparecerá en su juego.[3]

---

3. Ver capítulo Juego.

La vida nos ofrece cotidianamente la posibilidad de vivir procesos, de ser hacedores. No tenemos que inventar situaciones artificiales para hacer cosas con los niños; el día a día requiere que cocinemos, limpiemos, arreglemos algo que se ha roto, cuidemos las plantas... Compartimos un instante de la carpintería que se abrió ese día en la sala, cuando nos pusimos a reparar algunos juguetes.

Este observar del niño al adulto haciendo, es algo que trasciende las épocas y las culturas. El observar a quien hace, es una de las formas más arquetípicas de aprender un oficio.

En nuestros primeros años desarrollamos, a través de la imitación y de nuestra iniciativa, las capacidades de andar, hablar, pensar. Tres capacidades humanas que nos han sido donadas desde el mundo espiritual, y son base para todo el desarrollo posterior.[4]

* * *

Al detenernos en los primeros años, diversas teorías psicológicas del desarrollo están de acuerdo en relación a su importancia para el resto de nuestra vida. Son años donde todo se hace cuerpo; por más que después quede fuera de lo que podemos recordar. Años donde se construyen las piedras angulares para nuestro desarrollo psíquico. De la mano del movimiento se desarrolla el sistema nervioso central y se van terminando de formar los órganos físicos que nos acompañarán el resto de nuestra vida.

La confianza en sí mismo comienza a desplegarse en estos primeros años y lo acompañará el resto de su vida: las vivencias de todo este septenio, impactan en las fuerzas de salud -tanto físicas como anímicas y espirituales- y en la capacidad de afrontar situaciones adversas en el futuro.

> *El milagro de una casa no reside en que nos protege y nos cobija, tampoco en que nos envuelve con sus muros. El milagro consiste en que ha acopiado en nosotros una reserva de felicidad; forma en el corazón aquella oscura cordillera donde emanan como manantiales los sueños.*
>
> *Antoine de Saint Exupéry*
> *Viento, arena y estrellas.*

---

4. Ver capítulo Andar, hablar, pensar.

El niño tiene un nombre

Sin decidirte por el tuyo, suave
ni por este, tan dísono, que llevo,
alzaste al cielo tu mirada grave
como buscando en él un nombre nuevo.

Y suplicaste: -Quiero un nombre luz
que te recuerde ¡Oh cielo! en su eufonía;
uno más transparente que Jesús,
y que José, y que Marta, y que María.

Y estando él para llegar al mundo,
no hemos hallado el nombre todavía:
solo sabemos que ha de ser profundo
y claro como el día.

José Pedroni, Su nombre.

Rudolf Steiner dijo que los dioses nos dieron el lenguaje para llevar una medicina siempre con nosotros. El nombre es esta medicina personalizada.[5]

Tenemos un nombre -o más de uno- y allí está como en germen toda nuestra potencia. Cada sonido tiene una cualidad específica, objetiva. Que ese nombre resuene posibilita dar espacio a que esa potencia se manifieste. Pero las vueltas de la vida hacen en la mayoría de los casos que ese nombre resuene pocas veces. Solemos ser llamados por apodos o diminutivos y nos identificamos tanto con ellos que luego el nombre -ese tesoro potencial- lo sentimos lejano, distante, formal. Muchas veces se termina tergiversando. Nos suena frío, de reto. Escuchamos nuestro nombre .entero y pensamos "y ahora ¿qué hice mal?" Podemos redignificar el nombre llamándonos por nuestro nombre entero amorosamente -difícil desafío- y llamando así a los niños, en casa, jardines, hogares de niños.

---

5. Chubarovsky, T. *La fuerza curativa de la voz y la palabra.*

Cuando tienen más de un nombre podemos darles los buenos días y las buenas noches usando esos nombres, que si no terminan siendo una formalidad de documentos o una expresión de reto. Devolvernos el privilegio de ser llamados por nuestros nombres amorosamente es un ejercicio de posibilidad y sanación. Para nosotras llamar a otros por su nombre es como hacer resonar el deseo, que el otro pueda manifestarse plenamente acá en la Tierra. Muchas veces nos es difícil. Sobre todo con gente a la que hace años venimos llamando por su apodo. Ahí el llamar por ejemplo al otro por su nombre completo como regalo de cumpleaños explicándole el fundamento, ha posibilitado el recuperar, el apropiarse del nombre... y ha generado efecto multiplicador.

Fragmento de la novela "La elegancia del erizo"

de Muriel Barbery

*En mi casa apenas se hablaba. Los niños chillaban y los adultos se afanaban en sus tareas como lo hubieran hecho de haber estado solos. Teníamos suficiente para comer, aunque frugalmente, no se nos maltrataba y nuestra ropa de pobres estaba limpia, de modo que aunque podía causarnos vergüenza, al menos no sufríamos el frío. Pero no nos hablábamos. La revelación tuvo lugar cuando, a la edad de cinco años, en mi primer día de colegio, tuve la sorpresa y el susto de oír una voz que se dirigía a mí pronunciando mi nombre. — ¿Renée? — preguntaba la voz, mientras yo sentía posarse sobre la mía una mano amiga. Era en el pasillo donde, con ocasión del primer día de colegio y porque llovía, se había apelotonado a un tropel de niños. — ¿Renée? — seguía modulando la voz que venía de lo alto, y la mano amiga no dejaba de ejercer sobre mi brazo — incomprensible lenguaje — ligeras y tiernas presiones. Levanté la cabeza, en un movimiento insólito que casi me dio vértigo, y mis ojos se cruzaron con una mirada. Renée. Se trataba de mí. **Por primera vez, alguien se dirigía a mí por mi nombre.** Mientras que mis padres recurrían a un gesto o a un gruñido, una mujer, cuyos ojos claros y labios sonrientes observé entonces, se abría camino hasta mi corazón y, pronunciando mi nombre, entraba conmigo en una proximidad de la que hasta entonces yo nada sabía. Descubrí a mi* *alrededor un mundo que, de pronto, adornaban mil colores. En un destello doloroso, percibí la lluvia que caía en el patio, las ventanas lavadas por las gotas, el olor de la ropa mojada, la estrechez del corredor, angosto pasillo en el que vibraba la asamblea de párvulos, la pátina de los percheros de pomos de cobre en los que se amontonaban las esclavinas de paño barato, así como la altura de los techos, a la medida de los cielos para la mirada de un niño. Entonces, con mis enormes ojos clavados en los suyos, me aferré a la mujer que acababa de traerme a la vida. — Renée — repitió la voz —, ¿quieres quitarte el impermeable? ... Se cree erróneamente que el despertar de la conciencia coincide con el momento del primer nacimiento, quizá porque no sabemos imaginar otro estado vivo que no sea ese. Nos parece que siempre hemos visto y sentido y, seguros de esta creencia, identificamos en la venida al mundo el instante decisivo en que la conciencia nace. Que, durante cinco años, una niña llamada Renée, mecanismo perceptivo operativo dotado de vista, oído, olfato, gusto y tacto, hubiera podido vivir en una perfecta inconsciencia de sí misma y del Universo desmiente tan apresurada teoría. Pues para que se dé la conciencia, es necesario un nombre. Sin embargo, por un concurso de circunstancias desgraciadas, se desprende que a nadie se le había ocurrido darme el mío. — Qué ojos más bonitos tienes — añadió la maestra, y tuve la intuición de que no mentía, que en ese instante mis ojos brillaban animados por toda esa belleza y, reflejando el milagro de mi nacimiento, lanzaban mil destellos. Me puse a temblar y busqué en los suyos la complicidad que engendra toda alegría compartida. En su mirada dulce y bondadosa solo leí compasión.*

* * *

Dando un taller acerca del niño pequeño, una participante nueva se presenta como Tuti. Le preguntamos por su nombre.

-Tuti -responde.
- Pero ¿tu nombre?
-Tuti...
-¿Tu nombre entero?
-¡Ah! ¡Susana! - dijo.

Le contamos el porqué solemos presentarnos con nuestro nombre entero.

Ella respondió:

-Ah! Mi abuela era la única que me llamaba así. Decía que el nombre sonaba como campanas.

Ella se sonrió. Se nos puso piel de gallina.

En el momento de presentarse en el grupo, se nombró Susana. ¡Sus ojos brillaban de una manera especial!

Desde aquel día, cada vez que suena el nombre Susana, nosotras escuchamos campanas.

"Me pasa con los niños, siento que al decir su nombre completo se evoca la cualidad que los identifica. Cuando son nombres cortos y uno los nombra siempre con amorosidad, responden siendo convocados. No desde una respuesta ligera sino que todo su ser responde al llamado. Cuando son nombres largos siento un llamado más profundo aún.

Antes tenía asociado el nombre completo a una mala experiencia, a un reto, y cuando entendí todo lo que evoca el nombre completo, ya no puedo decirle el diminutivo, porque el diminutivo ya es casi como otro nombre. Cuando el niño es nombrado con diminutivo, responde pero no con toda la magnitud de su ser. Es una experiencia para mí, como adulta, hermosa y de mucha transformación y hace que a todos los niños los pueda llamar de esa manera. Antes, si alguien me decía que le iba a poner tal o cual nombre a un niño, yo preguntaba ¿y cómo le van a decir cuando lo quieran llamar de manera cariñosa? Aprendí que el cariño no está en acortarlo sino en la forma y el tono que uno le da y que no es necesario disminuir el nombre para que toda esa cualidad esté en ese gesto tan bello. Creo que es hermoso. Estoy muy agradecida de haber aprendido esto" Jacqueline.

* * *

Una maestra nos cuenta: *Hace unos años, recibimos en la sala de 3, 4 y 5 un niño que nos generaba muchas preguntas. No miraba a los ojos nuestros ni a los de los demás, no se daba vuelta si lo llamábamos, decía muy pocas palabras… Él se nombraba a sí mismo como todos le decían: Quique. Entre todas las cosas que intuitivamente empezamos a hacer, una fue llamarlo siempre por su nombre, apelar*

Cuando los niños se acostumbran a ser llamados por sus nombres y los llaman a ellos o a otros por diminutivo, suelen corregirlos: *No se llama Viole, ¡se llama Violeta!*

El Nombre como puente

En situaciones donde un niño llega a una familia u hogar de tránsito, el nombre toma más relevancia aún ya que de un momento a otro cambia absolutamente todo el entorno de ese niño -entorno humano y físico- los rostros, las voces, los sonidos, los olores. Todo es nuevo y desconocido. Lo único que lleva consigo de donde viene -aparte de algunas pertenencias, a veces- **es su nombre**. Es el hilo dorado que va uniendo su vida, y dándole vivencia de continuidad de alguna manera. Teo es Teo, que antes vivió esto, ahora vive esto otro y luego vivirá algo nuevo y seguirá siendo Teo. Esto contribuye a su salud psíquica y emocional, y a poder ir tejiendo luego, cuando sea mayor, los hilos de su biografía.

Un gesto muy de los niños: cooperar

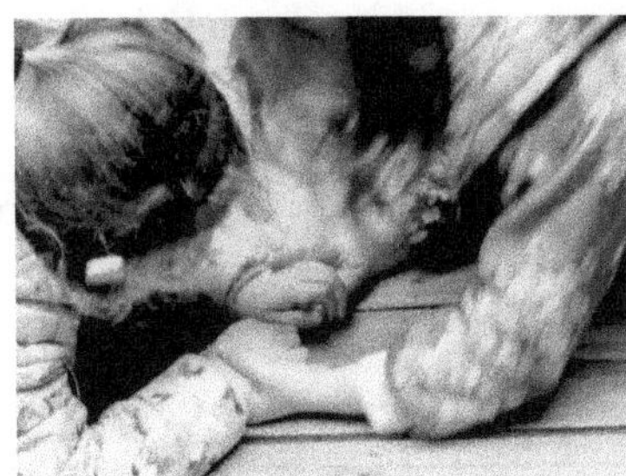
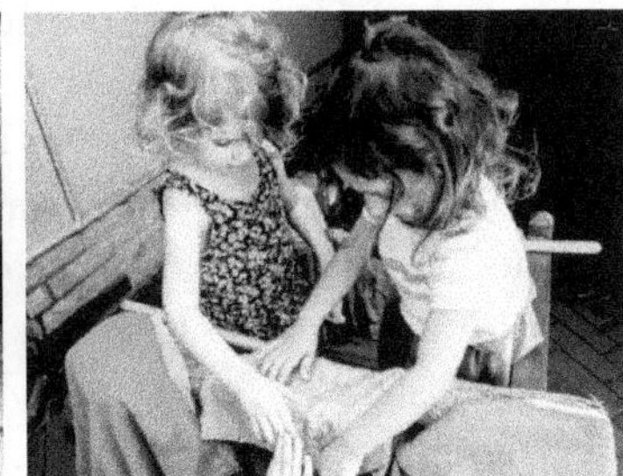

Empezamos este apartado con fotos: pequeños instantes de lo que vemos en el cotidiano. Al pensar en la imagen del niño pequeño, este niño que aún no tiene conciencia de sí mismo y menos aún de otro, no podemos dejar de ver al mismo tiempo sus acciones que implican cooperación. Por supuesto que no es todo el tiempo, que no es siempre: pero hemos sido testigos de muchas situaciones en donde un niño ayuda a otro, lo calma, lo sostiene, le alcanza lo que necesita sin que se lo pidan. Este es un rasgo que nos invita a detenernos una vez más en el gesto de entrega del niño;

de su estar unido al entorno, de estar en el presente, de latir en el aquí y ahora.

Sabiendo que el niño tendrá hábitos y formas de resolver situaciones por imitación, y por ir internalizando lo que vive, este gesto de los niños nos invita a mirarnos, a ver nuestras acciones y reacciones, nuestro estar presente y ser empáticos o no... Lo que el niño viva a nuestro lado, puede fortalecer o debilitar este impulso que le es propio.

Benito, de 3 años, irrumpe en llanto y gritos, su referente lo toma en brazos, lo acompaña. Pablo, de la misma edad, se va a la cocina a buscar agua para su amigo. En la cocina le ofrecen un vaso con el agua. Él dice: yo solo. Le dan un vaso con agua: ¡no! yo sirvo. Le dan la pequeña jarra, él se sube a un banco, la llena y se va con jarra llena y vaso. Llega a donde está Benito, sirve un poco y estira el brazo diciendo: "tomá, esta agua te va a hacer bien".

* * *

Varios niños pequeños están jugando en el parque del jardín, hay una maestra con ellos. Uno de los niños se tropieza, se cae, llora, se levanta y pide upa a su maestra. La maestra se acerca, se sienta, lo toma en brazos... mientras, una niña sale corriendo y se mete en la casa. "No puedo ir con ella ahora, piensa la maestra, espero que la vean las maestras que están adentro..." En unos minutos, la niña sale al parque, y corre a donde está la maestra con el niño que lloraba: la pequeñita trae la crema de árnica que fue a buscar.

* * *

Alguna vez alguien nos preguntó ¿ustedes en el jardín Waldorf trabajan lo espiritual, no? ¡La pregunta es muy interesante! Claro que tenemos en cuenta los espiritual, pero no es que eso es más importante en un momento que en otro, ¡el niño es un ser espiritual todo el tiempo! Y todos los niños lo son... ¡todos nosotros lo somos!

Desde afuera podría pensarse que trabajamos lo espiritual al agradecer la comida que recibimos, o al cantar al ángel de la guarda antes de despedirnos. Pero el niño es siempre un ser espiritual: cuando, por ejemplo, lo convocamos para cambiar su pañal; es un momento donde el encuentro de ser a ser es sumamente profundo. También lo es cuando me acerco porque lastimó a otro niño, cuando no hace lo que le estoy pidiendo que haga...

El encuentro de humano a humano, es espiritual por definición.

En el jardín, preparamos las macetas, las pintamos, las agujereamos, les pusimos tierra, sembramos. Comenzó esa dulce espera para ver los brotes, las plantas que se iban asomando. Pero no todas las macetas tenían brotes... ¿habría semillas en todas?... Esto de sembrar con los niños... quizá alguna maceta nos quedó sin semilla, pensamos los grandes... ¿Y entonces? Entonces fuimos testigos de la maravilla de confirmar, una vez más y en otro ámbito, que cada uno tiene su tiempo... Hay quien necesita más tiempo para enraizar... hay quien tiene muy pronto el impulso de ir a buscar el sol... Cada brote es el que es, ni mejor, ni peor; es ese. Lo que nosotros necesitamos es confianza.

* * *

La imagen de niño que esbozamos, vale tanto para el niño que juega de forma armoniosa y nos resulta fácil de tratar, como para el niño que nos desafía con su actuar, que nos sorprende porque hace las cosas al revés de lo que

nos habíamos imaginado, o de lo que deseamos que suceda, que nos rompe las estructuras que con otros niños nos habían funcionado tan bien... Esto es una obviedad, pero en los momentos difíciles, a veces se nos pierden las obviedades. Y será convocando a lo más profundo del ser del niño en nuestro trabajo interior, que podremos poner algo de luz nueva en la situación que nos conflictúa.

> *Toda educación es autoeducación*
> *y en realidad nosotros, como maestros y educadores*
> *solo constituimos el entorno en donde el niño se autoeduca.*
> *Debemos brindar el entorno más favorable para que a nuestro lado*
> *el niño se autoeduque tal como necesita educarse,*
> *a través de sus designios internos.*
>
> *Rudolf Steiner*

2.

¿De qué se ocupa el niño? ¿De qué nos ocupamos los adultos?

Sentimos en la práctica: Los dioses han enviado al hombre a esta existencia terrenal, nos lo han confiado como educadores. Lo que los dioses nos entregan con el niño, son enigmas que resultan ser el más bello culto divino[6].

Rudolf Steiner

"Siempre que educamos tenemos que tener presente el corazón -como órgano- del niño presente. Lo que hago, ¿calma, irrita, congela, entusiasma?"[7]

Tomás Zdrazil

---

6. R. Steiner, La antropología de la pedagogía antroposófica.
7. T, Zdrazil, Conferencia en Stuttgart por los 100 años de la Pedagogía Waldorf.

El quehacer de los adultos que somos parte del entorno de los niños, es algo que aparece en cada capítulo, hilando fino sobre ese hacer, a veces en la proximidad, a veces a la distancia; deletreando los detalles en función del tema que sea centro en ese momento: comunicación, encuentro, cuidados corporales, movimiento, juego, cuidado de los sentidos... Pero hay algo de ese hacer, como un gesto arquetípico en esa relación del niño con su adulto, con quien lo cuida, que nos parece importante traer a la conciencia y detenernos en ella.

Hay un hacer que es del niño, que solo él puede desplegar, desde sí mismo, aunque hablemos de momentos evolutivos en los cuales aún no haya conciencia de sí mismo. El niño trae un impulso propio, es iniciativa que se despliega. Y lo hará en el entorno, dentro de la envoltura que nosotros le ofrezcamos.

Cuando nos detenemos en el gesto del adulto, nos aparecen imágenes de cuenco, de envoltura, de abrazo, de sostén ...**acá estoy, para que vos puedas ser vos.**

"Mis padres... eso era protección, confianza, envoltura. Cuando pienso en mi infancia, percibo aún hoy el sentimiento de calidez, sobre, detrás y alrededor mío. Ese maravilloso sentimiento de no vivir aún por propia cuenta sino sentirse totalmente-con cuerpo y alma- protegido por otros que alivianaban la carga."

Jacques Lusseyran, de su libro "Y se hizo la luz"

Somos nosotros, los que reconocemos en el niño un ser espiritual, un sujeto que es competente, que **confía en nosotros**... y **nosotros confiamos en su designio**. Y lo acompañaremos con la pregunta abierta en nuestro corazón: ¿Quién sos? ¿Qué necesitás de mí para poder manifestarte?

Somos nosotros los encargados de garantizar su seguridad afectiva a través del encuentro y la calidad de los cuidados.

Somos nosotros quienes dispondremos los entornos espaciales y temporales -ritmos- en los que el niño hará su despliegue... y somos también nosotros quienes le brindaremos la seguridad afectiva que es básica para que los pequeños puedan, quieran, deseen, explorar, descubrir, conocer, aprender por sí mismos.

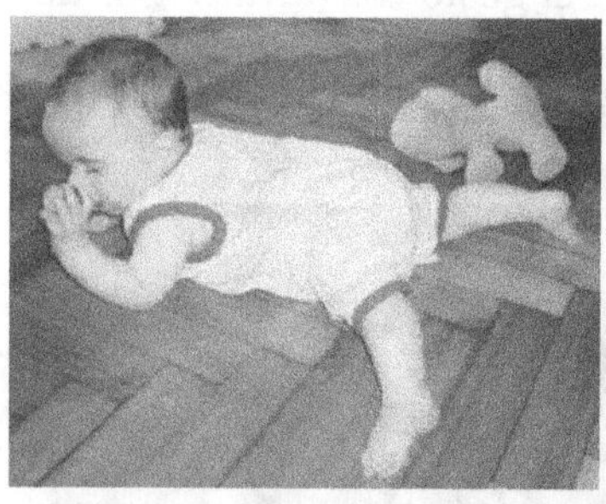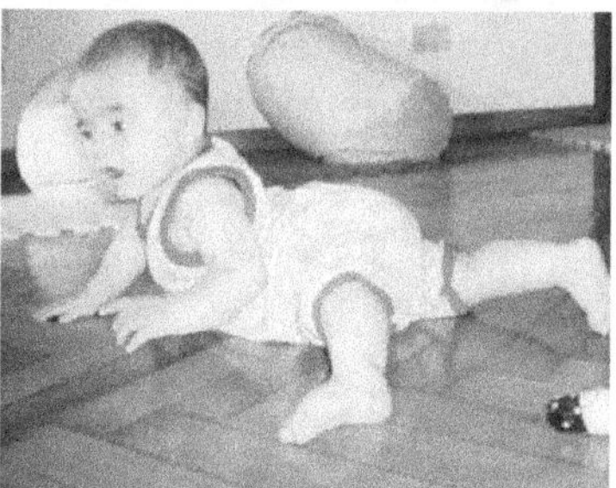

¿Hay un adulto aquí? ¡por supuesto! ¿en qué lo vemos?

En esta imagen "vemos" un adulto que:

- Ha estado lo suficientemente cerca del niño que con la seguridad que han construido en ese vínculo, puede ahora jugar en calma y con ganas.

- Podemos inferir que se ha tomado el tiempo de "conquistar" con él este espacio de autonomía; estando antes más cerca, y ahora más distante.

- Ha satisfecho las necesidades básicas del niño, y observándolo, ve que es un momento adecuado para ofrecerle este espacio-tiempo de exploración no parece tener ahora hambre, ni sueño, ni tener un pañal que lo incomode.

- Podríamos hasta pensar que este tiempo está dentro de un ritmo conocido; que está jugando luego de haber comido y antes de hacer la siesta, por ejemplo…

- Le ha puesto una ropa que le permite el movimiento.

- Ha preparado un espacio acorde a los niños: un piso resistente y cálido; con objetos que se pueden encontrar, investigar y dejar ¡Están sueltos! Un espacio donde se puede mover…

- Los objetos que ofrece son pertinentes… Veremos más detalles en el capítulo de juego.

- Ofrece un espacio seguro: ha tapado el enchufe, el piso está limpio…

- ¡Seguramente disfruta de las conquistas que el pequeño va haciendo!

En el colectivo social en el que todos viajamos, vemos muchas veces que invertimos estos roles: que queremos "enseñarle" al niño cosas que él puede hacer por sí mismo, le enseñamos a sentarse, a caminar, decimos a qué tiene que jugar, cómo lo tiene que hacer…

…Y al mismo tiempo, esperamos que los niños resuelvan cuestiones o intervengan en decisiones que son de los adultos: ellos por un lado no tienen elementos para hacerlo -medir consecuencias, fundamentos, etc.- y por otro, les es una gran fuente de seguridad cuando nosotros nos ocupamos de ellas… Tener que tomar decisiones que nos competen a los adultos es un gran peso para los niños.

Nos referimos a situaciones donde les preguntamos frente a muchas opciones qué quiere comer, o qué ropa quiere ponerse, dónde quiere que lo cambiemos, o si va o no al jardín, o si quiere ir a acostarse que ya es tarde… ¡la lista sigue! Los niños son preguntados en múltiples situaciones incluso en algunas que de ninguna manera son preguntas:

¿Nos abrigamos que hace frío? ¿Vamos a lavarnos los dientes?

eso ni siquiera está en cuestión por lo tanto, es mucho más coherente si lo enunciamos que si preguntamos.

* * *

Un ejemplo de un niño decidiendo en su ámbito

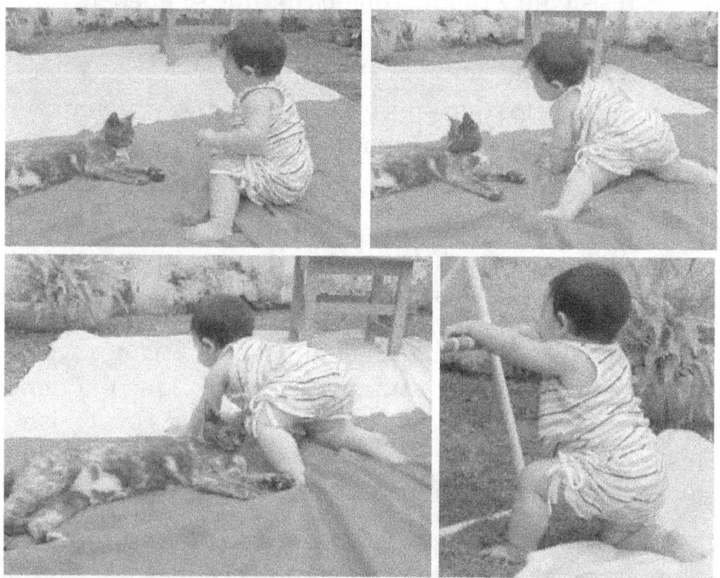

En esta "crónica de un gateo", que nos comparte una mamá, se ve muy claro el ámbito de decisiones del niño.

"Todos pensamos que iba a ir a agarrar al gato, pero fue a pararse agarrada de la silla".

La crónica nos relata un ejemplo de cómo los niños nos sorprenden, de cuántas veces pensamos que va a hacer algo, y nos muestran que hacen otra cosa diferente, que su proyecto es otro.

Una vez más, nos resuenan las palabras de Noemí Beneito:

> *Seguir la curiosidad de un bebé puede ser apasionante, y es allí cuando aprendemos que el bebé no necesita ser enseñado, que él aprende por sí mismo, y que este aprendizaje será lo que le brinde seguridad interna e identidad personal. (...) Y solamente un adulto disponible y sin prejuicios es capaz de intentar la aventura de acompañar a un niño permitiéndole su propio despliegue.*

Esto nos invita a observar más e intervenir menos.

Pensando en el entorno

Características de **entornos donde la intervención es directa**[8]: **alimentación, cambiado, baño, sueño:**

- Los entornos son acotados, seguros, se irán modificando con el crecer del niño.
- Es necesario que el adulto esté cómodo, por un lado porque el tono es comunicación: si está tenso transmite tensión al niño, si está cómodo hay más espacio para el encuentro...
- ...y también porque alimentará, cambiará, bañará, miles de veces literalmente.
- Cada uno de estos espacios tiene al alcance todo lo que el adulto necesita para la tarea y no tiene nada que sea ajeno a la misma, objetos que distraigan.

Entornos para los **cuidados posibilitan:**

- Un espacio preparado posibilita al adulto estar presente y disponible para lo que está haciendo.
- Un espacio preparado posibilita al niño: conocer recortes del mundo acotados con una coherencia interna que hacen al proyecto juntos de alimentarse,

---

8. Ver capítulo Cuidados.

cambiarse, bañarse: cuando mi mamá se sienta en el sillón cómodo me alimenta, cuando estamos en el cambiador donde hay pañales, algodón, óleo, donde está mi ropa, ahí me cambia… Esto claramente no es intelectual ni lo piensa así sino que es vivencia, experiencia segurizante -parte del ritmo- que permite al niño organizarse, sentirse seguro.

- Un espacio preparado posibilita a ambos **encontrarse, comunicarse, construir y nutrir el vínculo,** llevar a cabo juntos el proyecto que en ese espacio se sitúa: alimentarse, cambiarse, bañarse.

Características del **entorno donde la intervención es indirecta[9], movimiento libre y juego autónomo:**

- Los espacios crecen con el niño -lo ponemos en plural porque nos referimos a espacios interiores y exteriores- sea casa o plaza.

- Son seguros.

- Adecuados al momento evolutivo de los niños, cálidos, con mobiliario y objetos pertinentes.

Entornos para el **juego posibilitan:**

- Un entorno preparado cambia toda la atmósfera y las posibilidades que ofrece a los niños.

- Un entorno preparado evita tener que decir no o tener que estar corriendo detrás de ellos o interfiriendo en su movimiento.

- Un entorno preparado invita al niño a jugar tranquilo, concentrado y sin peligros.

- Un entorno preparado posibilita a las madres, padres, maestros, cuidadores, a hacer otra cosa, estando por

---

9. Ver capítulos de Juego y de Movimiento.

supuesto disponibles. Esto brinda aire, es parte de la respiración necesaria de la que hablamos.

- Un entorno preparado posibilita un clima de atención y calma, mientras que cuando este no está, se percibe muchas veces clima de alboroto, tensión, irritabilidad.

- Un entorno preparado genera confianza.

- Un entorno preparado evita muchos accidentes.

Soy la mamá de Juan, que tiene 9 meses y medio. Hasta los 7 meses él era un bebé muy estimulado en la parte motriz y vivía muy dependiente de mamá y papá. No gateaba y necesitaba constantemente de nuestra ayuda. En ese momento comencé a llevarlo a la plaza y conocí a una persona que me habló de Emmi Pikler y me pasó unas fotocopias. Me pareció muy interesante el punto de vista y quise empezar a experimentarlo pero me encontré con el inconveniente que no tenía el espacio físico adecuado para que él estuviera seguro y yo estuviese tranquila. Para esa instancia yo me había dado cuenta que él en la plaza era más independiente ya que tenía la posibilidad de moverse libremente.

Comenzamos comprando una gran plancha de gomaespuma, pero el niño siempre quería ir afuera hasta que decidimos cambiar el piso de granito frío y duro por un piso flotante de madera que le dio a él la libertad que necesitaba y a nosotros la seguridad que no se iba a lastimar ni a enfriar.

A partir de ahí nuestra relación cambió, ya que él se mueve libremente sin necesidad de contar con nosotros, comenzó a gatear, a pararse y a moverse con soltura y nosotros estamos tranquilos mientras él juega sin intervenciones nuestras.

Claro que esto no es todo el tiempo, son ratos y días, hay días que está más dependiente y días que no quiere que estemos tan cerca, pero igualmente el cambio fue notable y nos benefició, a él porque puede desarrollarse en libertad y a mí porque no me siento tan agobiada y tengo la posibilidad de hacer otras cosas y el placer de observarlo en sus logros, que son diarios y muchos.

También tuvimos que aprender a dejarlo jugar solo, ya que antes tanto el papá como yo interrumpíamos su juego porque nos daba pena que jugara solo, sin saber que así lo estábamos molestando. Ahora tiene momentos para jugar solo donde nosotros no intervenimos y es una delicia observarlo, y otros donde jugamos y nos divertimos los tres. Espero que les sirva la experiencia y por lo menos prueben...

Valoramos, de este testimonio, **la posibilidad de replantear el entorno para que sea favorecedor para el despliegue de la motricidad autónoma.** Claramente, no todo el mundo puede cambiar el piso de su casa, pero apelando a la **creatividad** podemos transformar cualquier espacio, incluso poner grandes cartones sobre la tierra posibilita que un bebé pueda moverse. Sabiendo que **lo que nos replanteamos es, en realidad, nuestra actitud: ¡el cambio en el espacio físico viene de ahí!**

Es preciso que nos ocupemos del niño pequeño con amor, con paciencia. Hemos de enseñarle tantas cosas, cosas que solo puede aprender de nosotros, a través de nosotros. Pero resulta inútil y hasta desventajoso enseñarle a sentarse sentándole, a ponerse de pie poniéndole de pie, etc., cosas que él puede aprender por sí mismo, por su propia iniciativa, con una mejor calidad, mediante tentativas cargadas de alegría y de seguridad. Además, se vería privado de una posibilidad de aprendizaje que habría influido favorablemente en todo su desarrollo.

Emmi Pikler. Moverse en libertad

Tiempo de infancia

La infancia es una etapa importantísima para todo el devenir de la vida futura; es, en años, la más corta de nuestra biografía ¡luego somos grandes toda la vida!

Vivimos hoy en un vértigo donde los tiempos se aceleran, nos acostumbramos a la inmediatez; donde los resultados deben ser alcanzados lo antes posible -no importa cómo sino cuándo-, donde la búsqueda de éxitos aparece como el medidor de la satisfacción… y este es un contexto extremadamente desafiante para ser niño y para acompañar el desarrollo saludable de la infancia.

Porque aunque ya estemos andando en el siglo XXI, hay procesos fundantes en el ser humano, que precisan que estemos ahí, presentes, atentos, dispuestos, con el cuerpo disponible para ponerlo en acción, en relación… Estas vivencias hechas cuerpo -porque estamos hablando de una época donde todo se hace cuerpo- son las que esperamos que nutran a los niños de hoy, para que puedan emprender la tarea que ya sabemos que les toca, la de andar por este siglo atravesado por la tecnología electrónica digital, mediática.

Posibilitar, como decíamos, el juego lo más posible, sin acelerar procesos ni apelar al intelecto, sin invadir, sin estimular, sin corregir; para todo eso tiene la vida por delante. Como dijimos **en los primeros años está toda la biografía**

del niño en ciernes. Todo lo que allí ocurra tendrá directo impacto en toda su vida. Para el "aprender contenidos" mentalmente, retener información, hay tiempo, ¡no necesitamos apurarlo! Si un niño se interesa por los números tempranamente y al contar se saltea alguno o arma un orden arbitrario, lo escuchamos **sin corregirlo.** Si un niño pronuncia mal una palabra, lo escuchamos y en todo caso la decimos nosotros bien en nuestra frase: si es algo con sentido y que viene al caso "¡Sí, viene el colectivo!", podría ser un ejemplo frente al niño que dice "colilito", pero **no lo corregimos.**

Estamos hablando del tiempo generoso, del no estar apurados, de vivir procesos, de poder disponernos a ser el cuenco donde cada niño pueda desplegarse.

Nos conmueve confirmar una y otra vez que **esta actitud de presencia, es algo que los niños traen con ellos.**

Valentina tiene tres años, juega afuera con un camión grande del arenero y una cuchara. La cuchara se le cae dentro del camión. Mira a Ana y le pide ayuda para sacar la cuchara. Ana, que conoce a la niña, busca una pequeña rama que tiene a sus pies y se la da. Se queda observándola en sus intentos. Valentina comienza con seriedad y confianza a intentar sacar la cuchara del camión, prueba de una, dos, diez, cuarenta maneras, confiada, con paciencia.Otro adulto que presencia la situación dice: -yo ya se lo hubiese resuelto, ¡qué apurados somos los adultos! ¡No hay apuro en realidad!- Ambos adultos quedan observando un rato. Valentina intenta con mucha concentración y paciencia, la cuchara no sale. Finalmente, luego de un largo rato de intentos, ante la mirada de pedido de ayuda de Valentina, se agacha Ana y lo intenta también. Nadie logró sacar la cuchara.

* * *

Valentina tuvo la posibilidad de probar, de ser ayudada cuando pidió ayuda, pero la respuesta no fue una resolución sino un elemento para que ella pudiera hacerlo -aunque en este caso tampoco se pudo- pero como ya dijimos, el intento, el tiempo, el proceso y básicamente salir de nuestro automático es lo que nutre al niño.

Tiempo para probar… te ayudo para que puedas probar por vos mismo.

Es un gesto nuestro que es interno, es posibilitador. Disponibilidad para acompañar la autonomía. Gestos abiertos. Te miro cómo lo haces: observar nos da el elemento de lo que está necesitando ese niño. La autonomía no es exigencia, es la alegría de la conquista y el poder con su cuerpo y con los elementos del entorno.

Quiero tiempo pero tiempo no apurado.
Tiempo de jugar, que es el mejor.

M. E. Walsh

Cuando el camino es la meta

Mi trabajo como niñera de Fátima que comenzó cuando ella tenía unos dos años de edad, estuvo plagado de belleza y aprendizajes.

Ir a la plaza era el mayor acontecimiento de las tardes, comenzando por el ritual de buscar la ropa adecuada, algún objeto o juego, las botas de lluvia de tanto en tanto, alguna "merienda". Por más chiquita que fuese, Fátima llenaba todo el ambiente irradiando no solo el entusiasmo y alegría por la aventura que nos esperaría, sino también su absoluta presencia durante la preparación del paseo, al ocuparse de todo lo que era posible hacer sola. ¡Ni pensar en hacer algo por ella sin preguntarle, sin su consentimiento, menos que menos intentar vestirla para ir ganando tiempo!

Al salir, ¡qué interminables eran las 3 cuadras que nos separaban de la plaza! Ese nunca llegar interrumpido continuamente, ya sea por un nuevo muro o rampa a la cual trepar, una rama u hojita para llevar como tesoro en el bolsillo, cada charquito ineludible y, sobre todo por cada encuentro. Fátima charlaba con ganas. Y charlaba con todos y cualquiera. ¡Por suerte caminábamos las tranquilas callecitas de un barrio y no las grandes avenidas bonaerenses! Si no, creo que aún seguiríamos charlando. Cada vecino conocía a Fátima y viceversa. Y ella siempre tenía una nueva pregunta, una idea nueva que conversar de camino a la plaza. ¿De dónde sacaría tantas palabras?

Por más que escucharla era siempre placentero, cada minuto en el camino significaba un minuto menos del preciado tiempo para jugar en la plaza y mi ansiedad se iba incrementando al pensar la cortita estadía que tendríamos por delante y más al saber que a la vuelta íbamos a volver las mismas cuadras llenas de paréntesis.

*Tardé algunas semanas en entenderlo. **El ir a la plaza es en esencia el paseo mismo.** La plaza era parte de un camino infinitamente pleno de detalles, de colores, del tiempo compartido con el otro. El camino a la plaza fue desde un principio el juego que jugábamos, el aprendizaje estaba en las callecitas caminadas, en cada parada. Y al entenderlo pude disfrutarlo y el tiempo se hizo elástico. Pude degustar con Fátima el estar viviendo el presente mientras iba aprendiendo a darnos tiempo a ella y a mí misma.*

Ailín

Cambiar la mirada

Conocemos ejemplos -algunos vividos en primera persona, otros compartidos por colegas- en donde al detenernos en un niño que nos genera preguntas, por ejemplo porque parece que no mira, que no responde, que… el hecho de que quien lo cuida esté presente, atento a las mínimas señales que invitan a dialogar, a compartir, a encontrarse… la actitud del niño rápidamente se modifica. Claramente, el que modificó su actitud primero, la forma de mirar -y por ende, el entorno del niño- fue el adulto. Los niños son extremadamente sensibles a nuestro gesto hacia ellos, en el más amplio sentido de la palabra. A veces nos pasa que algo en la relación con un niño a nuestro cuidado se enquista; se repiten situaciones, que se transforman a veces en bolas de nieve que no sabemos cómo frenar: ya "sabemos" lo que va a pasar, y nos preparamos para que suceda a veces con un nudo en el estómago. No nos damos cuenta que es ese "saber" el que en realidad está generando ese actuar en el niño, como una profecía que se cumple.

¿Cómo podemos salir de estos ciclos repetitivos?

Corriéndonos de lugar, **cambiando la mirada.**

¡Los niños responden tan rápido a ese movimiento!

- cambiar la mirada posibilita que suceda algo nuevo,
- cambiar la mirada es animarse a no saber cómo va a responder el otro,
- cambiar la mirada libera al otro de tener que responder a mi expectativa,
- cambiar la mirada me sitúa a mí mismo en un nuevo lugar,
- cambiar la mirada me invita a recordar que no sé quién es el otro y me invita a sorprenderme.[10]

Hay pocas cosas más estresantes siendo madre que ir a hacer las compras con tu hijo pequeño "sabiendo" que este va a pasar la mayor parte del tiempo gritando o llorando.

Eso me pasaba siempre con mi hijita, puedo decir. Ella luego de salir del supermercado se calmaba casi instantáneamente y yo me quedaba con una bola en la garganta o una contractura por un par de horas más.

Quizá suene gracioso, pero el primer día que probé jugar al "juego de correr la mirada" el resultado fue instantáneo.

Antes de entrar me tomé el tiempo de calmarme y preguntarme internamente: ¿Quién es esta niña? ¿Cómo será? ¿Qué le gustará e interesará? ¿Que la hará reír? Casi como si "olvidara" conscientemente quién era mi hija. Como si recién la conociera.

---

10. Obvio ¡todo esto vale también entre adultos!

Esto creó al instante el espacio para que entre algo nuevo: donde antes era un espacio de mis expectativas, miedos o "lo que ya sé que va a pasar" ahora era un espacio de libertad.

Para mi hija como también para mí.

Helena , mi hijita, no gritó ni lloró una sola vez. Fue una compra de lo más pacífica, ella en su mundo y de a ratos conversando, interactuando con las personas que ahí estaban y conmigo.

Cuando salí me sonreía sola de la alegría pero me propuse probarlo dos o tres veces seguidas más.

El resultado fue que "el juego de correr la mirada" fue siempre el ganador. Las tres veces seguidas funcionó de la misma manera.

Claro que hay días que no logro hacerlo, me olvido, estoy apurada, etc., pero conocer y aplicar esta herramienta es muy fructífero y recomendable. No solo aplicable a ir a hacer las compras, claro, sino en diferentes situaciones.

La alegría que resulta de haber podido dejar espacio a lo nuevo, de haberme podido correr de lugar y ver de forma práctica y literal el actuar de un espacio de libertad, es algo muy hermoso.

María Pilar

* * *

Otra cosa que ayuda mucho en tiempos difíciles, como dice Hönnig Köhler, es una vez que el bebé o el niño se duerme, pensar 2 minutos **cosas nuevas que descubrí ese día en el niño. O cosas positivas que observé** ese día. ¡Esto tiene un obrar enorme! Claro que lo podemos hacer siempre. Pero en épocas no sencillas su obrar se percibe con más intensidad.

* * *

A veces cuando el niño está atravesando una crisis podemos hacer **"red de amor y calor nocturno a distancia"** convocando también a sumarse a abuelos, padrinos, maestros o cualquier persona significativa para el niño en ese momento. Este abrazo en red obra maravillosamente. En

Amaranta, hogar de niños pequeños en situación de extrema vulnerabilidad solemos envolver a los niños entre todos con pensamientos de amor y calor. Niños que tienen pesadillas y se despiertan llorando y gritando comienzan a dormir bien, niños muy inestables empiezan a encontrar momentos de calma.

* * *

Elina tiene tres años, va al jardín, está atravesando por un momento difícil, se la ve incómoda, triste, insatisfecha. Marina, está haciendo sus prácticas en esa sala.

Una tarde, ya en su casa, piensa en Elina, la percibe en su malestar permanente. ¿Cuál será la mejor forma de ayudarla?, ¿qué es lo que está necesitando? Si bien la pensó mucho rato ese día, no llegó a ninguna conclusión.

A la mañana siguiente llegó al jardín, se sentó al fondo en la mesa para preparar el desayuno como todos los días; los niños iban llegando, saludaban a su maestra, saludaban a Marina y se iban a jugar o la ayudaban a preparar el desayuno, según su preferencia.

Llegó Elina, apenas si saludó a su maestra y corrió al fondo:

-Marina -dijo con entusiasmo- ¡te voy a invitar a mi cumpleaños!!

¡Para el cumpleaños de Elina faltaban aún 9 meses!

Claramente se había sentido percibida por ella -incluso sin haber llegado a una respuesta- ¡era su forma de agradecerle!

Así de sensibles son los niños, ¡irradian alegría y gratitud cuando se sienten percibidos!

Junto al ángel del niño

Steiner nos recuerda que padres y educadores somos co-trabajadores de los ángeles. Cuando no tomamos estas pa-

55

labras como metáfora o romanticismo sino que lo llevamos a la práctica, vemos que realmente tenemos más cerca de lo que pensamos una gran ayuda del mundo espiritual a disposición, acompañándonos en la educación del niño. Muchas veces preguntamos o pedimos ayuda por alguna situación que nos preocupa y si estamos atentos podemos percibir esas respuestas, no siempre en forma lineal, a veces llegan a través de palabras de otra persona, de un libro que encontramos o sencillamente nos parece obvia una solución que pensamos que hasta ayer no se nos había ocurrido.

Entregar al ángel una clara y detallada imagen del niño colabora con esta tarea.[11]

> *Micaela es hija única, siempre está sola con su mamá, su papá viaja mucho y la familia vive lejos. Va al jardín desde los 7 meses; se adaptó bien, siempre fue contenta. Ahora tiene un año. Cuando su maestra no está con ella, llora. La acompañan en cercanía, durante varios días, pero cuando su maestra tiene que atender a otro niño, llora.*
>
> *Una noche, su maestra, en su casa antes de dormir, entrega al ángel una clara imagen de Micaela, lo más fiel posible a la misma y habla a la niña a través de su ángel: "-Comprendo el momento que estás pasando. Acá hay varios niños, los demás necesitan también ser atendidos. Pero acá estamos acompañándote a vos también. Te abrazamos y te percibimos aunque no podamos estar todo el tiempo juntas."*
>
> *Al día siguiente Micaela llegó contenta, como siempre y cuando llegó el momento donde los otros niños necesitaron ser atendidos, Micaela pudo seguir jugando sin llorar. Lo mismo en los días sucesivos. La respuesta fue inmediata.*

---

11. H. Köhler habla del trabajo con el Ángel en Educar hoy al niño triste, temeroso o inquieto, Editorial Antroposófica.

Esto, que puede tomar diferentes formas, nos confirma que no estamos solos, que hay un mundo espiritual que nos acompaña y que este mundo espiritual convive con nosotros, tanto niños como adultos.

* * *

El maestro Jaenicke[12] daba la imagen del cofre que cada niño tiene y va llenando durante el día para llevarlo por la noche a su ángel, y trabajar juntos con eso. Esto nos invita a pensar a nosotros, qué vivencias les ofrecemos a los niños que tenemos cerca, que ellos elaborarán como alimento: claramente, por dar un ejemplo, no es lo mismo una tarde de juego al aire libre en la plaza, que una tarde de videos en un celular; como tampoco es lo mismo un cuento narrado por un ser querido, que una película.

"Ir a donde el otro está"

Ir a donde el otro está, ir a donde está el niño. Esta es una premisa pedagógica fundamental, hace al corazón de la Pedagogía Waldorf: el encuentro del adulto con el niño. ¿Quién sos? ¿Qué necesitás? Solo tendremos atisbos de respuesta si nos acercamos al niño: acercamos con interés verdadero, vaciándonos de nuestros prejuicios y expectativas, y disponibles para recibir lo que él nos muestra.

Esto que suena tan poético, puede tomar en la vida misma formas que nos demanden esfuerzo: porque "donde está" puede ser un lugar lejano e incómodo para nosotros, un lugar que nos desafía mucho, ya que es muy diferente a nuestro ideal.

---

12. Jaenicke, H.F. Niños con trastornos de desarrollo. Traducción de Ana María Rauh.

Un niño que despliega un juego donde rompe, donde desarma lo que otros hacen, algo nos está mostrando de sí. Hablamos mucho del darle un valor comunicacional a los gestos de los niños, y *este* despliegue nos habla de *este* niño. Podemos observarlo, podemos detenernos a intentar descifrar qué significa, e intentar responder.

"Ir a donde el otro está" nos lleva a reconocer *su* cualidad, que es la que es y no es otra: niños muy movedizos ¡necesitan moverse! Cuando su necesidad de movimiento esté satisfecha, podrán quedarse en calma. Esto nos desafía a rever los tiempos y espacios que armamos para los niños, las tareas que les proponemos con nuestro hacer…

"Ir a donde el otro está" implica que si recibo un niño -en el jardín maternal, familias u hogares de tránsito- que ya ha sido sentado, por ejemplo, es muy probable que esa sea la postura en la que pida que lo ponga como inicial, porque es la que conoce, desde la que está acostumbrado a ver el mundo. A medida que tenga más confianza con el nuevo contexto –cuidadora y espacio- podremos de a poco favorecer que se sienta cómodo en la posición de decúbito dorsal y arme por sí mismo el pasaje a la de sentado… ¡pero esto, a veces, lleva tiempo! Y aunque nos haga ruido, es donde este niño está: solo el encontrarnos ahí, nos posibilitará el ir juntos hacia otro lado.

"Ir a donde el otro el otro está" es mirar al niño sin expectativas cerradas, mirarlo en relación a él mismo y no a "normas" o "patrones externos" ni a lugares donde "debería" llegarn ni metas que "debería" alcanzar. Acompañar los procesos sabiendo que la alegría y el disfrute son las llaves para cualquier aprendizaje. Estas son llaves para toda la vida; vemos su efecto tanto en los niños pequeños, como en niños más grandes y jóvenes.

Este valorar procesos en relación a uno mismo permite disfrutar con alegría los recorridos que el niño hace en su desarrollo. **Planteamos esto para todos los niños y, al**

decir todos, pensamos en los niños que tienen desde pequeños algún diagnóstico también. Estos son niños que a veces se estima que quedan por fuera de las teorías que plantean el desarrollo postural autónomo, el juego libre. **Sabemos que cómo aprendemos, nos deja una huella que nos acompañará siempre. En el tiempo, no será nodal si caminamos al año o a los dos: si hablamos a los dos años o a los tres... lo nodal será cómo fue esa conquista, qué aprendimos de nosotros mismos y de los que nos rodean en ese camino...** ¿La disfrutamos? ¿Fue desde nuestra iniciativa? ¿Fue para que nos valoren más? ¿Sentimos que nos miran diciendo "no vas a poder"? ¿Sentíamos mirada de confianza acompañando? Todo esto impacta en nuestra estima, en nuestra personalidad, de forma directa.

Conocemos por experiencia propia el enorme desafío que es aceptar la llegada de un niño con necesidades especiales a nuestra familia, un niño que difiere del ideal porque si bien todos lo hacen, los niños con un diagnóstico nos sorprenden de forma más evidente aún. Conocemos también el esfuerzo titánico que muchos de estos niños hacen por cumplir con los ideales que sin querer les imponemos; transitando situaciones para las que no están listos, entornos que no son los más adecuados para su desarrollo, estar sentado con almohadones porque aún no se sienta, un jardín con treinta compañeros y una maestra, en donde solo se destaca por sus travesuras; años después un trabajo que le exige habilidades que no ha desarrollado, percibiendo una y otra vez aquello de parecer lo más "normal" posible para ser aceptado, "pertenecer a la familia"; y ganando así en vivencias con alto nivel de estrés, y claras secuelas en la constitución subjetiva. **Aceptar al otro como es, no es fácil. Pero solo desde ahí él y nosotros podemos crecer, encontrándonos genuinamente, descubriendo con el tiempo el sentido profundo de que nuestros caminos hayan confluido.**

¿Cómo se acompaña el desarrollo de los niños con necesidades especiales? -le preguntaron a Myrtha Chokler en un congreso de la Red Pikler Argentina- y ella contestó contundente:
*-**Hacemos lo mismo, pero mejor.***

En lo cotidiano de lo cotidiano, "ir a donde el otro está" es acercarnos, acuclillarnos, ponernos a la altura del niño, y poder percibir el mundo desde su altura o decirle a él, en voz baja, lo que tengamos que decirle... ¡Esto es bien distinto a hablarle con voz fuerte desde la otra punta del ambiente!

El adulto está cerca, acompaña. Conoce a la niña en ese espacio, por eso la deja avanzar hasta ese punto. Conoce a la niña, por eso está cerca. Cerca para poder responder a sus gestos, que interpelan el paisaje que recorren. Su postura denota tranquilidad y presencia... Cada niño, es cada niño: observar nos posibilita descubrir a cada uno; el mismo espacio que para uno es riesgoso, puede ser posibilitador para otro.

Otros grandes aliados de padres y educadores a la hora de acompañar son el humor, el asombro, la escucha y la autoeducación. Nos posibilitan atravesar por bosques anímicos angostos y salir airosos.

El humor -nunca irónico- nos ahorra tires y afloja, malestares, ayuda a salir de lugares enquistados.

El asombro es alimento para el niño, ya que resuena con su apertura y devoción características. El asombro -genuino por supuesto- da lugar a la magia cotidiana. El mundo está repleto de maravilla. Fluir con eso, es como agacharnos a su altura y poder mirar el mundo desde su propio asombro a la vez que nos posibilita ser más tolerantes a situaciones que miradas desde otra perspectiva nos generarían enojo.

Podemos enojarnos por algo que un niño realizó o de la mano del asombro podemos valorar lo ingenioso de lo realizado, ya que muchas veces era desde la exploración y la imitación lo que el niño quería realizar.

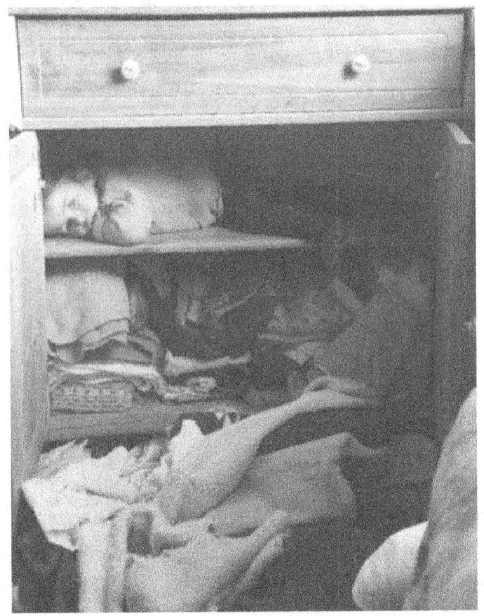

Vaciar el placard para hacerse una casita-envoltura-. *Asombrarnos al comprender lo que el niño busca. Nos puede ayudar ponderar esta casa, aunque aclararemos que es donde guardamos la ropa… y posibilitar otra casa en otro espacio… ¡ hasta puede ser un plan guardar juntos todo lo que el niño sacó! Estos juegos de envoltura, del cuerpo en su totalidad, tiene que ver con el desarrollo del sentido del tacto… sumado en este caso a iniciativa, coordinación de movimientos, causas y efectos… vivencias de "yo puedo"… ¡pero igualmente, seremos claros en marcar dónde hacemos casitas! Si tenemos que prohibir algo, buscamos ofrecer otra cosa que sí pueda hacer.*

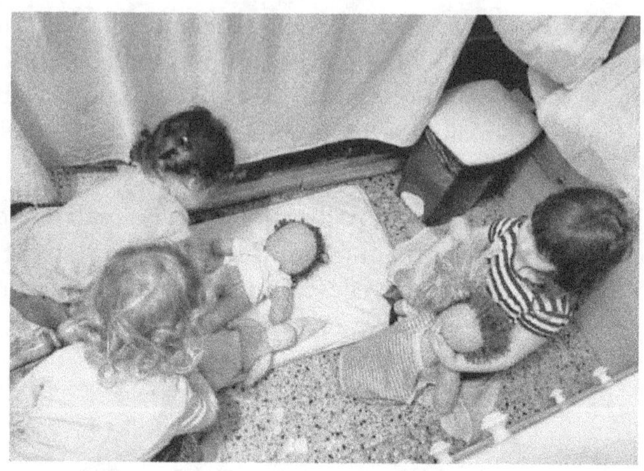

Usar el cambiador de la sala y sacar un poco de algodón del que usamos las maestras. Si bien no es un espacio para jugar, nos damos cuenta de que estas "madres", compenetradas en su rol, comparten el cambiador para sus bebés. Les ofrecemos entonces otro espacio para realizar esos cambiados, y podemos darles un poco de algodón y "óleo" que sus bebés sí pueden usar, que no es el de las maestras, por supuesto.

"¿Puedo yo transformarme tanto que tu impulso pueda aparecer?"

Claus-Peter Röh[13]

Y nuestra **autoeducación** nutre, envuelve, posibilita siempre. Ser conscientes de nuestro ser deviniente e ir transformándonos cada día hacia lo que la vida nos va pidiendo, alimenta al niño. Nos tornamos en esta transformación en adultos dignos de imitar. Y se trata de la globalidad de nuestro ser: por un lado trabajar con nuestras trabas, fortalecer nuestras debilidades, por otro manifestar nuestra luz, hacernos cargo de nuestros dones y plasmar lo que traemos para plasmar; tomar las riendas de nuestra vida.

---

13. Conferencia en Stuttgart en el festejo de los 100 años de la Pedagogía Waldorf, 7 de septiembre de 2019.

Tiempo de calidad

La presencia relativiza el tiempo de manera muy curiosa. Permite al niño "cargar nafta". Hay veces que el adulto está muy apurado, el niño tiene que quedarse y esa separación en ese apuro suele o bien durar más de lo esperado porque el niño no se despega, o el despegue es abrupto porque el adulto tiene que irse sí o sí, pero queda para cada uno y entre ambos una sensación de desgarro…

Paula se levanta de su siesta justo cuando su mamá estaba en la puerta para irse. Paula sabía que ella se quedaría a la tarde con Lía que estaría acompañándola, la conoce bien y suele quedarse a gusto con ella.

*Pero al levantarse y ver a su mamá se abraza fuertemente a su pierna pidiéndole brazos y que no se vaya- la mamá está verdaderamente apurada- pero elige tomar a la niña en brazos, sentarse en el sillón con actitud de tiempo atemporal, con auténtica presencia y disponibilidad **como si lo único que tuviera que hacer ese día fuera tener a Paula en brazos**. "Acá estoy para vos" es lo que emana todo su ser. La calidad de su presencia brinda a Paula lo que estaba necesitando. Al minuto se siente satisfecha y salta a jugar.*

Literalmente dos minutos después sale por la puerta despidiéndose alegremente de la pequeña que la saluda con una sonrisa.

La gratitud

Como ser imitador que es el niño, está claro que es una vivencia que llegará a su vida a través de nuestra sincera gratitud. Gratitud por todo lo que tenemos, por la luz del día, por estar vivos, por los vínculos queridos que tenemos, por la belleza de la luna, por el agua que sale de la canilla. **Gra-**

titud como actitud interna que luego como consecuencia se manifestará hacia afuera en forma de *gracias*, cuando recibimos algo.

Dijimos antes que no debíamos hablar al intelecto del niño, por lo tanto sería nocivo forzarlo a decir gracias. Esto se da por imitación cuando vive en el entorno del niño, es algo que a lo largo de su desarrollo, crecerá con él.

La *escucha*:
donde el otro puede aparecer

Nuestra escucha también es envoltura, cuenco que posibilita que el otro en su esencia pueda aparecer. Replantearnos nuestra presencia en la escucha, es un buen ejercicio de autoconocimiento y autoeducación en el compartir la vida con los más pequeños.

> …"*Sabía escuchar de tal manera que la gente perpleja o indecisa sabía muy bien de repente qué era lo que quería. O los tímidos se sentían de súbito muy libres y valerosos. O los desgraciados y agobiados se volvían confiados y alegres. Y si alguien creía que su vida estaba totalmente perdida y que era insignificante, que él mismo no era más que uno entre millones, que no importaba nada y que se podía sustituir con la misma facilidad que una maceta rota, iba y le contaba todo eso a Momo, y le resultaba claro, de modo misterioso, mientras hablaba, que tal como era solo había uno entre todos los hombres y que, por eso, era importante a su manera, para el mundo.*
> *¡Así sabía escuchar Momo!*
>
> Fragmento de Momo, de Michael Ende*

> "*Lo primero que influye es la personalidad del educador, lo segundo, su manera de obrar. Solo en tercer lugar lo que dice*".
>
> *Rudolf Steiner*

Bienviniendo a quien llega a la Tierra

El nacimiento resulta la mayoría de las veces un shock de vivencias e impresiones sensoriales para un bebé. De un momento a otro, pasa a recibir un bombardeo de nuevos estímulos: cambian la temperatura, las luces, los sonidos, los olores, a veces las diferentes manos que lo sostienen y manipulan.

Los casos donde hay especial cuidado en disminuir estímulos, posibilita atenuar el impacto, aunque no deja de ser un cambio rotundo con respecto a lo que vivía en el vientre materno. Hay muchas posibilidades, sabiendo esto, de procurar partos más cuidados y respetados. Por suerte cada vez está más difundido, pero muchas veces las madres profundizan en la temática luego de tener una mala experiencia en el primer parto. Hay bastante información disponible: casas y hospitales que realizan partos respetados, posibilidad de nacimiento en casa con parteras y/u obstetras*... Hay posibilidades de pedir lo que necesitamos, para nosotras y para nuestro bebé. Podemos informarnos y luego decidir. Tenemos el derecho de buscar tantos obstetras o parteras como sea necesario hasta que digamos: ¡con él o ella me siento cómoda! Parir es muy íntimo. Necesito sentirme libre, sentir confianza con quien o quienes me acompañan.

Esto hace también a cómo recibimos a un niño que llega a la Tierra y cómo cuidamos sus sentidos desde el nacimiento mismo.

---

* Ley de parto humanizado (Ley 25.929).
Ver más en www.elpartoesnuestro.es

3.

El sentido del cuidado de los sentidos

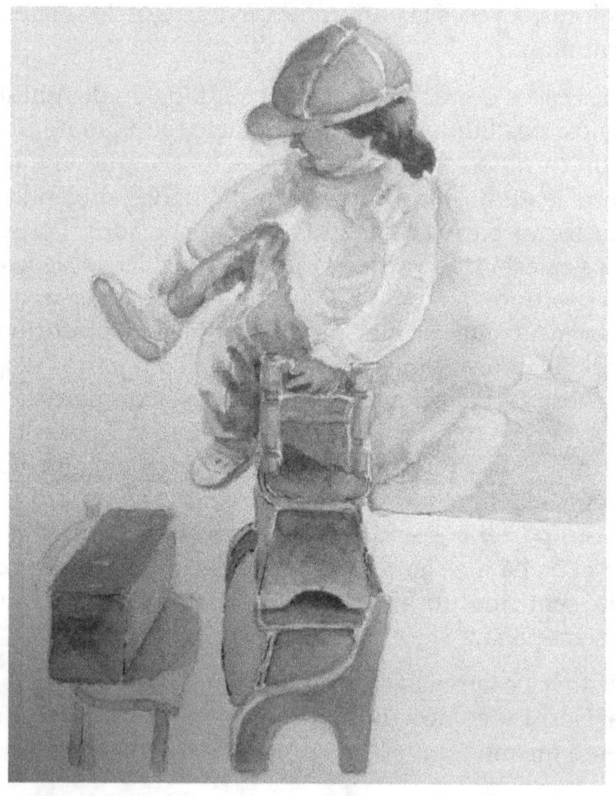

Para vivir, el hombre necesita de sus percepciones sensoriales, tan indispensables como alimento y aire. Sin percepciones, no podríamos aprender nada y en consecuencia, no nos podríamos desarrollar: ...tener percepciones sensoriales es una necesidad existencial, y es uno de los requisitos más importantes del desarrollo del ser humano.

W. Auer

Sobre los sentidos[14]

Cuando nos detuvimos antes en cómo es un niño y qué necesita; hablamos ya del niño como "órgano sensorio": no tiene aún sus órganos diferenciados como los tendrá más adelante sino que cada impresión sensorial impactará en todo su ser, incluso en sus órganos internos.

Rudolf Steiner, cuando habla de los 12 sentidos, nos propone 12 posibilidades de recibir información que no pasa por nuestra conciencia, sino que la recibimos de forma directa ya sea de nuestro cuerpo, del medioambiente en que estamos, o de los demás seres humanos.

Contamos con algunos de nuestros 12 sentidos desde que nacemos, con algunos desde antes y otros se irán desplegando a lo largo del desarrollo del niño. Y hablar de uno u otro de forma aislada es algo que hacemos solo a modo de mirarlos más de cerca, ya que en la vivencia cotidiana **jamás actúa un solo sentido. Nunca.** Es más: tan juntos actúan los sentidos, que cuando uno no está disponible, otros enfatizan su tarea para darnos aún más información: Cuando no vemos, oímos y percibimos con el tacto más sutilezas que las habituales; cuando no podemos tocar, afinamos nuestra observación…

Me percibo a mí mismo

Los sentidos básicos, físicos, de autopercepción, ligados a la **voluntad** son: el **sentido del tacto, el sentido vital, el sentido del movimiento y el del equilibrio.**

---

14. Compartimos este tema en función del desarrollo del niño pequeño. Para profundizar en sentidos, sugerimos Steiner, R. *Los 12 sentidos,* Soessman, A *Los 12 sentidos, portales del alma,* König, K. *Los 12 sentidos y los 7 procesos vitales,* Köhler H. *Educar hoy al niño triste, temeroso o inquieto,* Auer W. *Sinnes-Welten,* Gloeckler M. *La dignidad del niño pequeño,* y otros escritos en Educación y Salud.

Son fundamentales en los primeros siete años; su desarrollo va de la mano del ir apropiándose del cuerpo,"hacerse soberano de la casa", del desarrollo de la autoconciencia a partir de la conquista del mismo. Percibimos con ellos lo que sucede, de alguna manera, dentro de nuestra corporeidad. El bebé al nacer es uno con el mundo y a través de estos sentidos irá diferenciándose del mismo, formando los cimientos de su propia casa, allí donde morará su ser para poder desplegarse a lo largo de toda su biografía. De estos cimientos dependerá si esta casa -cuerpo hogar- es estable, endeble, segura, ya que estos sentidos son también la base sobre la cual se desarrollarán los sentidos superiores. Por lo tanto si los cimientos están débiles, la parte superior no tendrá cómo sostenerse.

Percibo el mundo que me rodea

Los sentidos medios o anímicos, que tienen que ver con el **sentir,** son: **el olfato, el gusto, la vista y el térmico:** aquí hay un intercambio con el entorno circundante, un fluir entre el afuera y el adentro, ligados muchas veces a sensaciones de simpatía o antipatía hacia lo que percibimos. Sus órganos están en la periferia de nuestro cuerpo, y hay algo del entorno que penetra en nuestro organismo. Están presentes en frases populares como "me huele que… ", "es una persona fría", "fue una reunión cálida", "¡qué buen gusto!", "lo veo bien", "me lo vi venir"…

Percibo a los demás

Los sentidos superiores, sociales o espirituales, tienen que ver con **el pensar.** Son expansivos, se dirigen hacia afuera de nosotros y nos permiten percibir a los otros seres humanos: son **el del oído, el de la palabra ajena, el del pensamiento ajeno y el de percibir al Yo ajeno.** Para su despliegue se apoyarán en los sentidos de la autopercepción.

Los sentidos básicos son fundamento de los superiores, es decir, necesitan estar desarrollados para que los superiores puedan desarrollarse, pero en el momento de percibir es como si se atenuaran o se silenciaran. Es un salir de mí y mi propia corporeidad para poder ir hacia los demás, para poder percibir a otros en gestos, palabras, pensamientos, para poder percibir otro "yo".

Si el fundamento de los sentidos superiores no está, estos últimos no pueden desplegarse. A su vez, los básicos tienen que estar "callados" para poder percibir a otros.

Si no sé que yo soy yo, no puedo percibir a otro como un otro. Pero si estoy mirándome todo el tiempo a mí mismo, tampoco lo puedo percibir.

Al considerar que somos parte tanto del mundo que nos rodea como de nuestro propio mundo interno, los sentidos aparecen como las puertas que comunican ambos mundos. Decíamos que generalmente actúan de forma inconsciente y llegan a nuestra conciencia cuando se pasa cierto umbral: entonces nos damos cuenta de que tal sonido nos perturba, que un pliegue de la media nos lastima el pie, que tenemos sed, que no vemos bien, que tenemos frío, que huele a quemado, que esta escalera es más empinada que la de mi casa…

* * *

Todo lo que antecede a este capítulo, como lo que sigue. podemos mirarlo a la luz del cuidado de los sentidos. Si bien nos centraremos especialmente en los básicos, por su relevancia en estos años, por ser el fundamento de la casa, cuidaremos por supuesto, también, todos los demás sentidos.

El acompañamiento de la vida diaria tanto de un bebé o un niño pequeño -en casa, en un jardín, en un Hogarlo podemos pensar a la luz del cuidado de los sentidos.

Lo que ofrecemos a los niños desde esta mirada: seguridad afectiva a través del sostén, la envoltura, calidad de los cuidados, entornos preparados donde lo bueno, bello y verdadero pueda manifestarse, posibilidad de moverse en libertad y de desplegar el juego libre, ritmos saludables, posibilidad de vivir procesos con sentido, mirada de confianza, palabra veraz y clara, versos, rimas, canciones, cuentos, materiales nobles, alimentación saludable, ES CUIDADO DE LOS SENTIDOS.

Sentidos básicos

Sentido del tacto

- Su órgano de percepción es la piel en toda su superficie.
- Gracias a él percibimos principalmente la sensación de límite de nuestro cuerpo.
- También percibimos con él la superficie de los elementos del mundo.
- El tacto obra en el alma como confianza: al miedo lo podemos considerar como el otro lado del sentido del tacto.

Cuidamos el sentido del tacto cuando ofrecemos

- Sostén presente, amoroso.
- Envoltura.
- Superficies firmes cuando son bebés.
- Ropa hecha de materiales nobles donde la piel pueda respirar.

- Trato amoroso y respetuoso hacia su cuerpo.
- Poder moverse en libertad les permite ir despegando gradualmente puntos de apoyo. La postura inicial es con su espalda apoyada en una superficie firme.
- Materiales nobles para la exploración.

Algunos ejemplos cotidianos

- La necesidad de envoltura que tiene un recién nacido trasciende las estaciones del año. Aunque haga mucho calor, una sábana liviana envolviéndolo lo ayuda a percibirse. El bebé es uno con el mundo y sin envoltura se pierde en él. Necesita percibirse. Muchas veces los bebés pequeños lloran mucho en verano, se piensa que es por el calor pero al ser tapados con una sábana o un pañuelo se calman.

- Que el espacio donde duermen tenga envoltura es también una necesidad. Espontáneamente muchos bebés duermen con la cabeza contra un lado del moisés o cuna para percibirse. El dormir envueltos los recién nacidos y luego en bolsas de dormir ayuda a esta percepción y a no asustarse por sus propios movimientos cuando duermen. No quedan perdidos en medio de la nada, sino que al estar contenidos, pueden dormir más tranquilos.

- Los niños que no han pasado por el canal de parto -una experiencia primordial para el sentido del tacto- necesitan aún más envoltura.

- Hay pocos niños que se resistan al abrazo de pie. Poner una media con consciencia también los ayuda a percibirse. Es un momento especial que les genera presencia y alegría.

- Rimas corporales donde el niño es envuelto en una tela, u otras como "un niño hay aquí"[15] colaboran

---

15. Ver Chubarovsky T., disponible en la web.

con el cuidado en este sentido, sobre todo en niños que necesitan más envoltura y contacto, colaboran sumando al sostén y envoltura que nosotros le damos.

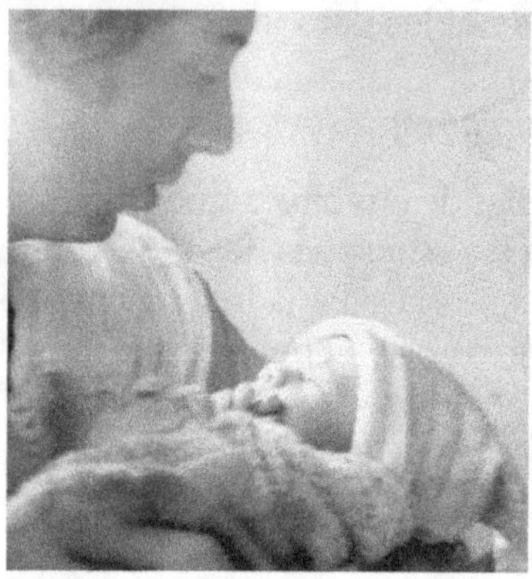

La envoltura y el sostén, obran en el sentido del tacto del niño; le permiten percibir hasta dónde llega, percibir toda la superficie de su cuerpo. El sostén que ofrecemos, tanto físico como anímico, es cuidado de este sentido. Sostén que le permite la vivencia del cuerpo como totalidad.

El niño acostado decúbito dorsal- panza arriba-, en una superficie firme, con brazos y piernas libres, tiene la oportunidad de percibir su espalda, tener información de esa parte del cuerpo que no vemos, y que es la base de sustentación del equilibrio en este momento. Que el niño esté bien apoyado, que se sienta seguro en esa postura, es parte del cuidado del sentido del tacto también. Esto lo tendremos en cuenta tanto para los momentos de exploración, como para los de cambiado y los de sueño.

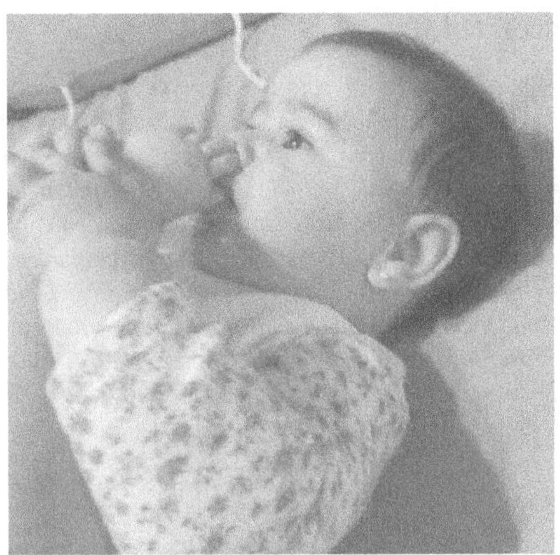

El tacto en la exploración; el niño tacta con la boca, con el pie, con la mano, con la nariz....¡con toda la piel! Vemos también que en esta exploración, hay mucho de movimiento y equilibrio, y un bienestar del sentido vital. Ya lo dijimos antes: ¡nunca actúa un solo sentido!

Auer, en su curso sobre los sentidos,[16] daba como síntesis del cuidado de este sentido, la imagen de estar en una choza segura en medio de la selva con puertas y ventanas cerradas, donde puedo estar tranquilo aunque oiga ruidos de animales, donde puedo mirar para afuera y alegrame si veo pasar al leopardo. Eso porque la casa está cerrada y es segura. Si en cambio no se pudiesen cerrar las ventanas o la puerta, estaríamos intranquilos, con miedo, sin poder dormir.

Es nuestro deseo, que los niños puedan llegar a tener una "casa sin agujeros".

---

16. Buenos Aires, 2007.

Sentido Vital

Al comienzo, el bebé aprende a conocer sus necesidades corporales bajo una forma desagradable de tensión incierta y de sufrimiento. Él no "sabe" todavía que tiene hambre, sed, frío, calor o que le duele algo. Él es calmado de estas sensaciones desagradables por el adulto, quien comprendiendo sus signos, sabe responder a sus necesidades. Todo esto lleva al bebé a asociar el cese del hambre, sed, etc., con el adulto que responde a estas necesidades. Relaciona su sentimiento de seguridad física con el adulto y por lo mismo su seguridad afectiva y emocional.

Judit Falk.
Cuidados corporales y prevención

- Es el sentido de la armonía: nos compenetra con la sensación de bienestar y se pone de manifiesto cuando hay una desarmonía.

- Se trata de sensaciones que nos transmiten nuestros órganos internos a través del sistema nervioso autónomo simpático y parasimpático.

- Con él percibimos cuando tenemos hambre, sed, cansancio, sueño, dolor.

- El sentido vital nos da la vivencia de que nuestro cuerpo es un lugar de amparo y calma.

- Obra en el alma como seguridad, cuando está bien cuidado.

- Este sentido, nos regala también la satisfacción de vivenciar "yo puedo".

- Del cuidado de este sentido depende la vivencia de continuidad de la existencia, que vamos teniendo muy de a poco: ser el mismo a lo largo del tiempo.

- Este sentido responde a la pregunta ¿Qué necesito?

Si el sentido del tacto me da la información de la superficie de mi cuerpo -el mapa de mí mismo, como dice Auer-

a través del **sentido vital** vivencio **qué puedo yo con este
cuerpo.**

Cuidamos el sentido vital:

- A través de las vivencias agradables en la satisfacción
  de sus necesidades básicas. Otra de las imágenes que
  compartía Auer en su curso: *La satisfacción de cada
  necesidad orgánica del bebé,* necesita ser respondida
  prontamente. Su tiempo de espera irá creciendo con
  él. En la imagen de un péndulo tenemos dos polos:
  uno sería "apenas empieza a llorar le doy la teta para
  que no sufra", sin haber percibido primero qué es lo
  que necesita, y el otro polo sería "que llore y se haga
  macho". Estaremos atentos, tanto a dar la posibilidad
  de que la necesidad se manifieste como a no exponer
  al niño al estrés de soportar una espera mayor a la
  que puede sostener. En esta imagen de péndulo
  veríamos que en el bebé es un pendular pequeño,
  todo ocurre más cerca del centro, en cambio un niño
  de 4 años por ejemplo, que está jugando y siente
  ganas de ir al baño, pero al mismo tiempo no quiere
  dejar de jugar, estira ese tiempo reteniendo lo más
  que puede, hasta que sale corriendo al baño. Cuanto
  más pequeño es el niño somos más responsables de
  garantizarles nosotros ese centro del péndulo. A
  medida que el niño crezca y este sentido se desarrolle,
  será él quien lo encuentre.
- A través de ritmos saludables[17].
- Cuando favorecemos que puedan hacer solos, sin
  resolver nosotros todo por ellos y sin que sea vivido
  como una exigencia.

---

17. Ver en capítulo de Ritmo.

- A través de rimas y cuentos rítmicos cuando son pequeños, a través de cuentos de hadas, cuentos de los hermanos Grimm a partir de los 3, 4 años -estos cuentos también irán creciendo con ellos, ¡estemos atentos a cuáles son acordes a cada etapa!-[18] En estos cuentos el niño vivencia procesos, transformaciones, polaridades, ritmos… que nutren al sentido vital.

  Es común que cuando alguien narra un cuento que el niño conoce y se equivoca una palabra, el niño salta y dice la palabra correcta. ¿Es que el niño se sabía de memoria el cuento y su intelecto le dice que esa palabra no es correcta? ¡Claro que no! El niño ensoñado se entrega al cuento, está en armonía ¡y esa palabra distinta lo despierta! lo sabe con la panza, no con la cabeza ¡es a través de su sentido vital que se da cuenta!

- Cuando no les evitamos atravesar pequeños dolores y frustraciones sino que los acompañamos a través de ellos.

- Cuando les posibilitamos vivir procesos con sentido como amasar, sembrar y cuidar una semilla o planta, cocinar, cuando realizamos cualquier proceso con una preparación, un desarrollo y un cierre, cuando les permitimos atravesar una enfermedad.

Poder atravesar una enfermedad posibilita que el sistema inmunológico se fortalezca. La fiebre[19], por ejemplo, la hace el niño. Un niño no *tiene* fiebre, *hace* fiebre, como respuesta de defensa y con esto se fortalece, y crece. ¡Transforma con la fiebre todas sus células! Si observamos al niño durante una fiebre, lo podemos ver crecer y transformarse.

Acompañar con conciencia los procesos de fiebre y enfermedad, sabiendo que el niño está creciendo, fortale-

---

18. Ver *Cuentos para chiquitines, Cuentos infantiles, Todos los cuentos de los hermanos Grimm*. Editorial Antroposófica.
19. Ver Glöckler M., *Pediatría para la familia*, E. Antroposófica

ciéndose y desplegándose es cuidado del sentido vital. Nuestra sociedad actual nos invita todo el tiempo a las soluciones inmediatas, a la poca conexión con nosotros mismos y a la no vivencia de procesos; nos ofrece "ayuda" para tapar las señales que nuestro cuerpo da, de necesitar ritmos saludables, de descansar para reponer fuerzas, sean las diarias, sean las que responden a ciclos vitales: ciclo femenino, puerperio… nos ofrece complementos a lo mal que nos alimentamos, a la falta de movimiento en la cultura sedentaria…

A partir de aquí, invitamos a repensar el uso indiscriminado de fármacos y vacunas que socialmente se suele naturalizar. Podemos cuestionarnos, informarnos, decidir con conciencia sabiendo que los procesos orgánicos son procesos con sentido, que también implican procesos anímicos y que muchos de los que se transitan en el primer septenio nos dan herramientas para afrontar desafíos en años posteriores.

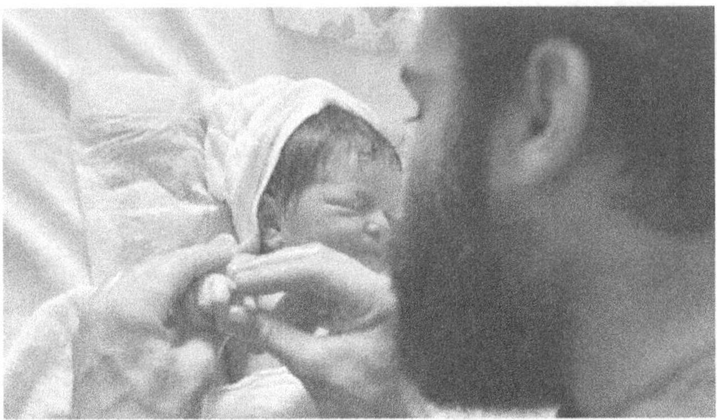

El trato amoroso en los cuidados, es cuidado del sentido vital. Lo retomaremos cuando nos detengamos en los cuidados corporales, el favorecer que el niño se sienta bien y a gusto en su cuerpo, que este sea un lugar de amparo y calma, depende de cómo nosotros lo tratemos. ¡La satisfacción de cada necesidad fisiológica, siempre es más que la satisfacción fisiológica! Cuerpo, alma y espíritu son una unidad en el bebé y en el niño pequeño, por lo que claramente impacta en todo su ser. Hablamos de encuentro, de calidez, de mirada amorosa, cuidado del sostén…

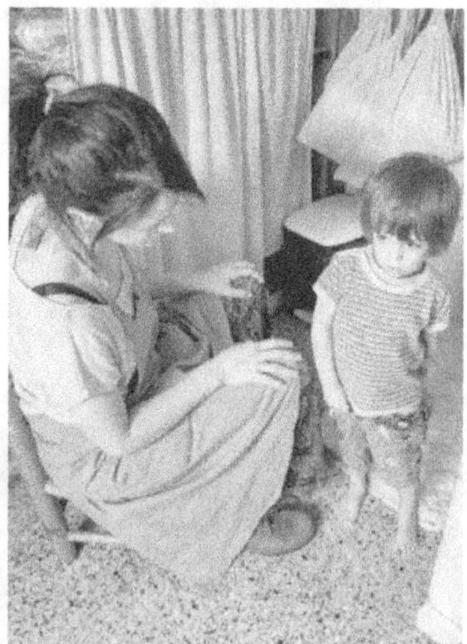

El niño crece y va conquistando autonomía, despliega las ganas de hacer por sí mismo en estos momentos de encuentro con el adulto, donde hay un diálogo de gestos y palabras. Lo que sucede en estos momentos, implica sentidos tanto físicos como anímicos y sociales.

Sentirnos percibidos es "casi" una sensación del sentido del tacto. Ya que sentimos como si el otro nos "tocara". Cuando alguien nos escucha atentamente y nos percibe en nuestra esencia, nos sentimos "tocados" por el otro. Una sensación que nos lleva a la vivencia de "acá estoy yo".

Una vez más, ¡los sentidos actúan juntos!

Sentido del movimiento

- Percibimos el movimiento de músculos y articulaciones.
- Nos regala la sensación de libertad, que podemos tener por ser humanos.
- "El movimiento es madre de la alegría".
- Es un sentido que sigue desarrollándose a lo largo de toda nuestra vida: si de adultos quisiéramos aprender a bailar una nueva danza o a nadar, o tocar un instrumento, este sentido se sigue desplegando, ya sea que tengamos 40, 60 u 80 años.

    Dice Karl König: "Veinte pares de nervios salen de la médula y transmiten la sensación del movimiento, conforman un gran instrumento musical, como una lira, y los movimientos ejecutan sus melodías, armonías y ritmos."

Observamos entonces preciosas obras musicales en el movimiento de los niños. Un niño que explora, que alterna momentos con distinto *tempo*. Presenta un tema, lo desarrolla, hace variaciones… ¡Podemos ver esto en la exploración!

Cuidamos el sentido del movimiento[20]

- Cuando posibilitamos el desarrollo del movimiento autónomo en la vida cotidiana del niño.

---

20. Ver capítulo de Movimiento.

- Cuando posibilitamos la exploración con pies descalzos, cuidando que el niño no pierda el calor, las polainas suelen ser una buena opción ya que mantienen calientes los tobillos.

El movimiento como manifestación del ser

Jean-Dominique Bauby era un periodista francés que en un accidente quedó cuadripléjico. Aparentemente no podía mover nada de su cuerpo. Su espíritu estaba intacto, encapsulado en un cuerpo que no le posibilitaba manifestarse. Solo podía mover un párpado, pero con ese párpado y un interlocutor ¡ya podía comunicarse! Y así pudo deletrear un libro: "La mariposa y la escafandra". Luego de terminarlo, murió. En este ejemplo vemos de manera dramática, la profunda relación que hay entre el movimiento y la manifestación del ser. Sin movimiento no tenemos la posibilidad de expresarnos. Desde este lugar podemos preguntarnos: ¿tenemos derecho a intervenir el movimiento del otro? ¿No estaríamos interfiriendo en su manifestación?

Mi hija tiene 20 meses. El jueves estuvimos en un espacio de juego con mobiliario Pikler donde se interesó especialmente por un escalón con una rampa, el cual investigó de distintas maneras, repitiendo la acción una y otra y otra vez, buscando desafíos nuevos y probando hasta que le saliera lo que ella quería: poder bajar del escalón directo al piso, sin bajar por la rampa. Muy contenta con su conquista, en casa buscó distintas maneras de trepar pero no teníamos un entorno preparado para que ella pudiera ex-

plorar de esta nueva manera. Mi marido buscó distintas tablas, puertas, pero nada tenía la resistencia que necesitaba. Finalmente esa tarde consiguió una y buscó en la ferretería elementos para poder atornillarla. Eloisa, se alegró mucho. Al principio necesitó nuestra cercanía, pero una vez que entró en confianza, siguió explorándolo de distintas maneras sin necesitarnos tan cerca. Sus muñecos y autos conocieron también su nueva rampa tobogán. Desde ese día juega y disfruta de sus conquistas logradas y de los nuevos desafíos que se propone.

Cuando la necesidad del niño de moverse es reconocida como válida, propiciando un entorno adecuado el niño puede explayarse en su movimiento. Esto genera también más armonía en el ambiente, el niño está haciendo lo que necesita hacer, desplegar su movimiento, jugar, vivenciarse en el espacio,los adultos disfrutan de observarlo mientras pueden al mismo tiempo realizar sus tareas.

Sentido del equilibrio[21]

- Gracias a él podemos orientarnos en el espacio. Es nuestra brújula interna. Si bien la vista y el oído cumplen un rol muy importante en la orientación, ciegos con el sentido del equilibrio sano pueden orientarse en el espacio mientras que videntes con el órgano del equilibrio dañado no pueden hacerlo.

- Únicamente el hombre logra erguirse. Los animales, aunque algunos pueden ponerse en dos patas, siguen teniendo sus patas delanteras al servicio de su supervivencia. En el hombre, en cambio, quedan emancipadas y al servicio de su hacer, su crear. El equilibrio es base para el hablar y para el pensar, capacidades exclusivamente humanas.

---

21. Ver capítulo de Movimiento.

- Obra en el alma como calma interior, serenidad. Michaela Glöckler habla de "reposo interior".

- Su órgano: los tres canales semicirculares del oído.

Cuidamos el sentido del equilibrio:

- Dando la posibilidad de desarrollo postural autónomo, a través del cual el niño va encontrando continuamente su propio equilibrio.

- Posibilitando la exploración con pies descalzos, cuidando siempre que el niño no pierda calor.

- Posibilitando vivencias de equilibrio.

El equilibrio lleva siempre consigo una pequeña cuota de riesgo. Ejercitándolo está permanentemente la posibilidad de perder ese equilibrio.

Cuanto más en contacto con mi cuerpo estoy y soy yo el protagonista de mis movimientos, mayor es mi capacidad de equilibrio. ¿Podría acaso alguien ponerme en equilibrio? ¿Podría acaso alguien poner a otra persona en equilibrio? ¡IMPOSIBLE!

El equilibrio solo puede encontrarlo cada uno. Cuanto menos palabras del afuera hay, más concentración tengo. Si me hablan me desconcentro, pierdo el equilibrio y probablemente me caiga.

La disponibilidad, la distancia óptima y la mirada de confianza, posibilitan.

Dejar a un niño desde bebé ser el "hacedor y buscador" de su propio equilibrio es regalarle la posibilidad de un gran cimiento para su casa, que será fecundo para el resto de su vida.

Bárbara y Carolina juegan en el living de la casa de la tía de Carolina . Bárbara está acostumbrada a moverse en libertad y tiene mucha confianza en sí misma.

En un momento al ver un espacio vacío entre dos sillones Bárbara se trepa a los mismos, quedando sostenida tipo cangrejo, es decir apoyando manos y pies, quedando su cuerpo en el aire mirando hacia el techo. Pie derecho y mano derecha apoyan en un sillón y pie izquierdo y mano izquierda en el otro y entre los dos sillones, y queda en el aire su tronco, sin sostén. Ella se baja y Carolina imitándola hace lo mismo.

La mamá de Carolina grita: ¡Nooo! ¡bajate, te vas a caer!

*Y Bárbara, que lo había hecho anteriormente responde enfáticamente: **¡Noooo! ¡no se va a caer... se sostiene!***

* * *

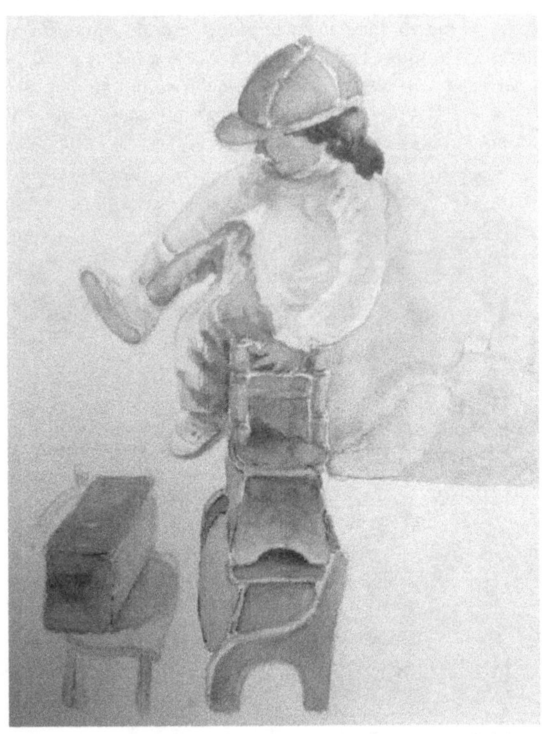

Tiene tiempo y espacio para percibirse a sí mismo. Eso le posibilita encontrar su equilibrio, en tranquilidad. Su juego preferido del momento es apilar bancos y trepar. Incluso se pone allí sus zapatillas.

Cada experiencia propia en la búsqueda del equilibrio es semilla para el EQUILIBRIO en el más amplio sentido de la palabra, que madurara y dará sus frutos en el futuro. Percibo mi equilibrio cuando estoy listo para ir achicando los puntos de apoyo. Percibo el movimiento; el cuerpo en su totalidad participa en cada postura y en cada gesto. Manos y pies dan sostén, recorren distancias, profundidades.

Los momentos donde los niños exploran y juegan con su equilibrio, su movimiento y su "yo puedo", crecen con ellos. Los encontramos en los bebés, en los niños que ya caminan, corren, trepan... y volvemos a encontrarlos en cada nuevo desafío a lo largo de la vida.

« *El equilibrio me orienta de tal manera en el espacio* *que yo encuentro mi equilibrio en el mundo.*»
Michaela Glöckler

El niño en equilibrio escucha a su cuerpo, y lo percibe en relación al espacio que lo rodea.

Poner objetos en equilibrio, implica a nuestro sentido del equilibrio también. Es maravilloso descubrir cómo el despliegue de los sentidos, aparece en el juego libre de los niños, y les otorga experiencias que los enriquecen.

Como dijimos, estos sentidos constituyen los cimientos de la casa, por esto tanto las terapias, los grupos terapéuticos de las escuelas, los tratamientos de adicciones, como nuestro trabajo de autoeducación, volverán a ellos indefectiblemente. Éstas acompañan: el poder percibir nuestro límite corporal, sentirnos sostenidos, tener un ritmo de sueño/vigilia, ordenar las comidas, volver a recuperar el movimiento y la alegría que este proporciona, haceres donde sentimos "yo puedo". Recuperar la vivencia del cuerpo como lugar que nos cobija, la confianza en nosotros mismos y en la existencia… y así poder encontrar un sentido a nuestra vida.

Sentidos medios

Sentido del olfato

- Órgano: terminaciones de nervios en la raíz de la nariz.
- Percibimos con él, aromas.
- Es un sentido que se satura: luego de un rato de estar inmersos en un olor, ya no lo percibimos.

No podemos recordar un olor… pero un olor despierta innumerables recuerdos.

Silvia, compartiéndonos las experiencias de asombro que vive junto a sus nietos, nos cuenta: Mis nietos viven con sus padres, en tierras lejanas. Tuve la posibilidad de hacerles una visita, después de transcurridos muchos meses. Cuando por fin los veo a lo lejos del salón del aeropuerto a los dos pequeños, el mayor suelta la mano de su padre y llega corriendo hacia mí. Lo alzo, giramos en un remolino, y cuando freno, él apoya su naricita en mi cuello y luego de aspirar profundamente dice: -¡Sí, sos vos Oma!

Cuidamos el sentido del olfato:

- Cuando favorecemos vivencias con algunos aromas naturales -plantas, alimentos, entornos, materiales- nos referimos a los aromas naturales como parte de los procesos de la vida misma. Y no sacados de contexto.

- Teniendo los ambientes ventilados.

Sentido del gusto

- Su órgano es la lengua, las papilas gustativas.
- Nos transmite si algo es dulce, amargo, ácido, salado.

Cuidamos el sentido del gusto:

- Cuando posibilitamos experimentar el sabor propio de los alimentos.
- Preparando un entorno bello para los niños, que *dé gusto* estar allí.
- Posibilitando probar variedad de sabores. Esto por supuesto, crece con el niño.
- Cuidando que nuestros comentarios hacia el niño, hacia otras personas, sean *"de buen gusto"*.

El Sentido del olfato y el del gusto, como sabemos todos
por la experiencia, están muy unidos. Por ejemplo si tenemos la nariz tapada no solo no reconocemos aromas sino
que tampoco reconocemos gustos, es como si la comida no
supiera a nada, tenemos entonces más percepciones de
tacto en la boca que de sabores. También están unidos ori-
ginalmente por ser ambos "guardianes del umbral" aunque
lamentablemente, en el sentido del gusto se fue desvir-
tuando su función original. El olfato sigue cumpliendo mayormente su función de "guardián" al menos ante peligros:
¡olor a quemado!

**El sentido del gusto en cambio ha perdido ya del
todo su función original de guardián: ¿este alimento es
sano o no? Gracias a la industria, la publicidad, los aromas y gustos inventados se desvirtuó el sentido**; quedó
dañado en su misión original y hoy percibe: me gusta, no
me gusta; triste final. Pero tenemos posibilidad de reedu-
carlo estando atentos a qué consumimos, qué ofrecemos
a nuestros niños. Lo mismo vale para el olfato: los olores
artificiales abundan y suelen ser muy invasivos, no tenemos manera de escapar de ellos salvo yéndonos del lugar.
Hay por suerte también, muchas alternativas más naturales y al alcance, más amorosas para el medioambiente
y para nosotro, por ejemplo, con limón, agua y vinagre
tenemos maravillosos limpiadores naturales[22].

*El gusto se convierte en lógica posterior: la ba-
nana me gusta más que la papaya. El gusto es la
puerta para conocer realidades, y eso queda para
toda la vida.*

María del Carmen Vásquez[23]

---

22. Para ampliar: Guía de limpieza natural del hogar. Produc-
ción 8 estaciones, Rehue.
23. Directora de Fundación AMI. Ecuador.

Sentido de la vista

- Su órgano es el ojo, pero no es el ojo el que ve ¡soy yo quien veo!
- La vista y el movimiento van siempre juntos, ya que el ojo percibe luces y sombras y gracias al movimiento es que podemos percibir las formas.

Cuidamos el sentido de la vista:

- Estando atentos a que el entorno del niño sea luminoso.
- Cuando hay luz natural en los ambientes.
- Favoreciendo el encuentro con la diversidad de colores que ofrece la naturaleza.
- Ofreciendo al niño un entorno de colores armoniosos.
- Evitando colores estridentes y dibujos estereotipados en el entorno del niño.
- Evitando lo más posible la exposición a pantallas.
- Dando la posibilidad de mirar lejos, que la vista pueda expandirse.[24]

En la Pedagogía Waldorf se cuida mucho la armonía y belleza de los espacios, colores cálidos, envolventes. Es un aspecto muy importante siempre que sea acompañado de sustancia, de entorno humano acorde, ya que lo humano, el hacer de los adultos, tiene un impacto más fuerte aún en los niños.

La belleza sin sustancia es maquillaje,
la belleza donde hay sustancia nutre, envuelve, posibilita.

---

24. Estas y otras recomendaciones de higiene visual podemos encontrarlas en el método del Dr. Bates de recuperación natural de la visión. En Argentina, la escuela optoXver trabaja con este método. www.optoxver.com

El plasma más grande

No tenemos televisión. Tenemos un gran ventanal que da a un jardín con bellos árboles.

Ese es nuestro plasma. Hay programas que vuelven cada año de nuevo y los esperamos con alegría. Cada estación tiene sus programas.

Cuál es la última hoja que en otoño queda en el árbol es uno de nuestros programas favoritos de fin de otoño. Luego de disfrutar el liquidámbar pelado llenito de invierno, vemos engordar los capullos. ¿Cuál se abrirá primero? ¡La mirada se abre a observar y descubre tantos tesoros!

Primavera: se despiertan las tortugas y corren por el parque... sí, ¡son más rápidas que lo que cuentan!

Octubre y noviembre nos deleitan los loros comiendo nísperos. ¡Son tan divertidos!

¡Los amigos se alegran cuando los invitamos a ver programas en nuestro gran ventanal!

Sentido térmico

- Su órgano son los receptores de calor y frío.
- Nos transmite vivencias de calor y frío que percibimos siempre en relación a la temperatura corporal propia.

Cuidamos el sentido térmico:

- Cuidando el calor (organismo calórico) del niño, con la ropa y envolturas adecuadas: materiales que permita a la piel respirar, gorros que protejan la cabeza de los pequeños: todo el calor que se va por la cabeza, no vuelve más.
- Cuidando la temperatura de los ambientes: ni sobrecalefaccionados, ni fríos.

- Cuidando la calidez en el encuentro con el niño, que sea verdadera.

- Mirando al niño como un ser espiritual.

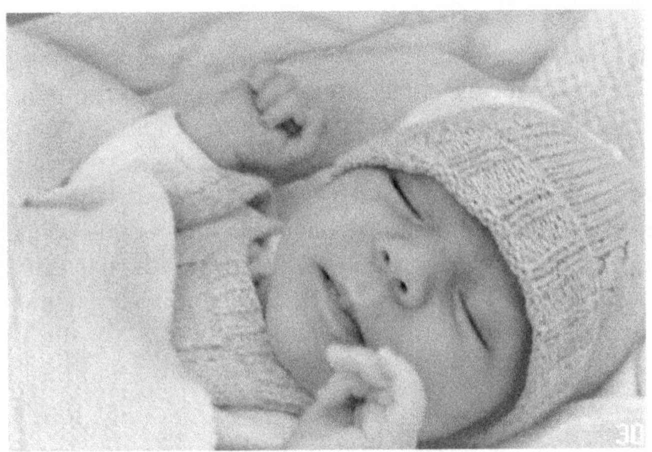

El cuidado del calor en el niño pequeño depende mucho de nosotros, ya que el niño no regula todavía su temperatura; su organismo calórico no está aún desarrollado. Los bebés y niños pequeños pierden mucho calor por la cabeza, por eso es importante que la protejamos.

Este cuidado del sentido térmico, lo ofrecemos a lo largo de toda la infancia, especialmente en los primeros años. Aquí vemos el niño protegido del sol, experimentando con diferentes temperaturas estando al aire libre, en el contacto con el agua, con objetos de diferentes materiales...

Dentro de los materiales nobles provenientes del reino animal que envuelven y acompañan el cuidado del organismo calórico del niño están la lana -el vellón- la seda y la cera de abejas. No obran solo dando calor local sino que tienen efecto sobre todo su organismo envolviendo y regalando vivencia de unidad. A veces las utilizamos como ropa o mantas -en caso de la lana y la seda- pero también nos "envuelven" generando calor cuando las usamos en compresas[25] -incluida la cera- en caso de congestiones en el pecho. Esta se consigue en delgadas planchas. Cuando manipulamos estos elementos, haciendo nubes de vellón, amasando con nuestras manos transformando el vellón en fieltro, o modelando con cera de abeja, también tenemos esa vivencia de envoltura y unidad.

Sentidos superiores, sociales o espirituales

Sentido del oído

- Su órgano es el oído.
- A través del mismo percibimos la esencia de las cosas.
- Nos transmite vivencias sonoras.
- Se basa en el sentido del equilibrio: ¡no podemos escuchar a otro si no estamos en calma!
- Es de los primeros sentidos en despertarse, el bebé ya escucha intrauterinamente y es de los últimos en apagarse, tanto cuando nos vamos a dormir como en la muerte.

---

25. Glöckler M., *Pediatría para la familia.*

Cuidamos el sentido del oído:

- Cuando cuidamos el sentido del equilibrio.
- Cuidando que nuestra voz al hablar sea auténtica y veraz -ni superficial, ni impostada.
- Evitando exponer al niño a ambientes muy ruidosos y música de aparatos.
- Favoreciendo momentos de escucha. Contando cuentos y rimas, cuentos acordes a cada edad.
- Escuchando al niño.
- Cuando cantamos.

Si no estoy en equilibrio, no puedo escuchar a otro ni lo que sucede en mi entorno.

Sentido de la palabra ajena

- Con este sentido distinguimos lo que es una palabra, en medio de otros sonidos, y captamos también con él los gestos y el lenguaje corporal.
- Se apoya en el sentido del movimiento.

Cuidamos el sentido de la palabra ajena:

- Cuidando el sentido del movimiento.
- Cuidando nuestra calidez en el hablar al niño.
- Leyendo el lenguaje corporal del niño y dando respuesta.
- Cuidando la coherencia entre nuestras palabras y nuestras acciones.
- No utilizando ironías ni doble sentido en nuestro hablar hacia el niño.

De mi propio movimiento surge la posibilidad de percibir palabras y gestos que son movimiento también, a la vez que tengo que poder estar en quietud también para poder percibirlos en otro.

Sentido del pensamiento ajeno

- Nos transmite la captación de una asociación de ideas.
- Se basa en el sentido vital.

Cuidamos el sentido del pensamiento ajeno:

- Cuidando el sentido vital.
- Cuidando que haya verdad y coherencia en nuestras palabras y acciones.
- Brindando vivencias de procesos con sentido.
- Cuidando no hacer cosas sin sentido.

Cuando estamos con hambre, sed, cansados, con algún dolor, cuando nuestro cuerpo nos llama, no podemos sumergirnos en el pensamiento de otro. Nuestro cuerpo tiene que "callarse" poder pensar, para seguir hilos de pensamiento: es desde ese sentimiento básico de seguridad, que podemos adentrarnos en lo que otro piensa, aun cuando piense diferente a mí.

Un niño con "Hambre" no puede estar atento a su maestra en la escuela.

Sentido del yo ajeno

- Nos transmite el reconocer a otra persona como un "Yo", su esencia, más allá del aspecto físico, ideología, religión.
- Se basa en el sentido del tacto, que nos permite percibir nuestro propio límite y a partir de allí todo lo que no soy yo.

Cuidamos el sentido del yo ajeno:

- Cuidando el sentido del tacto.
- Percibiendo al niño como una persona.
- Cuidando el trato afectuoso con el niño y entre los adultos que estamos con él.
- Cuidando que los adultos nos interesemos verdaderamente por otros.
- Favoreciendo experiencias verdaderas de encuentros con otros .
- No exponiendo al niño a realidades virtuales: juegos de dispositivos, etc.

Si no me percibo a mí mismo, como separado del mundo, no puedo percibir a otro. Al mismo tiempo para percibir a otro no puedo estar centrado en mí, tengo que salir de mí para poder hacerlo.

En el lenguaje popular se usa la expresión "perro mal lamido" en el sur de Argentina, "oso mal lamido" en Francia para referirse a quien no tiene tacto en lo social, con otro. En esa frase se ve la relación entre el sentido del tacto y del yo ajeno. Para un animal, ser lamido, es lo que para un niño es ser envuelto, sostenido; es la posibilidad de contacto profundo con su adulto referente durante los cuidados.

*"Fue muy fuerte la vivencia de poder estar en un bar de ciegos. No se veía nada de nada en ningún momento. Todos los demás sentidos estaban especialmente despiertos. La temperatura de la taza hizo de gran cobijo, el aroma y el sabor del café fue único ¿ o nunca había prestado tanta atención? Y los sentidos superiores fueron los protagonistas del encuentro con Katya, una joven ciega, quien nos atendía. Nunca supe si era alta o baja, no vi el color de su pelo, ni de su piel ni de sus ojos. No sé nada de su apariencia física. Mucho de lo que percibí sentía que tenía que ver con **su esencia,** que sin estar la vista por medio quedaba más manifiesta."*

Lo cotidiano se vuelve mágico

Qué poco ruido hacen los verdaderos milagros. Qué sencillos son los acontecimientos esenciales.

Antoine de Saint Exupéry

Vemos en lo cotidiano la alegría de los niños al hacer; tanto en el juego y en la búsqueda de autonomía, como cuando se suman a las tareas de la vida misma.

Invitamos entonces a valorar desde aquí las actividades domésticas, de la casa. ¡Transitarlas es conquistar el mundo también!

Muchas veces nos cuentan las madres que no saben qué hacer con sus niños pequeños, ya caminantes que quieren jugar con ellas todo el tiempo, que no pueden ni cocinar. Cocinar juntos puede ser una gran alegría.

¡Cada tarea suele ser una fiesta para los sentidos! Sobre todo si se trata de frutas y verduras. Miremos con lupa esta situación: un niño pequeño pela por primera vez una mandarina. Se la ofrecemos con una "ventana" para que él siga abriéndola. Un mundo de color y aroma se despliega ante él y el desafío de pelarla es un presente atemporal en el que se sumerge muy concentrado. A veces salpican gotitas de jugo al pelar, se sorprende y continúa.

La aventura puede durar unos pocos minutos o bastantes. Pero ¿qué apuro hay?

Él está concentrado, apropiándose un poco más de su cuerpo, conquistando nuevas destrezas, envuelto en el dulce aroma de la mandarina, conociendo nuevos aspectos del mundo y de sí mismo.

Otra vivencia del cotidiano: preparar un jugo. ¡Esta foto podría llamarse "concentrado de limón"!

Todos estos pequeños grandes aprendizajes necesitan tiempo, espacio, posibilidad de explorar. ¿Qué pasa si tarda 20 minutos en vez de 2? ¡No hay apuro! Tuvo 20 minutos de exploración, color, textura, aroma, gusto, nuevos movimientos, atención, interés, entusiasmo, conquista de algo nuevo y seguramente, ganas de volver a pasar por esta experiencia varias veces más.

Por supuesto que no a todos los niños les interesa pelar una mandarina y no vamos a presionar a quien no le interese pero no hemos visto hasta ahora niños que se resistan a esas aventuras.

Pelar arvejas ¡otra fiesta! vainas verdes con aroma a fresco y dos cuencos. En uno van las divertidas movedizas arvejas, en el otro los verdes barcos vacíos. Atención, concentración, presencia, destreza, alegría, diversidad de vivencias sensoriales.

El manejo de los distintos utensilios requiere concentración, equilibrio, control del movimiento... el encuentro con las frutas y verduras abre el abanico de colores, olores, texturas, sabores, temperaturas... ¡la posibilidad de descubrir formas maravillosas!

"Lo cotidiano se vuelve mágico" diría Peteco Carabajal. Y en medio de la locura ciudadana parece volverse estrecho a veces el canal para la magia cotidiana -tanto que casi no llegamos a percibir que está-, pero está, podemos descubrirla, podemos ensancharlo. No lleva mucho más tiempo. Solo un poco, que se torna fuente de experiencias enriquecedoras y con sentido para el niño.

No son solo palabras, podemos probar hacerlo con toda nuestra atención puesta allí. ¡Se abren universos!

Pelar una papa, una zanahoria: todo es aventura, desafío, concentración y descubrimientos.

-¡Mi hijo de un año y ocho meses quiere cortar con cuchillo!- nos dice una madre asustada. ¡Claro que no se lo voy a dar!

*¿Cuándo le damos a un niño un cuchillo? Cuando manifiesta interés. Siempre **la iniciativa es motor de cualquier aprendizaje**. El mundo crece con el niño. Claro que no le damos el cuchillo filoso. Primero puede ser un untador de madera o metal, con algo blando para cortar, una banana, por ejemplo. Ellos se sienten perci-*

bidos, la situación no tiene peligro alguno ni hay ninguna expectativa cerrada al respecto. Puede que corte dos pedacitos y se vaya a jugar o puede que la corte entera. Todo está bien, está intentando, probando, importa el proceso más que el logro.

Si nunca le doy un cuchillo "porque es pequeño y se puede cortar", ¿cómo aprende un niño a cortar? El niño solo puede aprender a cortar cortando.

Tampoco voy a "estimular" y a darle temprano el cuchillo para que aprenda lo antes posible. No es desde ahí, ni desde la exigencia. Es imitación, el niño se interesa por lo que hace el adulto. No a todos les interesa el cuchillo, pero en el cotidiano, si voy a cortar frutas, o cortar papas cocinadas para una ensalada, y el niño quiere cortar, preparo una tabla y un untador para que él pueda ayudar.

*El tiempo y el hacer del niño van mostrando cuándo es momento de cambiar de cuchillo y cortar manzanas o zapallitos que son un poco más duros. Con un cuchillo un poco más grande. Claro que es más sencillo con pocos que con muchos niños. Por supuesto también, que si vemos que es necesario, pondremos pautas claras para su uso -donde no haya situaciones de riesgo posible-, pero primero podemos ver, a veces todo se desenvuelve en armonía y no son necesarias las pautas. **Como siempre, vamos a observar en lo particular, cada niño, cada grupo, cada situación.***

* * *

Validamos este ejemplo en el marco de procesos con sentido, y que en este interés en las cosas, los niños siguen necesitando de adultos que decidamos si es o no pertinente para el momento evolutivo de cada uno. Que un niño pequeño manifieste interés por celulares, no es razón para darle un celular… ¡tampoco le daríamos un taladro! El mundo crece con el niño. seguiremos observando, evaluando, consustanciándonos con el desarrollo del niño para comprender qué necesita en cada momento.

Volver a percibir como cuando niños con el asombro y la intensidad de los principios: posible, cercano, cotidiano ¿comiste alguna vez un sol de zanahoria? ¿una manzana con estrella? Invitación a explorarnos y explorar el mundo con ojos de niño.

Es muy interesante lo que sucede cuando salimos del automático, más aún con una experiencia tan cotidiana. También es interesante cómo a cada uno le llama la atención otra cosa: a alguno las formas, a otros aromas, colores, sabores, sonidos, las temperaturas, el propio movimiento al cortar, lo que hablan otros, si es que alguien habla. Suelen colocarlas con armónica y colorida belleza, en bandejas que invitan a comer. Ordenamos, agradecemos y saboreamos los manjares, que comidos con presencia suelen saber más intensos y particulares. Luego compartimos las vivencias.

La consigna es estar abierto a los doce sentidos, abiertos, percibientes. Y no hablar a no ser que nuestro asombro por lo percibido nos lleve a querer compartirlo con otro.

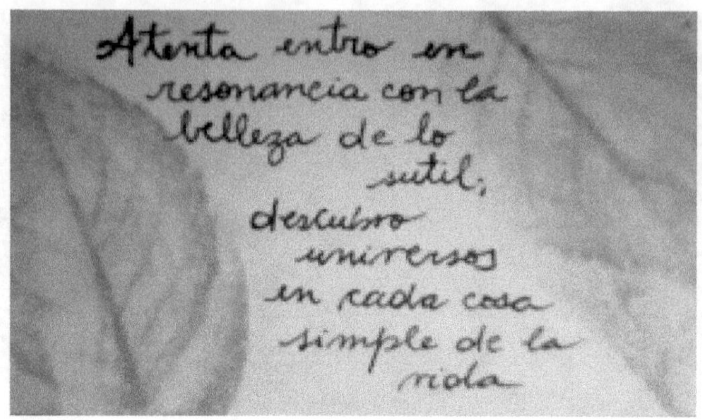

Una vez en un taller, Marta nos dijo, con humildad y asombro:

Tengo 84 años y hoy aprendí algo nuevo.

*

Otra participante dijo: ¡algo tan cotidiano! ¡nunca me había detenido en ello!

*

¡Tenía la maravilla a mi alcance y jamás lo había notado! ¡ya no va a ser lo mismo cocinar para mí!

Con esta experiencia -que recomendamos hacer- cuando tenemos la atención puesta en percibir, podemos llegar a un lugar cercano al percibir de un niño: el asombro, la emoción y la manera en que queda impregnado, en el niño mucho más aún.

Alguien nos dijo luego de años de hacer la experiencia:

¡Cada vez que corto una zanahoria me acuerdo de aquel día!

*

Recuerdo a menudo esa primera vez de percibir con tanta intensidad... la cocina no volvió a ser la misma para mí, y más aún cuando cocino con mi hija y la veo tan presente, atenta, asombrada y alegre.

*

¡Me abrió un puerta al compartir lo cotidiano con mis hijos!

Una foto del cotidiano del jardín: el adulto ha lavado lo que se usó en la merienda, los niños colaboran con el secado. ¿Qué vemos? Concentración, control de los movimientos, coordinación...

¡Barrer es parte de nuestro cotidiano! Aquí podemos pensar lo que nos regala cada estación, como vivencia multisensorial, e inmerso en ella el niño despliega, una vez más, su equilibrio y movimiento. Tareas que requieren concentración y precisión. El niño puede tomarse -necesita hacerlo- el tiempo para desplegar cada uno de los pasos que va dando, en este caso, por la escalera y con la escoba. Estas fotos resumen los tiempos de exploración, de prueba, de ir puliendo cada vez más cada uno de sus movimientos.
¡Y la satisfacción de ese recorrido!

El cuidado de los sentidos en el encuentro con la naturaleza

El cuidado de los sentidos no requiere necesariamente recursos materiales sofisticados.

La naturaleza y sus tesoros para ver, palpar, oler, oír, gustar, correr, trepar, saltar… posibilitan variadas y enriquecedoras experiencias sensoriales. Entorno y elementos naturales son alimento para el niño. Nuestra actitud interna, como adultos es también quien habilita o no a sacarle el jugo a esta experiencia. Por supuesto que siempre con respeto hacia la misma.

Sintientes, presentes, disfrutando de la naturaleza y sus tesoros.

¿Y en las ciudades? Podemos también encontrar espacios naturales, parques, plazas, río, donde respirar del asfalto.

Cuando tenemos la ropa adecuada, cualquier tiempo es bienvenido. Con una buena tela impermeable, podemos hacer pantalones de lluvia para disfrutar de las posibilidades de charcos y barro que nos regala la lluvia… ¡aún en la ciudad!

Experiencias con los elementos

Tierra, agua, aire y fuego, lluvia de vivencias
enriquecedoras, huellas de posibilidad.

Resumiendo...

Cuidar y proteger la infancia es, como adultos, nuestra tarea.

Podemos poner atención en dosificar los estímulos para no generar empachos anímicos. Para un bebé o niño pequeño ir a lugares muy ruidosos, con mucha gente y mucho bombardeo de estímulos es como si les diéramos un bife con papas fritas, no se los damos porque no los pueden digerir. Lo mismo pasa en lo anímico cuando se encuentran con tantos estímulos, tampoco pueden digerirlos -esto suele desorganizarlos- y muchas veces les generan trastornos en el sueño o la alimentación, entre otras cosas.

Ser cuidado con presencia, tiempo, envoltura, sostén, palabra y sensibilidad, poder moverse autónomamente, vivenciar procesos con sentido, jugar en contacto con los elementos, con la naturaleza... abre abanicos de posibilidades que enriquecen y favorecen este cuidado, en pos de que la casa pueda ser estable para todo lo que vendrá.

* * *

En un taller dentro del encuentro de maestras jardineras waldorf en Hannover 2001, Felicitas Vogt, psicóloga antroposófica especialista en adicciones, respondía que la prevención de adicciones en el primer septenio era "el cuidado de los sentidos".

Hablaba de la pubertad, donde aparece la necesaria crisis de desidentificación con el cuerpo por un lado y por el otro, el nacimiento de los ideales. Mostraba cómo cuando los cimientos son fuerte fundamento de la casa, se puede atravesar esa crisis y volver luego a la casa-cuerpo, en cambio, lo difícil que era este volver cuando el cuerpo no era un lugar de amparo y calma. Y cómo ahí eran mucho más proclives las adicciones. Al mismo tiempo si hablamos de primer septenio, hablamos de imitación y ejemplo: esto nos interpela a trabajar nosotros sobre nuestras adicciones. Y adicciones[26] llamamos no solo a drogas y alcohol, sino adicciones en el más amplio sentido de la palabra. Desde su etimología.

---

26. Seminario Kiwicha. Hacia una nueva forma de comunidad terapéutica. Escuela libre de recuperación biográfica y socioterapia para sudamérica y el resto del mundo con orientación antroposófica. Galaak-grupo de autoliderazgo por autoayuda y autogestión Kiwicha.

* A-dicto: lo no dicho.

* Adiccere: adición, más de lo mismo.

* Adicto se llamaba en la antigua Roma a los esclavos: "adicto a su amo".

Entonces podemos preguntarnos: ¿qué situaciones de mi vida me generan circuitos repetitivos con asiento en lo no dicho, quedando esclavo de ellas? Pueden ser sustancias, pero pueden ser también actitudes, pensamientos, relaciones. Poder mirarnos y transformar también desde ahí, es una gran ayuda en la prevención de adicciones. Por supuesto nada garantiza que con esto los jóvenes no tendrán problemas de adicción, pero sí este camino de autoobservación, de dejar de mirar con juicio al "adicto" y mirar estas características en nosotros mismos (aunque no hayamos probado drogas ni alcohol, podemos leer las características del alcohólico o adicto a las drogas, y nos encontraremos a nosotros mismos en muchas de ellas) es un camino de autoeducación y sanación digno de imitar.

Solo aquello
que por medio de mi trabajo se transforma en mí,
sana, nutre y libera al niño.

Rudolf Steiner

"...Era suficiente que existiera esa casa, para llenar mi noche con su presencia.

Ya no era más despojo de mar en costa extranjera. Encontré mi camino. Yo era el niño de esta casa, lleno de recuerdos de sus aromas, del frío de sus pasillos, de las voces que la habitaban; incluso el croar de las ranas en el estanque penetraban en mis oídos. No me movía más entre la arena y las estrellas, no recibí más los mensajes del desierto, incluso su sabor a eternidad, que llegué a creer haber probado. Ahora descubrí de dónde venía: vi nuevamente mi casa."

Antoine de Saint Exúpery en Viento, arena y estrellas

4.
Calidad de los cuidados

Nos encontramos.
Te invito a hacer juntos
en este camino de empezar a andar por la Tierra.

Estoy dispuesto a transformarme en él
y te ofrezco mi camino
ya que nada queda en mí igual,
después de nuestro encuentro.

"La presencia cálida y de confianza del adulto envuelve al niño, llevándole a la vida y, más crucialmente, a su cuerpo como hogar seguro y cómodo. Un hogar corporal de confianza es la base para que el niño salga al mundo." Susan Weber[27]

Una vez más, hablamos de la calidad de los cuidados. En realidad, en todo momento cuidamos al niño, pero nos vamos a detener ahora en los cuidados corporales -sabiendo que son mucho más que corporales: cuerpo, alma y espíritu son una unidad en esta etapa. Y que van de la mano de una confianza mutua que se va construyendo, que va creciendo en el encuentro mismo.

En estos primeros años, ¡compartimos muchísimos de estos momentos de cuidado! ¡Cambiaremos el pañal entre 5.000 y 7.000 veces a cada niño!

---

27. En *Caminando hacia el futuro*. Editorial Rudolf Steiner.

Cuando hablamos de cuidar, hablamos de poner conciencia, de estar presentes, de percibirlo, de nombrarlo, de entrar en diálogo, de buscar ser coherentes en nuestro pensar, sentir y actuar, de satisfacer necesidades vitales del niño las cuales no puede aún realizar por sí mismo. Dignificamos al niño cuando lo cuidamos. Como seres humanos, actuamos con libertad en este cuidar, no estamos predeterminados a cómo debemos hacerlo. Por eso podemos repensar nuestras prácticas y modificarlas cuando hay algo que nos está haciendo preguntas. Una gata que tiene cría sabe cómo cuidarla y no puede hacer nada diferente. Nunca podría replantearse su hacer. Pero nosotros sí; eso nos hace humanos.

Nuestros gestos, internos y externos, cuando estamos con el niño, son los **pilares de la seguridad afectiva** que él va construyendo, porque mucha de la percepción que va teniendo de la vivencia de su cuerpo, tiene que ver con cómo nosotros lo tratamos. Claro está que los momentos de exploración y juego autónomo le ofrecen también vivencias de sí mismo que son fundantes para su desarrollo. Pero estos momentos donde los adultos actuamos de alguna manera sobre el cuerpo del niño, son una invitación a habitarlo y hacerlo propio.

Debemos aprender a levantar, sostener y tomar un niño entre los brazos, de manera que en ningún momento pierda el sentimiento de seguridad física. Es necesario que el cuerpo y la cabeza se encuentren bien sujetos.

Anna Tardos en La mano de la educadora

Comunicación, encuentro y cooperación son los pilares de estos momentos. Implican ya relación: es *entre*; hay algo que se genera *entre* el niño y el adulto que lo cambia, lo baña, lo viste, lo alimenta, lo acompaña al sueño.

Algo muy bello es que en nuestro idioma tenemos la misma palabra para encuentro que para encontrar algo que buscábamos. Esto subraya la importancia de cada encuentro, sabernos buscados, nos abre a la certeza que hay algo para aprender mutuamente uno del otro en el encuentro. **Esto se da en todas las situaciones, en las sencillas , armónicas y más aún en las difíciles.**

Este encuentro que se genera es nuevo cada vez, al mismo tiempo que, de hacerlo tantas veces, lo vamos enriqueciendo, acomodándonos a las nuevas posibilidades de movimiento, de cooperación, de comunicación. Al ir conociendo cada día más a *este* niño, -que no es otro, no es el del libro, no es el que cuidé antes, **es *este*-** podemos acomodarnos a lo que vamos descubriendo que él necesita: si el óleo le resulta muy frío y hay que calentarlo un poco con nuestro aliento, si necesita que nuestros movimientos sean más lentos.

Este diálogo que vamos construyendo con el niño, con palabras que anticipan y que responden, con gestos, implica el reconocimiento desde el vamos que **el niño es alguien, es una persona, un sujeto competente.**[28] Es bien diferente nuestra actitud con él, que cuando estamos limpiando o acomodando un objeto y la forma en que nosotros tratamos su cuerpo, que es fundamental para el desarrollo de su psiquismo. Y decimos él de forma genérica, ya que cada niño tiene su propio nombre y estos son momentos donde lo nombramos.

En este despliegue de su Ser que vamos acompañando, reconocemos en el niño ¡en cada niño! su ser competente, que puede, que está ahí dispuesto a encontrarse con nosotros y manifestarse en su hacer. Sus acciones serán diferentes en función de la conquista del cuerpo que va construyendo a lo largo de estos primeros meses/años. Pero sabemos que los niños son interlocutores válidos desde el primer día, por eso es importante poder ir anticipando con palabras claras lo que vamos a hacer, hablarles de frente,

---

28. Vale aquí toda la imagen del niño que compartimos en el capítulo inicial.

no sorprenderlos desde atrás, esperar su respuesta y actuar entonces, juntos. Esta respuesta suele ser al principio un cambio en el tono muscular, más adelante será algún gesto, mirada, sonido, sonrisa y más adelante aun nos estirará, por ejemplo, su brazo cuando se lo pidamos para vestirlo.

Fundamental de este encuentro es cuidar el **no desaparecer sin aviso de la vista del bebé y menos si estoy en comunicación con él.** Situémonos por un instante en la vivencia de un bebé, que mira a su adulto referente, este le habla pero alguien lo llama y sin avisar al bebé, contesta a ese otro que ni está a la vista; el niño se queda mirándolo, le estaba hablando y desapareció de su campo visual. Esto no lo hacemos en general entre adultos, pero sí con los bebés.

> Una vez en un taller una mamá dijo: -"*¡ahh, con razón muchas veces llora de la nada y yo no entiendo qué le pasa!*".

> Unas semanas después volvió a decirnos: "*sí confirmé que era eso, yo desaparecía sin avisarle -sin darme cuenta- ahora le aviso cuando me corro o atiendo otra situación y ya no llora*".

Este desaparecer del adulto puede ser vivido por el niño con la angustia de no saber quién lo cuida, de sentirse solo. Y en muchos contextos, este perder al niño de la vista, puede ser también peligroso: puede ser que nos confiemos porque el niño aún no se da vuelta, no rola… y resulta que el pequeño ya lo hace, y se cae de donde lo estábamos cambiando… ¡mejor prevenir estos posibles accidentes!

> *…y del mismo modo en que cubrimos la desnudez de su cuerpito con vestimenta, así también damos el primer cobijo y sostén a su alma mediante palabras tranquilizadoras, versos y canciones. Sonidos y entonaciones envuelven y alimentan el alma y son tan vitalmente imprescindibles para ellos como la vestimenta y la leche para el cuerpo.*

> Bárbara Denjean-von Stryk. *Habla, para que te vea.*

En la bibliografía pikleriana se habla del niño como *partenaire*, de la *coreografía* de estos momentos de encuentro profundo a través de los cuidados… el niño coopera, la danza se da entre nuestra anticipación con palabras y gestos y su respuesta tónico-corporal, gestual.

Todo el deletreo de los cuidados en los primeros años nos lleva a ver una camino que va de la dependencia a la autonomía, de la proximidad cuerpo a cuerpo a la distancia entre el cuerpo del adulto y el del niño. Y a su vez en cada díada está la búsqueda constante de distancia óptima. Esto va cambiando e implica presencia para percibirlo. En situaciones desestabilizantes, de estrés, puede que el bebé o el niño pequeño necesite más cercanía corporal.

Cuando el niño va creciendo, su atención que antes estaba casi exclusivamente puesta en la mirada y los gestos de su adulto referente, se amplía hacia el mundo, observa todo y mucho de lo que ve le genera preguntas que va expresando con sonidos, señalando, tocando o queriendo alcanzar. Podemos ponerle palabras a esas preguntas, ir significando lo que llama su atención intentando ser lo más objetivos posibles, sin apelar para nada a su intelecto, sin dar explicaciones.

Al pensar en las cualidades comunes de estos momentos, señalamos:[29]

- Un espacio adecuado, acotado, seguro y preparado; el niño va conociendo este espacio y sabiendo lo que en él sucede. Lo preparamos los adultos, que conocemos al niño.
- Que facilite:
  - ❖ la comunicación visual: nos vemos las caras,
  - ❖ la motricidad en función de lo que estamos haciendo, que el niño pueda moverse dentro de ese espacio acotado,

---

29. Algo vimos ya en el capítulo "¿De qué se ocupan los niños? ¿De qué nos ocupamos los adultos?".

> ❖ el cuidado del equilibrio,
>
> ❖ la postura cómoda de ambos y la cooperación.

- Un espacio donde tenemos al alcance los elementos que vamos a necesitar; así no interrumpimos un cambiado ni la comida por tener que ir a buscar algo.

- Hacemos lo posible para que sea un momento de calma y sin prisa, con alegría.

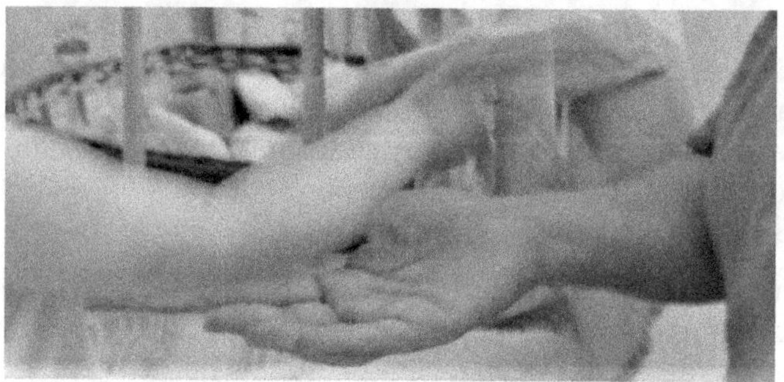

….el adulto espera la participación del bebé, por ejemplo espera que el pequeño ponga alguna cosa en su mano, el trozo de manzana que no quiere o las medias que acaba de quitarse. La actitud del adulto que se lo pide y espera, ofrece al bebé la posibilidad de decidir por sí mismo y de atender a la espera, al deseo del adulto: esta posibilidad constituye al mismo tiempo un modelo, un ejemplo. "No podemos exigir al niño que pida a otro pequeño el juguete que desea en lugar de quitárselo si el adulto mantiene él mismo este comportamiento con él, si toma el objeto en lugar de pedírselo."

Anna Tardos. *La mano de la educadora*

Alimentación

La primera alimentación es el pecho materno -por demás estudiado en todos sus beneficios nutricionales, inmunológicos y de sostén emocional; y agradecemos que hoy se cuente con mucho apoyo para poder sostenerlo- y en casos en que no es posible, como en el Hogar, la leche llega al bebé en mamadera.

Tanto al dar el pecho como al ofrecer una mamadera, cuidaremos la postura cómoda de ambos, que posibilita la comunicación y el diálogo tónico muscular. El tono es comunicación, podemos verificar el seguir relajando aun cuando pareciera que lo estamos, esto suele llevarnos a lugares que nos sorprenden "¡ah! ¡se podía aún relajar más el tono!" Cuando realmente estamos cómodos, es un placer dar de mamar o una mamadera. Cuando estamos tensos suele ser un momento desagradable, que queremos termine pronto. Garantizarnos todo lo que podemos necesitar para estar cómodos -almohadón, banquito para los pies- facilita el disfrute de la tarea conjunta, facilita el encuentro. Estas transiciones suelen darse de forma bastante natural en casa, pero en los grupos de niños deben ser tenidas especialmente en cuenta al armar los ritmos diarios de cada niño y del grupo. El niño pequeño necesita estos momentos de uno a uno con su adulto, tanto para su seguridad afectiva como para aprender todo lo nuevo que implica el comer con autonomía.

Alimentación en nuestro regazo. El niño comienza a recibir nuevos alimentos. Aquí ofrecemos todavía nuestro cuerpo como sostén. Niño y adulto se ven los rostros, perciben sus gestos, sus palabras. El niño ve lo que tiene el adulto en sus manos: el alimento que le ofrece. Las manos del niño están libres, puede usarlas para acompañar la nuestra, para tocar el vaso, el pote, la cuchara. El niño está bien sostenido, puede poner toda su energía en sumergirse en la situación nueva que es al principio comer... Cuando esté familiarizado con esta situación, quizá ya queriendo usar él la cuchara o el vaso, podremos empezar la transición a un espacio próximo a nosotros donde el niño esté cómodo, con los pies apoyados, pudiendo entrar y salir él de la situación sin necesidad de que nosotros lo manipulemos poniéndolo y sacándolo.

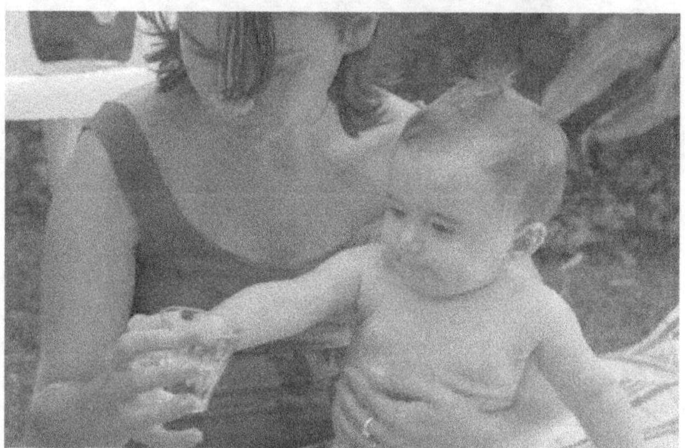

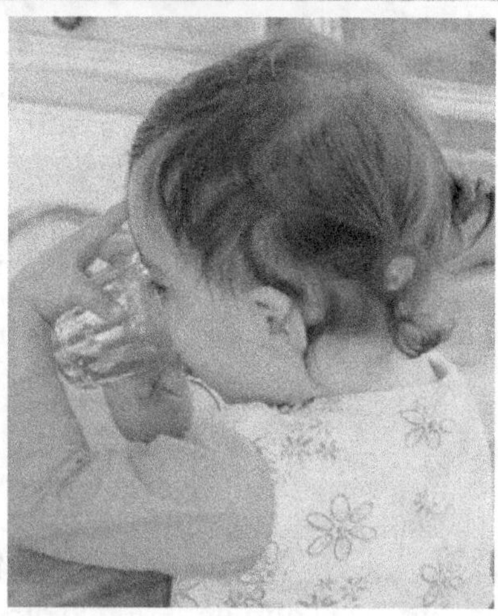

Estas transiciones suelen darse de forma bastante natural en casa, pero en los grupos de niños deben ser tenidas especialmente en cuenta al armar los ritmos diarios de cada niño y del grupo. El niño pequeño necesita estos momentos de uno a uno con su adulto, tanto para su seguridad afectiva como para aprender todo lo nuevo que implica el comer con autonomía.

Una vez conquistada la autonomía pueden disfrutar de compartir este momento con algunos otros. Los adultos estamos a distancia pero cerca: ¡en la misma mesa! Y parte de la envoltura de este momento es que permanezcamos en ella, sin levantarnos hasta haber terminado la comida.

Favorecer que en la mesa cada uno tenga espacio suficiente como para comer sin encimarse a otro, favorece la concentración en lo que están haciendo y el buen clima de la comida, que a esta altura es muchas veces momento de intercambios y charla.

La autonomía que se va conquistando implica también el despliegue de la motricidad cada vez más fina que los niños van teniendo en su repertorio. La alegría, ¡gran compañera de estos momentos!

Ni qué decir del sentimiento de "yo puedo" cuando los niños despliegan su capacidad de hacer cosas tan delicadas como esta del servirse agua: el trasvasar implica independizar los movimientos de una mano y otra; tiene mucho de autopercepción del equilibrio y del control del movimiento. En estas acciones vemos otra vez la presencia de los niños cuando son protagonistas de su desarrollo; porque esos pasos se dan por su propia iniciativa, en el entorno que nosotros ofrecemos: no hay nadie con una lista de logros tildando el "debe servirse agua con autonomía". Pero ellos la buscan; quieren hacer por sí mismos y reafirmarse ¡estamos en la época del "yo solo"! **En escenas como esta, de la vida cotidiana, podemos ver la vivencia de causas y efectos, procesos que empiezan, se desarrollan y terminan... esto hace al despliegue de su pensar, a su desarrollo cognitivo; que se afianza en estas vivencias hechas cuerpo.**

* * *

Cuando en los grupos de niños el tiempo que cada uno necesita para alimentarse difiere, nos toca la delicada tarea de medir cuánto un niño puede esperar. Por lo general, proponemos que quien ya terminó pueda ir a jugar, en un espacio acotado, a la vista de las maestras. Esto muchas veces evita el estar inquieto en la mesa, ya que el niño se sumerge en su juego con tranquilidad ¡siempre están listos para jugar! Y el cuidado del clima armonioso en estos momentos, es fundamental. Es evidente, que si quien no come más, desea quedarse en la mesa en calma con su referente y los demás niños que aún están comiendo, es muy bienvenido.

¿Y cuándo es que un niño no come más? Cuando nos dice que no quiere más. Levantamos entonces su plato y está a la vista que ha terminado su momento de comer. "El primer no, es el último no", decía Emmi Pikler[30]. El niño construye en el encuentro con nosotros el valor de la palabra y el respeto por las decisiones que puede tomar. Es interesante ver cómo esto se ve en el jardín; algunos que al principio pronto se levantaban y luego volvían y se encontraban con que ya había concluido su comida, tal como ellos habían dicho, en poco tiempo permanecen en la mesa hasta realmente terminar: hay comida y tiempo de jugar, para todos.

En esta época, el ofrecer en el área de juego cuencos y cucharas -propios del espacio de juego que no son los mismos que usamos en las comidas-, una mesa y silla similares a las que usaremos para comer, posibilita que los niños en sus momentos de juego puedan experimentar el encuentro con estos elementos, enriqueciendo sus acciones con los mismos.

Vimos hace poco una viñeta donde un bebé se agarraba la cabeza como pensando: ¡me tocó una mamá loca! ¡dice que es un avión y es solo una cuchara con puré! No necesitamos distraer al niño para que coma, ni avioncito ni una para mamá, otra para la abuela... ni jueguetes ni celulares. Sí estar presentes es la acción que compartimos con él.

---

30. Emmi Pikler toma de su profesor Pirquet la práctica de no dar al niño ni una sola cucharada más que lo que él recibe gustosamente. El no del niño es tomado en serio.

Cambiado

Ya hemos hablado de las cualidades generales, del espacio preparado y seguro. Esto nos permite focalizar entonces en nuestros gestos, en la comunicación con el niño que tenemos delante.

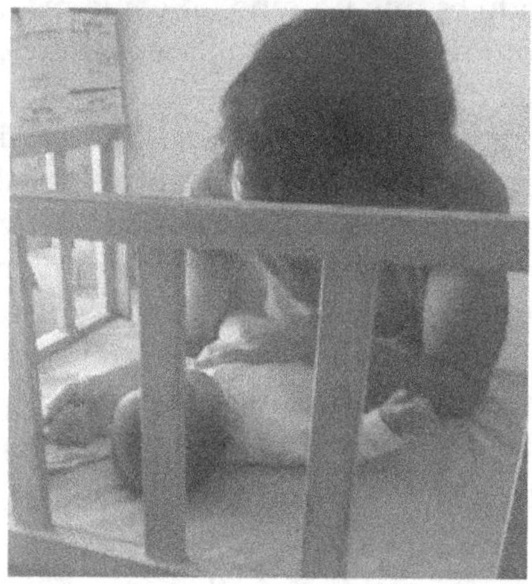

Cuando ralentizamos nuestro lento podemos percibir los sutiles cambios de tono en el niño al anticiparle lo que haremos. No lleva necesariamente mucho más tiempo pero aporta salud. El bebé se siente tomado en cuenta, se siente llamado. Es alguien y no algo. Podemos ponernos en su lugar. ¿Es lo mismo que nos avisen cuándo harán algo con nosotros, a que no nos avisen?

El niño ha crecido en su despliegue en el movimiento, y en sus recursos para comunicarse y para colaborar en el cambiado ¡En estas imágenes se ve muy claro lo que decíamos del niño como partenaire! Adulto y niño están cómodos, el espacio facilita la comunicación y la cooperación.

Muchas veces los adultos nos quejamos de que el niño "no se quiere cambiar", "no se queda quieto", "no se queda acostado"... y toda la situación se modifica y se enriquece cuando podemos nosotros tomar esa iniciativa del niño y hacerla parte esencial de la situación. Podemos cambiarlo siguiendo sus movimientos, sin perder de vista nuestro proyecto juntos que es el cambiado.

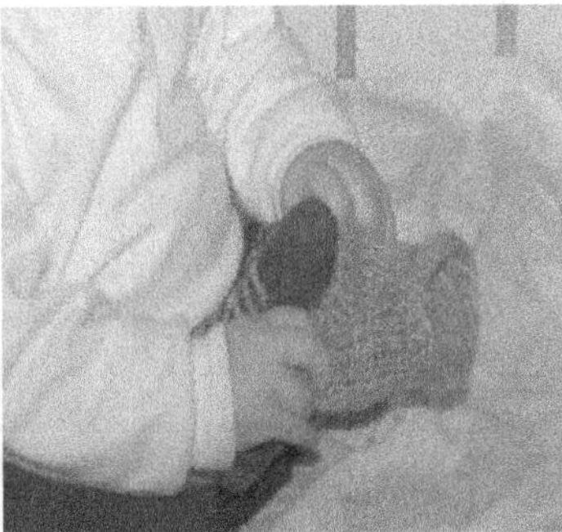

Que el niño esté bien apoyado, y que no esté trabado en una postura, que tenga su cuerpo a disposición, hace posible que pueda desplegar su iniciativa de probar por sí mismo, esto de ponerse y sacarse la ropa. En ese instante, todo él está concentrado en la tarea. Una tarea de la vida cotidiana, donde ejercita el dominio del cuerpo como totalidad, el relacionar manos, pies y mirada, motricidad fina y gruesa al mismo tiempo. Y una vez más, confianza en él mismo, que va siendo cada día más soberano de su cuerpo-hogar.

En estos intentos, es maravilloso descubrir cómo el niño disfruta del proceso, más allá del resultado. Hemos visto niños que logran ponerse una media, una polaina, una zapatilla… y su interés está en ese hacer: pueden ponerse la media y sacarla apenas lo hicieron... ¡para ponérsela de nuevo!

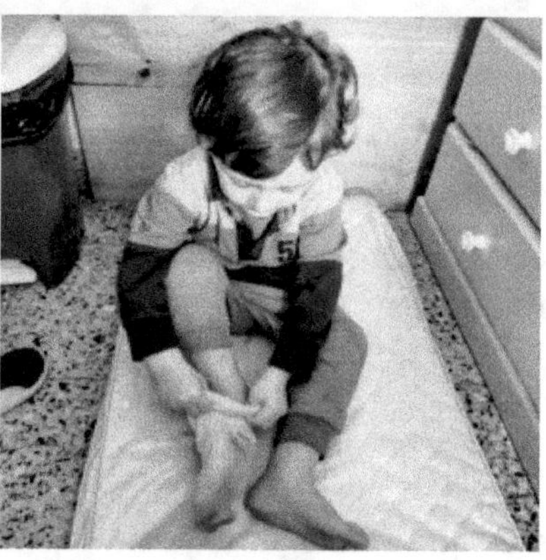

El niño crece en su repertorio de movimientos ¡y también en estatura! El cambiador en altura puede resultar vertiginoso. Un espacio adecuado de piso cálido posibilita, tanto el cuidado del equilibrio como la autonomía del niño que puede entrar y salir de él sin que tengamos que moverlo. Un espacio preparado, con las cosas que necesitamos al alcance de la mano; con intimidad y envoltura. Hay un banco o silla pequeña para el adulto, que queda a la altura del niño y mantiene con él el contacto visual. El niño decide si se sienta, si se para, si se acuesta, según el movimiento que elija desplegar. Cada vez coopera más y nos muestra su iniciativa para vestirse y desvestirse, quizá necesitando ayuda con un botón para luego sacarse el pantalón por sí mismo. Ya desde lo físico se "ve" la distancia que va tomando del cuerpo del adulto, este camino de búsqueda de autonomía, conocimiento de su cuerpo, que llevará en el tiempo al control de esfínteres y la posibilidad de ir al baño.

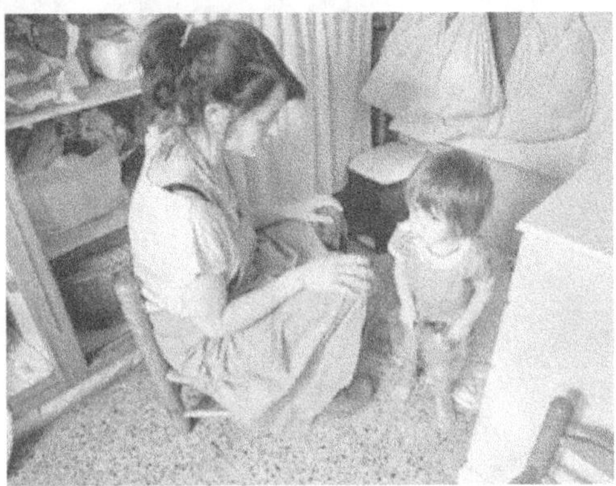

Manos y mirada de quien acompaña denotan tranquilidad, presencia, disponibilidad, confianza. Las manos del adulto están en un gesto abierto que posibilita al pequeño hacedor realizar su tarea… lo contrario sería tenerlas ya listas para intervenir, invadiendo el espacio de acción del niño. En esta foto podemos ver que hace calor. También que hay detrás del niño un espacio donde puede apoyarse sin perder calor en caso que el piso estuviera frío.

Tiempo y espacio para probar, tantas veces, tantos días como el niño necesite. Sin exigencia, sin apuro. No es el logro la meta sino el proceso y la vivencia de "yo puedo".

*Poco a poco, detalle a detalle va creciendo el repertorio de intereses
y posibilidades en la conquista de la autonomia.*

*El despliegue de la autonomía es lo visible de la maduración tanto psíquica
como del desarrollo de la motricidad, gruesa y fina. Estas fotos resumen
procesos enormes: quedarse erguido en equilibrio, arremangarse una manga,
la otra -aparecen aquí cruces de un lado al otro del cuerpo- abrir la
canilla, lavarse las manos, cerrar la canilla, bajar una manga, bajar la otra.*

*...″en muchas colectividades el objetivo es, a menudo, que
el niño pueda comer solo o lavarse solo lo antes posible,
frecuentemente antes que él adquiera verdadera madurez.
Esta madurez no está solo en función de la edad, no depende solo del desarrollo motor, intelectual o de la maes-
tría de los gestos manuales. El niño al que se le exige una
autonomía más allá de su madurez afectiva y social siente
esta exigencia como un rechazo del adulto a ayudarlo, es
decir un rechazo a toda su persona. Esta concepción de
autonomía, se trate de comer solo, de lavarse las manos,*

Judit Falk. Cuidados corporales y prevención

Cuando conviven niños con diferente nivel de autonomía, este camino nos regala también la posibilidad de descubrir escenas de cooperación donde uno ofrece su ayuda a otro, que la recibe. Y en la pregunta y espera de respuesta, las miradas, los gestos delicados… podemos descubrir los gestos que ellos vivencian en su entorno, de los adultos que los cuidan. Otra vez; ¡verlos nos permite vernos a nosotros mismos!

Baño

En estos momentos de baño, una vez más, estaremos atentos al sostén y cuidado del equilibrio del niño, en el espacio preparado y seguro que anticipamos. El sostén en el agua es acompañado por el agua misma, nuestro sostén es diferente que fuera de ella. Podemos, especialmente al principio, poner poco agua, a fin de ir conociendo al niño en esa situación. ¡No a todos les gusta de igual manera! El baño tiene algo de higiene, pero más tiene de encuentro con el niño; que se sienta percibido y reconocido en sus señales, enriquece ese encuentro.

El ritmo y la regularidad del baño, lo encuentra cada díada niño-adulto, en función de las cualidades de cada niño y de la situación. En la vida familiar, el baño es muchas veces parte de un ritmo diario que anuncia que el día va terminando, que invita a ir relajando. Otras veces, es parte de un ritmo semanal, con día o días específicos de baño.

En el caso de los niños que viven en una institución, el baño suele ser un momento especial de cada día, compartido con el cuidador referente. Este encuentro, diferente a los demás, hace al enriquecimiento de las interacciones. Las secuencias repetidas, el encuentro, el disfrute son alimento del vínculo y el bienestar, que va creciendo con y entre ellos.

Insistimos en el poder replantear constantemente nuestro hacer en pos del bienestar del niño. Los únicos que podemos transformar algo para que la situación se modifique, somos nosotros -los adultos que cuidamos al niño-, seamos los padres o cuidadores.

Sueño[31]

Lo que precede al sueño es la calma. Esto bien lo podríamos tener presente los adultos, que tantas veces creemos que el niño dormirá a fuerza de estar llorando un rato largo, o "pasado" de cansado. Eso es, para el niño, más bien resignarse con angustia a que nadie está atendiendo su necesidad más profunda de seguridad.

La pregunta entonces es cómo llegamos a la calma, cómo acompañamos al niño que va a dormir.

Todos necesitamos dormir, porque es en el sueño donde reconstituímos nuestras fuerzas vitales.

---

31. Algo más sobre sueño hay en el capítulo de Ritmo.

La tranquilidad necesaria para poder entregarse al sueño, es sin duda la seguridad brindada por la presencia del adulto con quien el niño tiene un vínculo de apego.

Los niños que han tenido en su jornada tiempos de encuentro profundo con su adulto, tiempos de juego libre, algún momento del día "bajo el cielo" -y si fue en la tierra, mejor todavía- ritmos más o menos estables, la confianza y la seguridad de la palabra de quien les avisa que es el momento en que van a dormir… tienen bastantes posibilidades de dormir apaciblemente. Los que han tenido, en cambio, poco encuentro verdadero con su adulto -no necesariamente porque fue poco el tiempo material, sino porque la cualidad del tiempo que compartimos no permitió que el niño quedara "satisfecho de adulto"-, es probable que busquen de noche lo que no les hemos brindado de día.

Que el lugar y la forma de llegar al sueño tengan una rutina, una forma clara y predecible, también favorece la calma. Para el pequeño es importante dormirse y despertarse en el mismo lugar ¡imagínense que susto nos daríamos si al abrir un poco los ojos en medio de la noche nos diéramos cuenta de que estamos en un sitio diferente a aquel en el que nos acostamos! Aquí, depende de la madurez del niño y del encuentro que arma con su adulto, cada familia, cada díada niño-adulto encuentra su propia forma: una canción, un agradecimiento por lo vivido en el día, una oración, un cuento... Un ritual que se repite cada día.

El lugar del dormir irá creciendo con el niño. En los primeros meses nos necesitan bien cerca, y que el moisés o la cuna del niño esté próximo a su mamá, facilita las mamadas nocturnas y la atención al pequeño. Para él también es importante percibir que la tiene cerca, sentir su olor, su calor, su voz suave. Más adelante llegará el tiempo de un espacio a más distancia.

Los más pequeños necesitan ámbitos donde apenas estiran un brazo o una pierna toquen algo que les devuelva la vivencia de hasta dónde llegan. A medida que crecen, el espacio irá creciendo con ellos, así como su seguridad interna, la del adulto internalizado.

Muchos niños duermen con un trapito, pañuelo, manta, muñeco blando... que tiene su propio olor, el de su mamá, el que les da seguridad y confianza. Esto es fuente de calma y es importante que lo consideremos.

El espacio de sueño del niño, es para dormir. No le ofrecemos allí juguetes ni móviles... ¡hay otro espacio para jugar! Vamos armando con la organización de tiempos y lugares el ritmo de la vida del niño.

Lo que precede al sueño, es la calma. Y solo llegamos a ella con seguridad interna. Por esto, hay momentos evolutivos o biográficos del niño que pueden manifestarse en alteraciones en el sueño: haber logrado alguna posibilidad nueva en el movimiento —gatear, caminar—, una enfermedad, la salida de los dientes, el inicio de la alimentación no láctea, una mudanza o viaje, vacaciones, un estado particular en el ánimo de su adulto... son situaciones diferentes entre sí pero con un color común: cambian algo de lo que era estable en la vida del niño, ahora hay que volver a encontrar formas y lugares internos de seguridad. Momentos donde hay que volver a fortalecer la confianza que da el apego, para seguir desde ahí, creciendo. Son estos momentos que requieren más paciencia, un poco de flexibilidad hasta encontrar nuevamente la serenidad. Si el niño que ya duerme en su cuarto ahora está con fiebre, o tiene una pesadilla y viene una noche a nuestra cama: nos está necesitando cerca, y lo hará hasta sentirse seguro nuevamente. Y encontraremos nuestros espacios físicos y anímicos otra vez, porque todos los necesitamos.

Así como la mañana se va preparando desde el día anterior -porque no es lo mismo levantarse a las siete si se durmió a las veinte que si se durmió a las veintitrés-, la noche se va preparando también durante el día. Para nadie es novedad que una salida poco habitual, una visita, una experiencia con demasiados estímulos, repercutirán en la posibilidad de encontrar la tranquilidad para poder dormir.

En el acompañamiento al sueño, volvemos a ver la distancia corporal que va tomando el niño del adulto a medida que crece en ese ámbito. En el jardín maternal o en un hogar de tránsito, es un camino muy visible: el niño que está conquistando la confianza en ese espacio, el ritmo, el adulto… posiblemente se duerma al principio en brazos: le avisamos que lo pasaremos luego a su cuna –siempre la misma, esa que tiene sus sábanas- y nos ofrecemos como envoltura hasta que logra conciliar el sueño. Un poco después, podrá el niño conciliar el sueño estando tranquilo en su cuna, mientras escucha que quien lo cuida está cerca, quizá el primer tiempo a su lado, un poco después, ocupándose de otro niño. Esto también lo podemos avisar "podés dormir, me vas a escuchar que le voy a dar de comer a Carolina... y cuando te despiertes, voy a estar acá".

Lo que en estas formas queda claro, es que hay un camino hacia el conciliar el sueño con autonomía, que acompañamos con presencia y cercanía. No ponemos móviles en los espacios de cuidados del niño, tampoco en su cuna: son una sobreestimulación, llamando su atención hacia algo sobre lo que él no puede actuar, y que lo distrae de lo que él sí puede hacer, desconcentrándolo reiteradamente de cualquier proyecto en el que el niño esté.

Una gran ayuda a la hora de acompañar a un bebé o niño pequeño al sueño, es su ángel. La imagen interior que el niño es entregado al ángel y él lo lleva, es una realidad de gran valor y que acompaña también al niño al sueño. Poder entregarle al ángel- como en un parte de cambio de turno- una nítida y detallada imagen de lo que el niño vivió durante el día, nos ayuda a estar presentes en ese momento en esa situación y posibilita al ángel un mejor acompañamiento.

Envoltura y sostén de la palabra

En espacios de crianza compartida, llámese familia con muchos niños, jardín maternal, hogares de tránsito donde el adulto referente está a cargo de varios niños pequeños, es importante poder tener a todos los niños en nuestra conciencia aunque estemos centrados en la atención de uno en ese momento. Como si tuviéramos un largo manto o largos brazos que abarcaran a todos si fuera necesario. Y al mismo tiempo estoy aquí y ahora con este niño, presente en mi encuentro con él. Suena contradictorio, pero no lo es.

Los bebés y niños pequeños son muy sensibles -ya lo dijimos- y no es lo mismo expandirnos y percibirlos a todos antes de abocarnos al cambiado o alimentación de otro niño que no hacerlo. Muchos ya en ese acto se sienten percibidos. Tenemos que asegurarnos, antes de disponernos a atender a otro niño, que los demás tengan lo que necesitan: es momento de ver si alguno está muy cansado y necesita ir a su cuna, o si los objetos dispuestos favorecen en ese momento su juego, si tengo que quitar o agregar algo, o si hay niños que necesitan un cambio de espacio, poder estar un poco más alejados el uno del otro para no molestarse.

También el ritmo ayuda mucho, ya que el niño sabe: "luego que alimenta a Nino, me toca a mí". Si durante una situación de cambiado, baño o alimentación otro bebé se pone a llorar, puedo avisar primero al niño con quien estoy que responderé a quien llora y a quien llora puedo decirle: te escucho, estoy alimentando a Nino, cuando termino te levanto. Muchos niños se calman al oír la **voz** y las **palabras "segurizantes"** de su referente -y por supuesto cuando algo sucede que amerita interrumpir la acción con este niño y juntos ir a resolver algún imponderable, se hará- solo que no es la regla sino la excepción. Los niños lo respetan y lo disfrutan porque cada uno sabe que luego le tocará; y su referente tendrá toda su atención puesta en él, así como lo hace con cada uno.

Volviendo a la palabra, esta palabra a la distancia obra como sostén en momentos de más lejanía física. Siempre cuidando el tono, la presencia, la autenticidad y percibiendo cómo puedo envolver al niño con la palabra, en el sentido que se sienta contenido y abarcado por mí aunque esté alimentando a otro niño.

Todo se hace juego

Si bien en el capítulo de juego desarrollamos cómo lo que el niño vive, lo que imita del adulto, aparecerá en su juego... nos parece interesante ya aquí, en el entorno de los cuidados, abrir una ventana y verlos jugar...

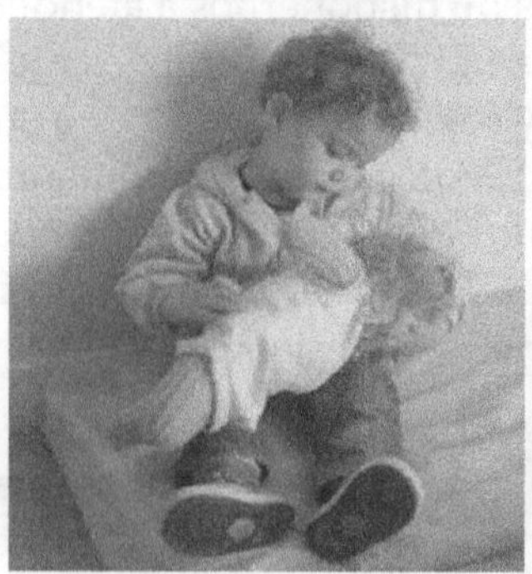

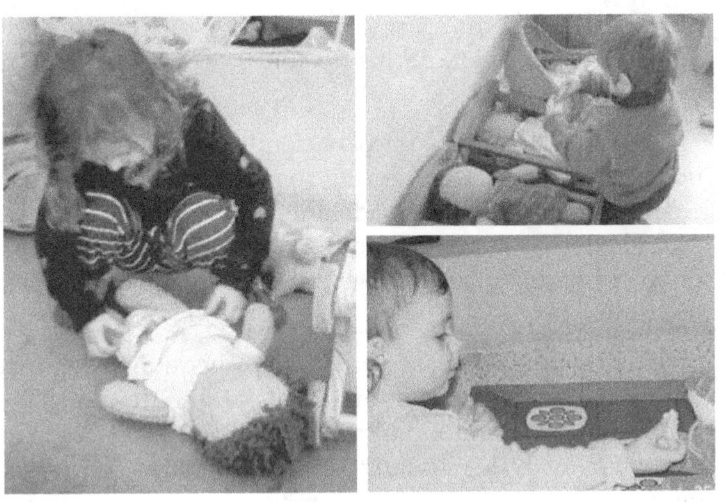

Reflexiones sobre
el control de esfínteres

Controlar esfínteres es una tarea enorme. Estamos hablando de poder reconocer las señales que da nuestro organismo de que tenemos necesidad de hacer, ya sea pis o caca, y que decidimos retener esas ganas, no hacer inmediatamente, para ir a hacer al baño, donde culturalmente es esperable que hagamos.

Este es un paso importantísimo en el crecimiento, que nos habla de la madurez físico-anímica que nos permite el control de nuestro cuerpo. Un paso que nos habla de una incipiente conciencia, de autonomía y donde el vínculo entablado con los adultos de confianza, es fundamental.

La gran mayoría de los niños logra este control cerca de los tres años -entre los dos y medio y los tres y medio- y a veces sucede que el proceso pueda extenderse entre el control diurno y el nocturno hasta los seis. No solemos poner fechas, pero en este caso nos parece importante ya que socialmente hay como un apuro y una creencia de que se debe controlar a los dos años. Y si es verano, ¡ni dudarlo!

Los niños llegan al control haciendo un proceso de reconocimiento gradual de lo que sucede: primero registran cuando ya hicieron, más adelante se dan cuenta cuando están haciendo, y por último reconocen las señales de que están por hacer, que tienen ganas, y retienen. Todo esto, es un camino largo.

¿Cuándo deja de usar pañales? Los pequeños dejan de usar pañales cuando manifiestan claramente que están listos, maduros, cuando tienen la capacidad y el deseo de controlar. Esto llega cuando ya tienen cierta conciencia de sí mismos, dicen Yo, tienen un vocabulario que les permite comunicar sus ganas, nos han hecho preguntas o comentarios en relación al tema; y evidencian en diferentes áreas su deseo de hacer por sí mismos, su iniciativa, su búsqueda de autonomía. Que amanezca con el pañal seco durante varios días, es una señal de que esta madurez está llegando.

La idea de que los pañales se dejan en verano, tiene mucho de mito. Lo que el verano nos permite es dejar al niño con menos ropa, a veces desnudo, y esto facilita que él vivencie de forma especial lo que es hacer pis o caca. Es difícil ver el pis en el pañal, ahora es mucho más fácil verlo mientras sale cuando el pequeño está desnudo. Y para nosotros, la gran ventaja del verano es que si el niño necesita un cambiado de ropa, este es mucho más liviano que en invierno. Hasta acá llegan los méritos del verano. Y sepamos que si un niño está listo para dejar los pañales en pleno invierno, lo hará en pocos días sin demasiadas dificultades, porque es *su* momento.

La actitud de los adultos que acompañamos, sin presionar ni sobreestimular los aprendizajes, sigue presente en este ámbito también. Los pequeños saben que nosotros hacemos en el baño. Esto es de por sí el acompañamiento natural para invitar al control de esfínteres, de la mano de nuestra mirada de confianza hacia el niño y sus capacidades. **Hacemos hincapié en que el control esfinteriano no necesita ningún tipo de entrenamiento: sí nos necesita atentos, observadores y pacientes. Esta actitud es la que posibilita compartir con cada niño el camino de desarrollo de cada uno, que de uno a otro es diferente.**

Hay situaciones que denotan que el niño está en proceso. Por ejemplo el trasvasado. Vemos a los niños trasvasar de un recipiente a otro ya sea agua, arena, piedras, castañas. Lo que tengan a su alcance les sirve. Pueden estar horas, a lo largo de días semanas y meses haciéndolo. Lo necesitan y por lo tanto necesitan tener disponibles materiales para poder hacerlo: cuencos, vasos, canastos y dependiendo de la situación castañas, arena, agua, broches, piedras...

Nos encontramos con la individualidad: algunos van al baño antes, otros después. Algunos controlan simultáneamente de día y de noche, y otros adquieren primero el control diurno y un tiempo después el nocturno. Algunos comienzan controlando primero sus ganas de hacer pis -hay incluso quienes piden el pañal para hacer caca aunque ya hagan pis en el baño- y quienes controlan primero sus heces. Hay algunos que prefieren la pelela y otros que pronto quieren ir al inodoro como los grandes.

El camino no es parejo, tiene tiempos diferentes y puede tener idas y vueltas. Una vez más: ¡que esto no nos asuste! Sabemos, por ejemplo, del "shock de la primera vez" que hace que muchos niños, luego de hacer por vez primera en el inodoro o la pelela, dejen pasar varias semanas hasta volver a intentarlo, niños que un día piden ir al baño, y pasan varios hasta que vuelven a pedir.

Nuestra mirada de confianza es aquí muy importante. Preguntarle al pequeño a cada rato si quiere ir al baño, es presionar. Con decirles una vez que nos avisen si quieren ir, y ofrecerles en momentos rítmicos, como al levantarse, antes de ir a dormir, antes de salir, etc... ya es suficiente para que sepan que cuentan con nosotros. Retarlo porque se mojó la ropa, porque se ensució, porque no nos avisó... es presionar. Premios y castigos, desde ya que presionan de la peor manera ¿para quién es el control?

En relación al control de esfínteres, es muy común ver las secuelas que pueden aparecer en los procesos que han sido apresurados por los adultos: niños que tardan varios años más en controlar de noche, niños que comienzan a tartamudear en el momento en que de un día para otro le sacaron los pañales -señal de sentirse presionado y tenso más que clara-, dificultad para jugar, estado generalizado de tensión en el carácter, irritabilidad en los encuentros con los demás...

Otra vez podemos pensar en el *aprender a aprender* que los niños van realizando: y para ningún aprendizaje es lo mismo con alegría y confianza que bajo presión, tratando de complacer a alguien creyendo que nos valorará más si logramos hacer esto que nos está exigiendo que siguiendo nuestro propio tiempo sabiéndonos amados y aceptados.

Hablamos del proceso en el que *el niño deja* los pañales... no del proceso en el que *nosotros se los sacamos*.

* * *

¿Y nosotros? ¿Cómo es la calidad de nuestros cuidados a nosotros mismos?

¿Qué percibimos de la calidad de los cuidados a otros, ya no niños?

A veces es de utilidad si nos conectamos con la experiencia, ya adulta, de ir al médico, al dentista... no es lo mismo si nos avisan qué van a a hacer que si nos toman por sorpresa. Nuestra respuesta corporal y emocional es diferente.

Quizá hemos tenido la experiencia de cuidar a otro adulto hospitalizado, enfermo o con movilidad reducida...

son situaciones donde podemos volver a ver este entramado de los cuidados, la humanización en los cuidados de calidad, el valor de la palabra y el encuentro de ser a ser, a través de las acciones compartidas.

* * *

Cuenta Myriam David[32] en un simposio en Budapest refiriéndose a la importancia de la calidad de los cuidados después de haber estado en un campo de concentración: "No se puede dimensionar lo que provoca la ausencia de cuidados… y cómo reconforta el tenerlos".

"Un cuidado cuando se está en un sótano tras haber sido brutalmente maltratado… La puerta se abrió en la oscuridad y apareció alguien de quien solo recuerdo su cara. Enorme gratitud y consuelo experimenté cuando vi la palangana y aún puedo sentir la esponja con la que me limpió la cara. La impresión de volver al cauce normal de mi vida, de estar totalmente reconfortada."

---

32. Ver película *Loczy, un lugar para crecer*, de Bernard Martino.

5.
Andar, hablar, pensar:
la conquista de tres cualidades propiamente humanas

"El trato amoroso cuando aprende a andar, la veracidad cuando aprende a hablar, la claridad y precisión cuando aprende a pensar: todas estas cualidades llegan a integrar la constitución corporal, los órganos y los vasos se desarrollan según modelos de amor, verdad y claridad."

Rudolf Steiner, Andar, hablar, pensar

Tres capacidades humanas
que nos hacen más humanos;
que solo podemos desplegar entre humanos.

Tres capacidades que se apoyan una en la otra; el pensar
sobre el hablar, el hablar sobre el andar…. al mismo
tiempo que las tres comienzan a desarrollarse desde que
nacemos… ¡o desde antes!

Tres capacidades que nos son donadas desde el mundo es-
piritual y acompañan el camino de
desarrollo hacia nuestra autoconciencia.

Y entonces,

Caminamos nuestro destino.
Somos parte de un pueblo, con su lengua
y de la humanidad toda con nuestro pensar.

Volvemos a la imagen de niño. **El niño es una persona**, un sujeto competente. Esto es importante que lo tengamos bien presente. No es que después va a ser una persona… ya lo es. Es **un ser espiritual que ha decidido encarnar**, venir a la Tierra con una meta -como también nosotros lo decidimos hace tiempo… y desarrollamos nuestra meta a lo largo de nuestra biografía… hasta el último día-. Un ser que ha ido preparando en el mundo espiritual, desde antes de ser concebido, su cuerpo físico, ese que necesita para poder hacer en el mundo, ese que le posibilitará tener las experiencias que necesita transitar, él y sus compañeros de destino, también elegidos -¡nosotros!-. Un cuerpo físico sobre el que seguirá trabajando especialmente durante sus primeros siete años.

Entonces, hilando esta imagen del niño recién llegado y que es recibido por nosotros, tenemos una imagen de encuentro, de comunicación, de vínculo. Este es el punto de partida. **A partir de aquí, de este encuentro profundo de ser a ser, es que podemos desplegar la posibilidad de andar, hablar y pensar en nuestros primeros años.**

Este encuentro, se irá afianzando principalmente en los momentos donde los adultos nos "ocupamos" de los niños[33]: los cambiados, las comidas, el baño, el acompañarlos a dormir. Que sean cada vez oportunidades en las que nos "encontramos" con ellos ¡esa es la propuesta! Que cada cambiado, comida, baño… sea realmente un diálogo, un estar juntos en ese momento, sabiendo que ya desde bebés los niños comprenden si les vamos contando lo que hacemos, que si les anticipamos con nuestros gestos y palabra, pueden participar, colaborar y disfrutar esos momentos. ¡Y nosotros también!

La vivencia que el niño tiene de su cuerpo, del sentirse a gusto en él, se va construyendo especialmente en estos momentos. Y es con esta seguridad afectiva que aquí se ancla, que los pequeños podrán desplegar su exploración, su movimiento, su juego, situaciones que le reafirmarán también el sentirse a gusto en el cuerpo. Esta frase podría leerse como: cuidamos el desarrollo del sentido del tacto, el vital, el del equilibrio y el del movimiento.[34]

---

33. Ver capítulo Calidad de los cuidados.
34. Ver capítulo de Sentidos.

El **encuentro humano, la mirada y el calor** de quien nos sostiene cuando somos niños, es la condición primigenia para el despliegue del andar.

Spitz[35] ya nos hablaba en el siglo pasado, de los niños que recibían cuidados sin afecto -él ponía el ejemplo de niños institucionalizados, que eran alimentados, cambiados y abrigados, pero no convocados por el adulto desde lo vincular, lo propiamente humano- que se dejaban morir, o entraban en estados de marasmo u hospitalismo. Niños que no llegaban a construir un psiquismo sano, ni a desplegarse en las ganas de conquistar su propio cuerpo y el mundo que los rodeaba.

Confirmando estas ideas, por la evidencia de la experiencia contraria; los estudios de Emmi Pikler y el trabajo del instituto Pikler de Budapest; hablan al mundo del impacto en el sano desarrollo de los niños -aunque estén institucionalizados, viviendo en un hogar- que tiene el recibir cuidados corporales con presencia comprometida de quien los realiza, interesándose en ese sujeto que es cada niño -favoreciendo de esta manera, la constitución subjetiva saludable de cada niño-, y cómo esto se manifiesta en el despliegue de su motricidad.

Esto podemos observarlo también en Amaranta, donde gracias a esta presencia en los cuidados, la libertad de movimiento, juego autónomo y el cuidado de ritmos saludables, varios niños con diagnósticos severos de salud pudieron revertirlos durante su estadía en el Hogar. Se evidencian enormes y enriquecedores resultados tanto en el andar, hablar y pensar como en el desarrollo global de los niños, sabiendo que todos esos aprendizajes y mirada de confianza se lo llevan con ellos, vayan donde vayan, ya que es parte de su bagaje de herramientas para la vida[36].

---

35. Spitz, R. *El primer año de vida del niño*, 1965.

36. Otro ejemplo en latinoamérica es la experiencia en Ecuador de la fundación AMI. Recomendamos el film documental *Grandir*.

En su conferencia "Andar, hablar, pensar"[37] Rudolf Steiner nos habla de las envolturas que necesita el niño para desplegar de manera saludable estas capacidades.

Andar

La envoltura para el andar es el amor. Steiner plantea claramente que ejercemos violencia si intervenimos acelerando el proceso del niño.

"El organismo hace brotar desde sí mismo los poderes de orientación, y está dispuesto desde el principio a conseguir la posición vertical (…) a usar los brazos para mantener el equilibrio en el espacio"[38] … Por eso, sostenemos que el niño puede desplegar su motricidad desde sí mismo y le daremos para eso el tiempo y el espacio que lo posibilite y, fundamentalmente, la confianza en sí mismo que necesita.

Y esa confianza empieza por la confianza que nosotros tenemos en cada niño. Volvemos al niño ser espiritual, niño persona, niño competente con el que me encuentro desde lo más profundo, persona con la que me comunico, que me entiende y yo intento entender a través de gestos, sonidos, miradas.… La seguridad afectiva es lo que garantiza que los niños tengan ganas de explorar el mundo, de moverse, de descubrirse y descubrir lo que hay a su alrededor. Y así conquistan su cuerpo, así comienzan a crear las bases de su autoconciencia, se construyen a sí mismos.

Saber que el niño no necesita que le enseñemos a sentarse, gatear, caminar… pero que solo podrá hacerlo en las

---

37. Conferencia publicada por Edit. Antroposófica en *Andar, Hablar, Pensar*, en *El Primer Septenio* y en *La educación y la vida espiritual de nuestra época*.

38. Steiner, R, *Andar, Hablar, Pensar*. Edit. Antroposófica.

condiciones que le ofrezcamos ¡no puede ser de otra forma! es una invitación a disfrutar con cada niño del itinerario que hace en sus conquistas y la alegría que siempre esto trae de la mano. Y **no importa cuándo sino cómo** es que da cada uno de estos pasos. "Está aprendiendo a aprender" decía Emmi Pikler. Por eso **nos corremos del centro de este aprendizaje**, y le **otorgamos a cada niño el timón** para desplegar su propio itinerario[39]. ¡Y esto es maravilloso!

Cuando hablamos del itinerario del desarrollo de la motricidad, el punto de partida obviamente lo ofrecemos los adultos, que ponemos al bebé en una u otra posición. La posición inicial es la del niño "panza arriba" - decúbito dorsal- en su espacio de juego[40], donde está bien apoyado, con su cuerpo a disposición -esto no pasa en el *bebeseat*, por ejemplo, ni tampoco si lo ponemos panza abajo- y así puede mirar, girar la cabeza a un lado y otro, luego encontrar sus manos; más adelante girará, rolará, pivoteará, reptará, gateará, se sentará, se pondrá de pie… Esto sucede cuando **es el niño** quien tiene la posibilidad de ser **el protagonista de su movimiento**[41]. Va buscando él cuándo es el momento de ir perdiendo puntos de apoyo porque ya está maduro para hacerlo.

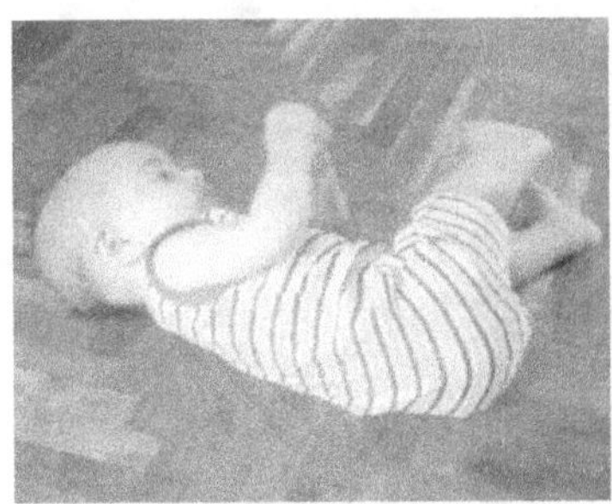

---

39. Desplegamos las condiciones y los detalles en el capítulo de Movimiento.

40. Ver entorno en capítulo 2 y en Juego.

41. A partir de pivotear, cada niño arma su itinerario. Este enumerado es solo uno de los posibles.

Al corrernos nosotros del centro de la escena, descubrimos que además de las posturas clásicas hay muchas intermedias que los niños van conquistando y el camino que cada uno hace es diferente. Esto es enorme y la forma en que lo hagamos nos acompañará toda la vida. Hablamos entonces de "matrices de aprendizaje" ese registro que nos queda grabado en el alma y en el cuerpo de cómo es aprender.

Cuando vemos al niño ponerse de pie, y andar, estamos frente al poder de la imitación, a su impulso interno, a su iniciativa para vencer la fuerza de gravedad, a su entrega al mundo que lo rodea.

Y el equilibrio que logra, es más que el equilibrio físico.

"Al aprender a caminar, estamos buscando la posición del equilibrio correspondiente al hombre dentro del Universo."[42]

La perspectiva del mundo es ahora diferente. Las manos ya no están al servicio de la locomoción, sino que quedan disponibles para expresar y para actuar en el mundo… ese mundo que irá creciendo con el niño.

Nos cuenta la mamá de Helena, que camina hace unos meses: Hace dos o tres días se "descubrió" sus manos, juega un montón, se las mira, baila y canta con ellas. Se las mira como si estuvieran liberadas, no se las mira así normal, sino que es como una herramienta nueva todopoderosa.

"La diferenciación de las actividades de las piernas y los pies, y las de los brazos y manos, es la búsqueda de equilibrio para la vida. En un comienzo buscamos el equilibrio físico al erguirnos, pero en la liberación del accionar de brazos y manos, buscamos el equilibrio anímico." (...)[43]

42, 43. R. Steiner, *La práctica pedagógica*, Segunda conferencia.

Y así, comenzamos a caminar por nuestro propio destino.

¡Parece obvio pero es enorme! ¡Cómo cambia el mundo desde esta nueva perspectiva! ¡El mundo se abre como un abanico de posibilidades! Acompañamos con calurosa y serena alegría que irradia -y a lo sumo describe-. Evitamos aplaudir y felicitar: esto desconcentra a los niños, los saca de ese eje conquistado. Y no es para nosotros esa experiencia, es para ellos mismos, fundamento para su vida, la conquista del propio equilibrio y el orientar el propio cuerpo en el espacio, en el mundo. Subrayamos nuevamente, lo que sabemos gracias a la doctora Emmi Pikler -corroborado tantas veces por nuestra propia experiencia- "NO IMPORTA CUÁNDO SINO CÓMO" aprende a caminar. Andar es el fundamento para el hablar y estos a su vez para el pensar. Con veneración volvemos a admirar la maravilla del despliegue del ser a través del andar.

¿No es maravilloso? Pasar de estar acostado con la cabeza, tronco y piernas apoyadas y gradualmente ir prescindiendo de puntos de apoyo, en constante búsqueda armónica de equilibrio hasta quedar sostenidos sobre nuestros pies y andar…¿Son solo nuestros pies los que nos sostienen?

Andar, hablar

"Todo matiz del habla se deriva de la organización del movimiento; todo en la vida comienza con gestos y el gesto se transforma interiormente en lenguaje."

Rudolf Steiner. Andar, hablar, pensar.

Una vez que el niño logra la postura erguida y puede moverse libremente en el espacio, comienza a desarrollarse el despliegue del lenguaje: el aprender a hablar y a utilizar la lengua materna. Es el despliegue de lo que comenzó con el nacimiento del niño y su primer llanto y que continuó con balbuceos y exploraciones sonoras, siempre comunicando.

El hablar surge de todo el proceso de orientación en el espacio, está íntimamente relacionado con el movimiento. Cuando el niño se yergue y camina, hay fuerzas que quedan liberadas y descubrimos cómo aparecen sonidos cada vez más diferenciados; con mayor claridad en la intención comunicacional.

En lo fisiológico, se forma el centro cerebral lingüístico. El niño imita lo que oye y en poco tiempo maneja un vocabulario enorme. **Aprende por imitación un idioma con todas sus leyes y reglas gramaticales.**

Desde lo orgánico, ahora el fluir del aire cambia. Toda la musculatura del aparato fonador tiene que colocarse diferente; hay que ser capaz de diferenciar los movimientos de la lengua y de los labios. Los niños logran esto a partir de lo que perciben, ven, oyen. Gracias a esta plasticidad que tienen de poder transformar su propio cuerpo, llegan a pronunciar los sonidos más complejos. Una vez más, "vemos" cómo está construyendo este cuerpo tomando lo que recibe de su entorno. Y estamos también frente al despliegue de lo humano, cuando nuestro organismo deja de estar solo al servicio de la supervivencia, y nos es herramienta para manifestar nuestra humanidad: órganos que en principio usamos para respirar y comer; son resignificados para pronunciar, hablar, comunicar, expresar nuestra interioridad.

La imitación en el niño pequeño es una acción absolutamente inconsciente y profunda. Lo único que nos queda como adultos de esa imitación del niño es el bostezo.

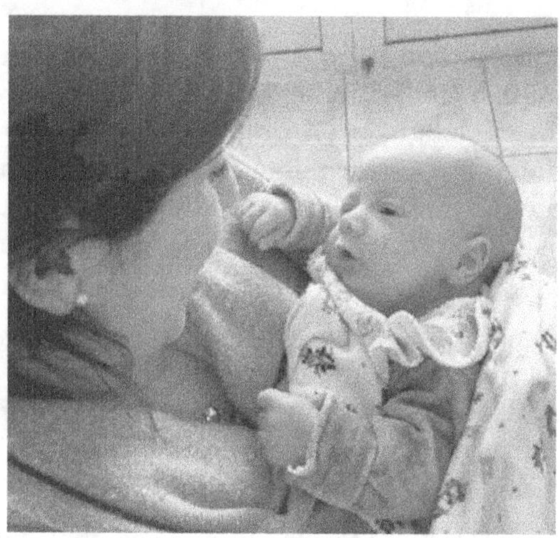

Cuando un niño nace, su laringe no está aún terminada de formar. Los bebés, todos, tienen al nacer un repertorio de sonidos que les permitiría hablar cualquier idioma, y es en función del encuentro con el lenguaje de los adultos que los rodean, que van perfeccionando unos y abandonando otros de estos sonidos, para llegar a conquistar su lengua materna, **siempre que se les hable.** Aquí un ejemplo trágico y conmovedor:

El rey Federico II en el siglo XIII quería saber cuál era la lengua del niño a quien no se le hablaba. Qué idioma hablaba espontáneamente el ser humano, cuál era el idioma arquetípico. Para esto dio instrucción a nodrizas que atendieran a bebés sanos en sus necesidades corporales de higiene y alimentación, pero en silencio. Sin dirigirles la palabra en absoluto. El resultado fue que "al fal-

tarle el alimento anímico-espiritual, por no escuchar palabra hablada alguna, todos los niños murieron" sin excepción.[44]

Volviendo a la adquisición de la lengua materna, vemos qué poderosa y profunda es la imitación.

El habla, sobre todo cada consonante, tiene un fuerte poder plasmador. Cuanto menos sentimentalista y más clara, auténtica, articulada sea, mayor es el impacto positivo que tiene sobre el niño.

*Hoy día a través del magnetoencefalograma (MEG), se ha podido constatar lo que ocurre en el cerebro del niño mientras nos escucha. El MEG demuestra científicamente lo que Rudolf Steiner ya decía sobre el impacto de nuestro lenguaje. A través de esta prueba se puede observar cómo cuando el niño escucha a un adulto que habla poco claro, en su cerebro se activan las mismas áreas que en el orador, en este caso, de forma difusa. Al escuchar a un adulto que habla claro y bien articulado, se activan cantidad de conexiones neurológicas, de manera precisa y clara y sobre todo se ve la incidencia en una mayor comunicación entre los dos hemisferios. Nuestro lenguaje se imprime fisiológicamente, sobre todo en el cerebro del niño pequeño, dándole forma y estructura. En realidad son las consonantes las que hacen esta labor. Y es que **articular significa moldear la consonante, que a su vez nos modela a nosotros.** También podemos percibir el efecto de la articulación en nosotros mismos, a través del siguiente ejercicio: En cuanto hablamos poco articulado, vocálico, con la mandíbula floja, lengua caída y labios entreabiertos sin tonicidad, inmediatamente nos sentimos algo tontos. En cuanto articulamos clara y bellamente las consonantes nos sentimos presentes, despiertos y más "listos", sentimos claridad en nuestro pensar. Y esto mismo le ocurre al niño tan solo de escucharnos.*[45]

---

44. B. Denjean-von Stryk, *Habla para que te vea*. Ed. Dorothea.
45. T. Chubarovsky, *El impacto de nuestro lenguaje en el niño.*

Actualmente observamos cómo se van perdiendo, con tanta tecnología a disposición, las oportunidades de percibir adultos hablando. Cada vez hay más niños con dificultades en el habla relacionadas con la ausencia de adultos a imitar, y con el permanente uso de máquinas desde muy pequeños.

En las salas de jardín de infantes se evidencia, y nos preocupa, el empobrecimiento del lenguaje, del juego, del movimiento y del dibujo de los niños en estos últimos años.

El habla necesita de humanos para poder desarrollarse. **Al hablar, nos unimos al espíritu de un pueblo.**

Cuando decimos que el hablar se asienta en el andar, tiene que ver también con cuánto del lenguaje es inicialmente gesto; es movimiento. Y de hecho, si pensamos en la fuerza que tiene el gesto que acompaña a una palabra, es evidente que su peso en el mensaje es mucho mayor que la palabra en sí decir "estoy tranquilo" apretando los dientes, por ejemplo, no va a transmitir mucha tranquilidad. En este primer septenio **el niño se impregna de lo que se hace en su entorno.** Los gestos llenos de sentido son, por lo tanto, alimento para el niño.

Hablamos antes del diálogo entre niño y adulto a través del tono muscular: nuestro tono muscular expresa nuestras emociones podemos ver esto en nosotros mismos. ¡Qué distinto es nuestro tono muscular si estamos serenos que si estamos nerviosos!- y este diálogo tónico lo entablamos con el niño desde el inicio, sobre todo a través del sostén y de las manipulaciones en los momentos de cuidado. Holding y Handlig en palabras de Winnicott.

Al pensar en el lenguaje vemos cómo ya desde el nacimiento aparecen el llanto, los gritos o balbuceos a los que los adultos vamos dando respuestas diferentes. El niño al principio responde a atmósferas y melodías, más que al contenido preciso de las palabras, ya que el habla está totalmente atravesado por lo anímico. La comprensión de las mismas irá creciendo en él.

"La forma en que aprendemos a hablar es, al mismo tiempo, también la forma en que adquirimos ciertas simpatías y antipatías fundamentales" (...) "Lo que absorbemos a través del lenguaje, ya está permeado por un elemento del alma."[46]

Esto lo vemos muy claro cuando oímos hablar en un idioma que no entendemos. No entendemos las palabras, pero claramente percibimos si es una conversación cálida y amorosa o en cambio es fuerte, agresiva, si hay enojo, etc. De esta misma manera, percibe el niño el habla antes de entender las palabras.

El habla es la herramienta que nos permite expresar nuestros sentimientos y nuestros pensamientos. La voluntad se encuentra detrás del desarrollo del andar, y la fuerza impulsora que está detrás del lenguaje es el sentir. Adquirimos con el lenguaje la capacidad de movernos en un entorno social y anímico, comunicándonos e interactuando con otros.

Así como el amor acompaña el desarrollo del andar, **ha de ser la veracidad la que acompañe el desarrollo del hablar.** Veracidad que implica que los adultos hablemos correctamente, que no nos dirijamos al niño con un lenguaje aniñado: no le diremos pipi, guauguau, tatata... Cuando los niños están conquistando el lenguaje, aparecen muchas formas sonoras en las que nos damos cuenta de que van aproximándose a la forma convencional de esa palabra: sepamos que desde el inicio, ¡ellos están diciendo la palabra verdadera!

---

46. R. Steiner, *La educación a la luz de la ciencia espiritual*, narrada oir Albert Steffen.

Al aprender a hablar, el niño aprende a designar el
mundo externo; aparece la distancia que él va tomando y
cómo el lenguaje le permite de alguna forma conquistarlo.

*Nicolás está comenzando a hablar. Se concentra y dice
mamá. Un mamá redondo y deletreado. Presente. La mira y
se ríe. Lo repite. Una vez, otra vez, otra más. Luego agarra
una cuchara y se la da a la mamá deletreando un gracias.
Al decirlo se sonríe con todo el cuerpo. Irradia alegría y
vuelve a repetir el proceso. Una vez, dos veces, siete veces.
Se aleja un poco juega, con unas maderas serio, concentrado.
Al rato vuelve, toma un libro, se lo da a su mamá diciendo
gracias, lento, pausado, lleno. Lo dice como degustándolo
mientras sonríe. Una vez, dos veces, siete veces.*

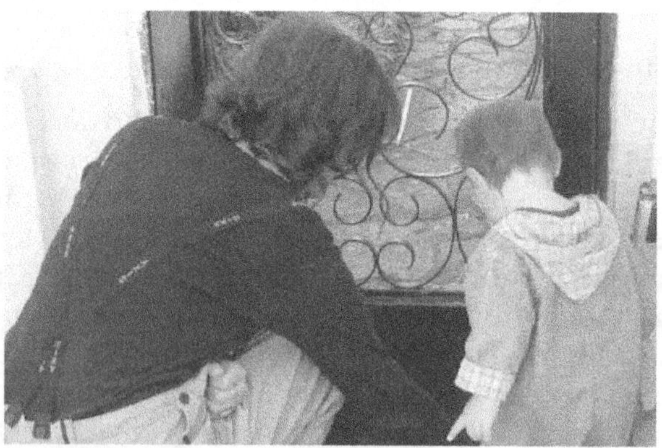

El poner la palabra justa, adecuada, la que significa, la
que anticipa, la que acompaña señales claras, la que espera
una respuesta -respuesta que durante mucho tiempo es gestual, como en el bebé, en el nivel de su tono muscular que

se relaja o se crispa mostrándonos que está listo o no para que nosotros actuemos- es ir sentando las bases de la comunicación y del orden del universo que rodea al pequeño. **No son explicaciones que apelan al pensar intelectual**, sino un ir acompañando el despliegue del encuentro del niño con nosotros y con el mundo en su derredor.

El habla se construye en el encuentro. En los momentos de las interacciones, en los cuidados principalmente, como dijimos, y también a través de rimas y juegos de dedos. Muchos de estos pasan de generación en generación a través de la tradición oral, en otros más actuales se recrea con los dedos lo que hace la lengua o los labios al pronunciar esas palabras, siempre a través de imágenes .

Muchas de estas rimas son un bálsamo medicinal en niños traumatizados. "La interconexión de ambos hemisferios del cerebro se interrumpe por el trauma". Y el movimiento, el ritmo, la alegría, los cruces, son restauradores de conexiones de ambos hemisferios del cerebro[47]. Con niños pequeños donde aún no está dada la madurez para los cruces, lo hacemos los adultos y esto tiene igualmente su impacto a través de las neuronas espejo.

Hablar en nuestra propia lengua

Nuestro lenguaje nos constituye, habla de nosotros mismos, es parte de nosotros. Cuando nos expresamos en nuestro idioma, nos mostramos, nos abrimos, nos damos a conocer. ¡Hay cosas que solo podemos expresarlas en nuestro idioma! En general, cuando hablamos un idioma que hemos aprendido luego, hay algo de nosotros que no llegamos a poder mostrar.

Hablarle a los niños en nuestra lengua materna -fundamentalmente cuando somos quien lo está maternando o pa-

---

47. Ver Ruf, B. *Pedagogía de emergencia* y *rimas* de T. Chubarovsky.

ternando- hace al encuentro de ser a ser del que somos protagonistas, hace a la veracidad de nuestra palabra.

Nuestra lengua es parte de nuestra identidad. Los niños que tienen padres o madres con diferente lengua materna -y cada uno le habla en su idioma- cuentan con la veracidad en el vínculo con ambos.

Andar, hablar, pensar

El habla surge del movimiento, y surge el pensar a partir del habla.

... *"Especialmente el cerebro, que no se ha conformado desde el nacimiento, se estructura mediante una fuerte consonantización, en pequeñas formas y surcos que son indispensables para el desarrollo de una conciencia clara y ordenada."*[48]

Pensar es la capacidad que nos permite relacionar, dar sentido y orden a todo lo que vivenciamos; y vamos así generando de a poco nuestro mundo interno, diferenciándolo de lo que no somos nosotros... y construyendo nuestra autoconciencia.

¿Cómo se viene gestando el pensar desde antes de hablar? Toda la exploración que el niño hace de los objetos, y lo que por sus vivencias va aprehendiendo del mundo, son las bases de su pensar. Las vivencias predecibles, rítmicas, que le ofrecemos al niño, le van mostrando el orden del mundo. Después de esto es aquello, si percibo esta señal es porque vamos a... Esto que para el niño es vivencia, será luego concepto. Pero ahora, **es una inteligencia que surge de la experiencia corporal.**

---

48. Denjean-von Stryk, B. *Habla para que te vea*. Ed. Dorothea.

El niño tiene experiencias sensoriales que impulsan su voluntad: vivencia algo que lo lleva a la acción. Los objetos que ve lo invitan a hacer algo con ellos, el viento que percibe, la voz que oye, el otro al que ve haciendo algo… hay una interacción directa de las impresiones recibidas y la actividad motora, es decir, su voluntad.

Cuando el niño comienza de a poco a construir frases, está armando la urdimbre de su pensar. Lievegoed[49] señala que el pensar se desarrolla al contacto con el hablar y en ese mismo acto. De ahí que los primeros conceptos se orienten concretamente hacia el mundo externo, por lo que nacen, ante todo, conceptos *concretos, que nombran objetos* tales como: agua, auto, perro. Más adelante, el niño agregará un verbo: el mundo se registrará entonces como un conjunto de seres que actúan: el perro ladra ….

Con la capacidad de nombrar los objetos el niño conquista el mundo como espacio, y al darles un verbo, se confronta con el tiempo, ya que las acciones siempre transcurren en el tiempo.

Este entrecruce de hablar-pensar se evidencia cuando los niños nombran el mundo con los conceptos que tienen, en función de su ámbito de experiencia:

Acucharar en vez de revolver.
Achuzar en vez de estornudar.
Rastrillo con flor: gancho de pelo con adorno de flor.
Otoñas: hojas de otoño.
Pizarrona : tiza.

Otro ejemplo de este entramado andar-hablar-pensar lo vemos cuando descubren formas en objetos concretos y las definen con imágenes que nos muestran el despertar de la fantasía: barcos de manzana; ruedas de banana, al morder

---

49. Lievegoed, B. *Etapas evolutivas del niño*. Ed. Antroposófica.

una rebanada de pan pueden aparecer diferentes animales, un auto, una casa… ¡esto se ve mucho en las meriendas compartidas!

¿Y de qué forma lo acompañamos en el despliegue de su pensar, sabiendo que todo el niño es órgano sensorio? Siendo claros en nuestro pensar. **Para que "desenvuelva el claro pensar a partir de las energías del habla, nuestro propio pensamiento ha de ser claro en su presencia",** nos dice Steiner.

Cuando ofrecemos ritmos estables y saludables, secuencias que son conocidas, esto favorece el desarrollo del pensar, es parte de la claridad que el niño precisa en su entorno.

La maestra lleva una niña al cambiador. Desde allí, la pequeña ve las cunas, que ahora están vacías. Las va señalando diciendo: esta de Mauro, esta de Lucía, esta de Candela…

La vivencia reiterada de cada uno durmiendo en la misma cuna, hace que ella pueda ir haciendo este orden.

No es bueno para los niños vivir en un mundo donde los adultos decimos una cosa y hacemos otra. La coherencia en nuestro decir y hacer, que es claridad de pensamiento que se manifiesta, es fundamental a la hora de pensar en los límites que amorosamente les brindamos cuando los cuidamos. Estos ideales suelen ser demasiado grandes, pero el trabajo sobre nosotros mismos intenta acercarnos un poquito más -¡nos permitimos aquí el diminutivo!- cada día. ¡Siempre hay una nueva oportunidad de dar un paso más!

Queda a la vista entonces el lugar de importancia que tiene en el desarrollo del pensar un entorno donde el lenguaje, el uso de la palabra, sea algo cuidado y valorado.

Palabra justa, descriptiva, no llena de explicaciones.

Palabra que reconoce, que habilita, que muestra que estamos presentes en la situación: "no te gustó esto que pasó". Palabra que habla de nuestra mirada: no nos burlamos, no lo insultamos, no somos peyorativos con el niño, no ironizamos.

Palabra que nos une a una cultura, con sus versos, canciones, rimas, cuentos...

Palabra que sostiene, que abraza.

Palabra verdadera: si decimos que vamos a hacer algo, es porque realmente lo vamos a hacer.

> *-Hoy te busco yo -dice el padre al niño que ha traído al jardín.*
> *-¿Sí? -pregunta la maestra, ya que es un día en que rítmicamente viene la abuela.*
> *-No, en realidad no vengo yo, se lo digo para que se quede tranquilo ahora.*

Estamos deletreando el uso cuidadoso de la palabra. El colectivo social muchas veces dice una cosa por otra, chantajea al niño, soborna... Esto dificulta la organización del pensar ¿cómo se organiza el niño en un pensar que no es coherente, una palabra que no es verdadera?

Teniendo como base este desarrollo del pensar, que afianza aún más la separación del mundo circundante que el niño comenzó a vivenciar con el andar, llegamos a una incipiente autoconciencia, que nos permite, en algún momento, durante el tercer año de vida percibirnos como "yo". Ya no está el niño totalmente unido a su entorno, como el recién nacido, sino que se está forjando lentamente la conciencia de la propia individualidad, que seguirá madurando los próximos años, afrontando las diferentes etapas evolutivas, hasta los 21. Llegó el momento en que el niño que antes hablaba de sí mismo en tercera persona, "Lucía quiere" o "el nene come", se denomina ahora a sí mismo diciendo "YO".

Hablamos antes de la donación que recibimos del mundo espiritual, con estas capacidades de andar, hablar y pensar. En su despliegue, hay una fuerte presencia de las jerarquías espirituales que de a poco se van retirando, y es por eso que podemos tener conciencia de nosotros mismos.[50]

El camino a la autoconciencia se va construyendo de a poco: con el erguirse y andar el niño comienza a tomar una distancia del mundo, ese mundo que luego nombrará y ordenará con su palabra y su pensar. En este proceso de separación, vemos actitudes que lo llevan a confrontarse con el límite entre él y el mundo: es la época de los no, "de la obstinación" dice Lievegoed, del probar hasta dónde llega para poder así diferenciarse del mundo. Esto va de la mano con el "mío" "solo"-querer hacer todo solos- y con el "yo": el primer chispazo de autoconciencia.[51]

Es muy significativo, que nuestros recuerdos más antiguos, llegan por lo general a esta época: lo anterior ha quedado fuera del alcance de nuestra conciencia, salvo en casos especiales como shock y accidentes. A partir de aquí, comienza el despliegue de nuestra memoria rítmica y nuestra fantasía.[52]

Memoria

Nuestra primera memoria es una memoria corporal a la que no se puede apelar, es como un tipo de olfato: algo que no podemos evocar, pero que se despierta con sorpresa ante lo conocido y se diluye al instante porque no hay manera de recordar conscientemente aún.

---

50. Ver Steiner, R. *La conducción espiritual del hombre y la humanidad* y *Tres etapas en el despertar del alma humana.*

51.Desarrollamos más en el capítulo de Juego y en Algo más sobre el rol del adulto.

52. Desarrollamos más en el capítulo de Juego.

Claramente hay algo en todo su ser que espontáneamente reconoce y se alegra de ese encuentro pero no hay manera de acceder aún al recuerdo y la memoria.

A partir de que el niño dice *yo* se produce una memoria cotidiana o rítmica.

En este momento, los recuerdos del niño se activan por algo que está vivenciando en ese instante: algo que ve, que oye, que huele… Puede ser que escuche una canción en el jardín y nos diga "¡Abuela!" porque es su abuela quien se la canta, o que vea el mortero y nos pida moler, como hicimos con él otro día, o que un niño llegue con una gorra que le hace recordar la de su hermano.

Recién con el cambio de dientes, con el cambio de septenio, cuando las fuerzas plasmadoras se metamorfosean, estará disponible también la posibilidad de memoria abstracta: evocar algo que no se vincule a ninguna percepción del momento presente.

Cuando los niños preguntan

¿Qué hay detrás de la pregunta de un niño? No siempre preguntan lo que parece a primera escucha.

Para saber qué es realmente lo que nos está preguntando podemos devolverle la pregunta.

¿Por qué las hojas están rojas?

Podríamos dar largas y científicas explicaciones que lejos de ayudar dañan al niño, ya que apelan precozmente a su intelecto, y a través de las cuales tampoco estaríamos respondiendo su pregunta.

- Y a vos ¿qué te parece?
- Porque pronto es mi cumpleaños.
La niña sabía que ella cumple años cuando están las hojas rojas.

Esto nos permite contextualizar la pregunta en él mismo, en lo que está moviendo en su interior, y no caer prontamente -que puede ser prematuramente- en explicaciones que no eran las que el niño esperaba ni necesitaba, corriendo el riesgo de que no pueda tomarlas y que debilitemos así su pensar vivo.

El niño de este septenio vive en imágenes; que al dar una explicación nos remitamos a **imágenes** que sean **cercanas a él**, es una **herramienta pedagógica** para todos nosotros de gran importancia.

-¿Sabés por qué llueve, mamá? Porque los angelitos lloran.
La mamá pensó que era el discurso de la maestra...
-¿Y sabés cuándo va a parar, mamá? Cuando Dios les haga upa.
Y la mamá comprendió que el niño explicaba el mundo desde sus vivencias...

Otra vivencia bastante habitual, es que los niños nos pregunten lo mismo en reiteradas ocasiones. Recordamos una niña en el jardín, que todos los días preguntaba: "Maestra, ¿dónde me siento?" Y cada día, esperaba que la maestra le dijera: "Acá, Victoria", señalando siempre la misma silla, su mismo lugar en la mesa.

Este es un ejemplo de cuando los niños necesitan la certeza de que el mundo está en su sitio, que todo tiene su lugar, y está en orden ¡El mundo es bueno!

* * *

En su conferencia *Andar, hablar, pensar*, Steiner cita al poeta Jean Paul que afirmó que **en los tres primeros años de la vida, el ser humano aprende más que en los años de estudiante.**

6.
Acompañando el desarrollo del movimiento autónomo

"Existe una energía, un impulso vital, una fuerza que se convierte en acción a través de tu yo, y como hay un solo tú desde el principio de los tiempos, esa expresión es única. Si impides su materialización, no existirá a través de ningún otro medio y se perderá. El mundo no contará con ella. No es cosa tuya determinar si es buena, qué valor tiene o cómo es comparada con otras expresiones. Es cosa tuya establecer tu autoría, clara y directamente, pero, por sobre todo, es cosa tuya mantener el canal abierto. Ya sea que hayas elegido tomar una clase de arte, llevar un diario íntimo, filmar tus sueños, bailar tu historia o vivir cada día de tu vida de manera creativa: por encima de todo, mantén el canal abierto."

Martha Graham - Bailarina
En respuesta escrita a una de sus alumnas frente a la decisión de no bailar más, por sentirse torpe luego de ver bailar a su maestra.

*La rapidez del desarrollo motor del niño es menos impor-
tante que la calidad armoniosa de los movimientos y del
sentimiento de seguridad física que experimenta si él ha
elegido por sí mismo los momentos de adquisición de los
nuevos estadios.*[53]

E. Pikler, Moverse en libertad.

El niño pequeño es movimiento

Y este movimiento va muy estrechamente de la mano del desarrollo de su sistema nervioso central, de la maduración de sus órganos, de su encuentro con los seres que tiene alrededor y del mundo. El movimiento es comunicación.

En los recién nacidos, puede observarse una serie de reflejos, **"reflejos arcaicos"**, que dan cuenta de la disposición del organismo para realizar **ciertas destrezas; son movimientos que van desapareciendo durante los primeros meses, y que el bebé conquistará luego por sí mismo, siempre y cuando le garanticemos la posibilidad de desplegarse de manera autónoma.** Por ejemplo: si se verticaliza a un recién nacido apoyando sus pies sobre una superficie plana, se despierta el reflejo de marcha: vemos cómo el niño puede dar unos pasos. ¿Quiere decir esto que ya empezará a caminar? ¡De ninguna manera! Esto quiere decir que el organismo de este niño está preparado para que logre la marcha… cuando esté maduro para ello. Y para que pueda hacerlo, debemos dejar que desaparezca este reflejo –por eso no lo estimulamos, evitamos poner al niño en posición de marcha cuando no ha llegado a ella por sí mismo- y estamos dispuestos a disfrutar que el andar llegue más adelante como movimiento conquistado por el pequeño. Lo mismo vale para los reflejos que le permiten esbozar movimientos de gateo, de prensión, y otros en los primeros meses.

---

53. Recomendamos profundizar en *Moverse en libertad*, de Emmi Pikler y en *Mirar al niño*, de Judith Falk.

Hoy en día hay muchos estudios sobre los reflejos retenidos; reflejos que siguen presentes aunque el niño esté ya en la escuela primaria y obstaculizan su aprendizaje; entonces se proponen desde lo terapéutico ejercicios para poder desarmar esos reflejos. Estos ejercicios posibilitan a los niños rearmar su repertorio de movimientos, ya que la retención de reflejos va muy ligada al desarrollo de la motricidad que ha sido intervenido por nosotros, los adultos, y no ha permitido que el niño haga ese trabajo.

Cuando favorecemos que los niños transiten el desarrollo de su motricidad de forma autónoma, y no estimulamos sus reflejos -es decir, dejamos que desaparezcan naturalmente-, no hay reflejos que queden retenidos.

Desde el nacimiento y durante los primeros años, hay muchísimas neuronas que comienzan a tender entre ellas conexiones en función de las acciones que realiza el niño. Y sepamos que las conexiones que se van afianzando entre unas y otras, dependen de los circuitos que se activen en la vida cotidiana del niño, **desde su propia iniciativa**. Como imagen podemos pensar: **el sistema nervioso central irá consolidando los recorridos que se utilizan, e irá debilitando o dejando de lado las rutas que no utilizamos.** Y esto no se hace de un día para el otro: tanto el desarrollo motor como el desarrollo neurológico, tan ligados uno al otro, requieren de la iniciativa propia, de la repetición, del tiempo para explorar y afianzar las conquistas en una y mil experiencias. Así maduran, y es a partir de esta maduración que logramos la siguiente conquista. Insistimos en lo de la **propia iniciativa**, porque este proceso no se da si uno "le hace" al niño; es él, desde adentro, el que realiza el movimiento. Y en esta conquista están muy activos los sentidos.

Este niño, por un lado imitador y por otro pura iniciativa, requiere de nosotros consciencia y trabajo sobre nuestros movimientos, al mismo tiempo que profunda autenticidad. La pregunta sería cómo cuido yo mis movimientos sin dejar de ser auténtico.

Cada movimiento que realiza, implica al niño en su totalidad: mover la mano o la cabeza, implica una participación de todos los músculos del cuerpo, ya sea tensándolos o relajándolos.

Como adultos tenemos una clara conciencia de este "actuar en conjunto", cuando vivenciamos una herida o dolor en alguna parte del cuerpo, y prontamente nos damos cuenta de cómo se han alterado todas nuestra posturas y gestos habituales.

Cada movimiento está cargado de sentido, tiene un valor comunicacional[54]**: observamos al niño y percibimos**

---

54. El dar valor comunicacional a los gestos de los niños es de suma importancia, aun cuando ya hablan. Retomamos esto en el capítulo *Algo más sobre el rol del adulto*.

lo que nos está diciendo con su sus gestos: si está cómodo, si está tenso, si está tranquilo o irritado… **El movimiento es expresión de la individualidad** de ese ser que tenemos delante de nosotros. Y hablamos siempre de movimientos por propia iniciativa, porque el gran riesgo de "enseñar motricidad" es que las conquistas queden como vacías, vacías de sentido para el niño, vacías de presencia: "si hacen por mí lo que yo puedo hacer, no necesito estar en el cuerpo" podría ser la vivencia de un niño a quien no se le permite moverse en libertad.

En este campo los aportes de Emmi Pikler son un tesoro. Ella se centra en el estudio de la motricidad autónoma, pero esto es la parte visible de aquella que no se ve a simple vista: la confianza en que el niño puede desplegar su iniciativa, en que tiene múltiples capacidades que desplegará a partir del vínculo, de la seguridad afectiva y el amor brindados por el adulto. Esa mirada al niño es la que los convoca a la vida. El mayor logro del trabajo pikleriano no es la destreza física alcanzada por los niños que han estado en el orfanato de la calle Lóczy, no son ellos los acróbatas húngaros que vemos en las olimpíadas. Lo que Emmi Pikler y su equipo lograron fue que niños abandonados pudieran crecer como adultos sanos, que son ahora padres y madres que pueden sostener vínculos. Esto es lo que revoluciona las prácticas de orfanatos y hospitales. El movimiento de esos niños, dio cuenta y acrecentó sus ganas de vivir, confiando en sus iniciativas, sintiéndose competentes, fortaleciendo su autoestima… sostenidos por la continuidad y el apego de sus adultos de confianza.

Lo que se vive en el hogar Amaranta, es otra confirmación de estas ideas.

* * *

Vemos aquí cómo va siendo el camino de sobreponernos a la fuerza de gravedad: lentamente el ser humano se va levantando, pudiendo encontrar el equilibrio cada vez con menos base de apoyo. Y esta búsqueda es íntimamente personal. Nadie puede encontrar el equilibrio por nosotros, esa es una tarea indelegable que cada uno hace. Y lo que como adultos no podemos delegar es la responsabilidad de darle al niño la posibilidad de desplegarse desde sí mismo. Necesita que lo acompañemos y no que le *enseñemos* en esta búsqueda… ya que él lo puede hacer por sí mismo.

Itinerario del desarrollo motor

Ofrecemos el mismo punto de partida, pero ¡cada uno hace el suyo!

Mi nombre es Valeria y soy mamá de Antonio. Me recibí de kinesióloga en el año 2004, me especialicé en terapia de neurodesarrollo y trabajo con niños en situación de discapacidad desde que terminé el colegio secundario. Estando embarazada di con los aportes de la Dra. Pikler. Si bien me tomé un tiempo para leer el material disponible y desmenuzar la información no tardé mucho en convencerme. **Era lógico, coherente y simple… ¡sencillo como todo lo natural!** *Sin embargo, acostumbrada a guiar, estimular, facilitar y sostener… es decir acostumbrada a "poner manos" en el cuerpo del otro "hacer Pikler" con mi hijo representaba un gran desafío pues es difícil para un profesional de la salud contemplar la posibilidad de* **"no intervenir".**

Así fue la previa… Cuando nació Antonio me relajé, contemplé y me maravillé. Él (como todo niño) trabajó mucho en la construcción de sus movimientos y lo hizo con su particular forma de hacerlo, es decir manifestó su individualidad en cada intento, cada repetición, cada caída, cada logro, ¡de manera tal que Antonio y solo Antonio lo hacía así! Quizá sea poco clara al decirlo de esta manera, pero intento expresar lo que siento al recordar cómo construyó su repertorio motriz. Aprendí mucho, aprendí cosas que no están en los libros de desarrollo, como que un niño puede posicionarse en cuatro patas e intentar desplazarse en esta posición antes de haber logrado el sentado. Aprendí que cuando se sientan por primera vez lo hacen sin manos ¡porque no las necesitan! **en cualquier libro de desarrollo normal** *se describen las primeras experiencias de sentado* **con apoyo de manos.** *Entendí que cada niño es una oportunidad para seguir aprendiendo modos, posibilidades, variantes… Ahora Antonio tiene 17 meses y es muy habilidoso, se para arriba del subibaja e intenta recorrerlo de punta a punta… pero más allá de lo que haga ¡**todo lo hace con confianza y con una seguridad en su cuerpo digna de admiración!***

Hay que animarse a la experiencia del "no hacer", los niños poseen dentro de sí todo lo necesario para aprender a moverse en el espacio.

El punto de partida

La posición inicial, obviamente la damos los adultos ¡el niño está entregado a nosotros! Ofrecemos al bebé una superficie plana, donde pueda apoyar bien su cabeza y su espalda. Los primeros meses será su cuna, su moisés y a partir de los tres meses -las fechas son siempre aproximadas, algunos están listos antes, otros después- podemos ofrecer piso.

Recordamos que con piso nos referimos a un entorno preparado:

- Superficie firme.
- Espacio seguro.
- Cálido.
- Al principio este espacio tendrá envoltura -el niño es uno con el mundo, como dijimos y se pierde en un espacio muy grande- prontamente el espacio irá prescindiendo de esta envoltura cercana y crecerá con él, siempre será un poco mayor que lo que el niño realiza en el momento, es decir, le permitirá avanzar en sus conquistas.

- Con objetos pertinentes[55] teniendo en cuenta que hasta que el niño no se encuentra sus manos no necesita ningún objeto.

Estar sobre su espalda permite al niño llegar con sus sentidos a lo que hay a su alrededor: seguir con la mirada los movimientos de otros, girar los ojos en dirección a un sonido o un olor… El niño al nacer se vivencia totalmente unido a su entorno, y es una de sus tareas a conquistar en los primeros años una incipiente conciencia de sí mismo separado del mundo. Este observar su derredor desde una posición estable, le va posibilitando tener un punto de referencia desde el cual va relacionando una experiencia con otra: sus manos juntas, delante de la cara, es el "punto cero" de la organización espacial; a partir de allí se arma inconscientemente lo que es derecha, izquierda, arriba, abajo… El niño que está cómodo, que se siente seguro y bien sostenido, puede poner energía en interesarse por el mundo.

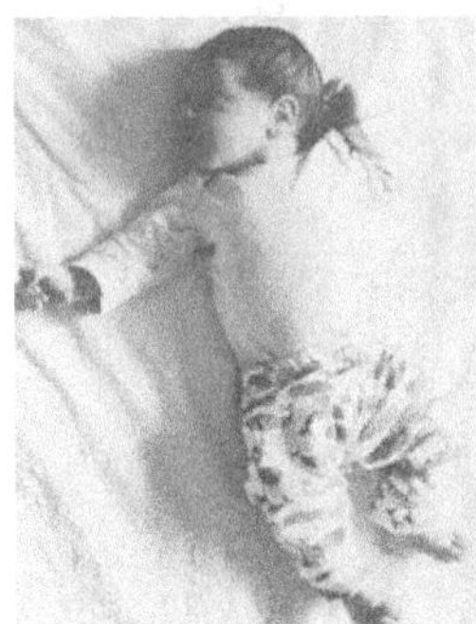
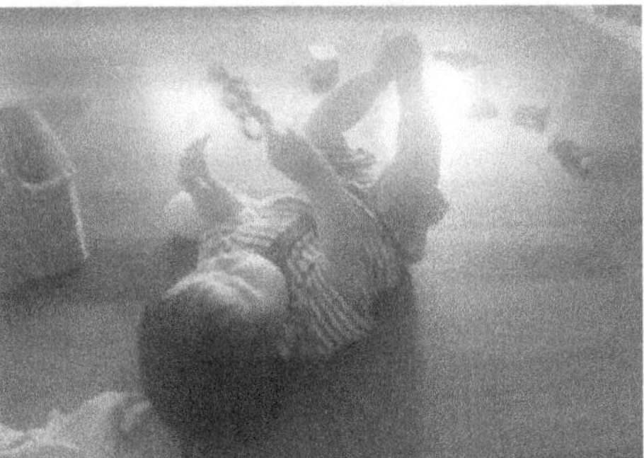

Ofreceremos al niño esta posición inicial durante bastante tiempo, incluso aunque él ya se gire y se ponga boca abajo, aun los primeros tiempos cuando ya se sienta solo, para que pueda armar este recorrido por él mismo siempre de nuevo.

Si ofreciéramos al niño como posición inicial la de decúbito ventral impediríamos que estas exploraciones puedan

---

55. Ver más en capítulo de Juego.

suceder. A un bebé que aún no sostiene su cabeza, estar panza abajo, poder despegar la nariz de la superficie de apoyo y poder respirar le requiere mucho esfuerzo.

Probemos nosotros mismos y vivamos qué posibilidades tenemos, estando en esta posición, de seguir objetos con la mirada, de hacernos una imagen única del entorno en que estamos, de percibir que se acerca alguien a nosotros, de prepararnos para que nos alcen. Estando **panza abajo**, es imposible juntar las manos; y la posibilidad de movimiento de los hombros está prácticamente inhibida. Según nuestro recorrido, es **totalmente innecesario y contraproducente** hacer pasar al bebé por esta experiencia; y estamos en desacuerdo con los consejos de "ponerlo panza abajo unos minutos y si se queja, cambiarlo de postura".

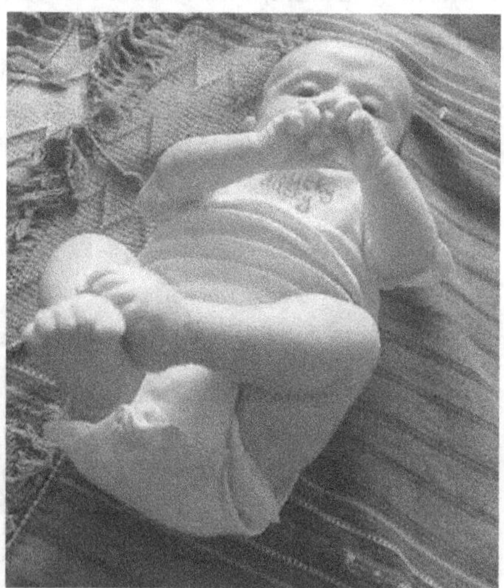

Cuando el pequeño está sobre su espalda, puede mover sus brazos y sus piernas. Esto le permitirá descubrir sus manos, observarlas, juntarlas y soltarlas, tenderlas hacia algo de su interés, en algún momento tomar un objeto y acercárselo… la posibilidad de hacer muchísimas cosas por sí mismo, aun cuando hablamos de un bebé que no se traslada. En relación a la comunicación con nosotros, esta postura la facilita, ya que ambos nos vemos los rostros. El niño puede ver los movimientos del adulto en la vida cotidiana, y el adulto puede responder a las señales del mismo; atento siempre a no interrumpir el hacer del niño.

A esto le sumamos la enorme y necesaria vivencia de percibir su espalda.

Cuando el pequeño comience a asir objetos que tiene cerca es importante cuidar dos cuestiones: Una es que las cosas estén cerca, no encima del bebé; a una distancia en las que el niño puede tomar el objeto, pero no está "obligado" a hacerlo. La otra cuestión, que estos objetos puedan ser manipulados libremente por él: los puede tomar, llevarlos a la boca, sentir su olor, tenerlos en la mano, observarlos… y dejarlos. Todo esto es ya ir desplegando los movimientos más finos de las manos y los dedos, la concentración, la exploración y la vivencia de las distancias. **El niño que está en una posición cómoda, que le da seguridad, no necesita usar sus manos para sostenerse… y las tiene a su disposición para jugar.**

La maduración de los músculos del cuello y la espalda, necesaria para el logro de las siguientes posturas, se desarrolla a partir del movimiento de las extremidades estando el niño en decúbito dorsal. ¡Cuánta actividad de piernas y brazos despliega el bebé! De esta manera, el pequeño va fortaleciendo su cuello sin pasar por experiencias de tensión y crispación como las que veíamos que sufre si lo pusiéramos panza abajo y esperáramos que movilice su cabeza. La cabeza del bebé es muy pesada, mucho más pesada que la nuestra, por la proporción con el resto del cuerpo. Esto sería una exigencia totalmente innecesaria para el niño, que lo crisparía, lo tensionaría, alteraría su respiración…

El movimiento y el juego son el hacer propio del niño pequeño. Hasta aquí, hemos compartido cuántas cosas hace el niño con *solo* estar panza arriba, abierto al mundo. Algunos se asombran, pensaban que el bebé aún no hacía nada… ¡Qué exigentes somos tantas veces los adultos!

Una vez en un taller había cuatro madres y cuatro bebés: Una bebé que se había sentado sola por primera *vez en ese momento, una bebé que se movía con mucha ductilidad armando y desarmando posturas, una bebé pequeña que aún no manipulaba objetos, y un bebé gestándose en el vientre materno. Para la mamá embarazada la bebé que aún no manipulaba objetos, no hacía nada. Entonces observamos y empezamos a describir todo lo que hacía: giraba su cabeza, movía brazos y piernas, miraba su mano, arqueaba su espalda y hacía intentos de girar hacia el costado. ¡Todo eso hacía! Todo su ser participaba de esa tarea que a la vez es fundamento de los futuros próximos movimientos. Y no había algo más importante que lo otro. No era "mejor" la niña que se había sentado, que la que con gran armonía y versatilidad cambiaba de una postura a otra, que esta niña que se miraba su mano e intentaba girar. No había mejor ni peor, había tres niñas en distintos momentos de su desarrollo haciendo cada una lo que podía en ese momento. Con alegría, con serenidad. **Cada estadío del desarrollo motor tiene idéntica importancia. No hay un logro "máximo". Cada acción que el niño realiza lo prepara para la siguiente.***

El espacio que ofrecemos al niño irá creciendo con él y con sus posibilidades de desplazamiento. Para algunos esto empieza con el pivotear -trasladarse estando en decúbito dorsal, moviendo las piernas, haciendo eje en su cabeza- para otros será cuando giran… Una vez más, la observación nos guiará en lo que el niño necesita.

Comienzan las posturas intermedias

El pequeño se pone de costado

Otro regalo de la mirada pikleriana: el valor de las etapas de transición que vemos aparecer entre las posturas más conocidas como sentarse, ponerse en cuatro patas o pararse. No es de un día para otro que un niño pasa de estar panza arriba a estar panza abajo. El cambio de postura

requiere tiempo de exploración, esta exploración es conocimiento inconsciente de sí mismo y sus posibilidades, de
la coordinación de los músculos y articulaciones de todo el
cuerpo. Es ir haciendo en el desarrollo motor un tejido
único, sin agujeros.

El niño que estaba jugando apoyado sobre su espalda,
de a poco logra ponerse de costado, desplazando su peso
hacia uno de los lados del tronco, levantando entonces un
hombro y la cadera. En esta postura el niño puede estar un
rato, mirando alrededor, explorando algún objeto -si se
mira de cerca la foto, se ve a este niño muy atento a un detalle del objeto que tiene en la mano-, moviendo brazos y
piernas... Para algunos niños esto es un pasaje corto ya que
pronto rolan hacia abajo, otros pueden pasar varios meses
jugando de costado.

*servamos, sin compararlo con libros ni manuales, ni con
las medidas estandarizadas conocidas: a los 6 meses se
sienta, a los 9 gatea y al año camina. Gracias a Emmi Pikler
que hizo el gran aporte de observar al niño según la escala
de desarrollo donde se mira al niño en relación a sí mismo,
pudimos mirar a Agustín, y nada en su desarrollo nos generaba preocupación. No había apuro. Se comunicaba, dis-
frutaba de su movimiento, tenía ritmos saludables, comía
bien, dormía bien, era un bebé sociable, manifestaba sus necesidades, se hacía entender. Luego, entre los 8 meses y
medio y los 10 meses, giró hacia abajo, reptó, se sentó, gateó
y se paró. Todo con armonía, concentración y alegría. ¡Estamos contentos de no haber hecho nada para apurarlo!*

Gira y se pone panza abajo

Un día el pequeño que pusimos panza arriba, se da
vuelta y queda panza abajo. Cuando este día llega, los
músculos del cuello ya están fortalecidos, y el niño levanta
sin dificultad la cabeza. Y algo más: en toda la rotación, lo
último en despegar del piso suele ser precisamente la cabeza ¡recordemos que es muy pesada!

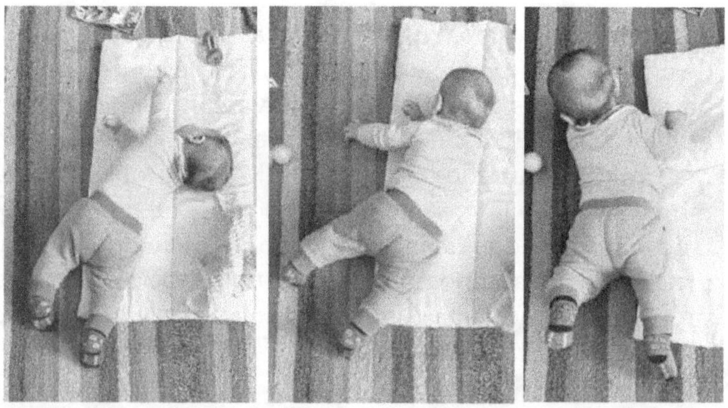

*A veces, cuando un bebé se da vuelta por primera vez, su brazo queda debajo
de la panza, como en este caso. Como siempre -saliendo de nuestro
automático- vamos a observar primero antes de actuar.*

Una mamá nos compartió una vez un video que dura dos minutos y medio: La niña se da vuelta, su brazo queda debajo de la panza y sin prisa, pero sin pausa, intenta sacar su brazo hasta que lo logra. Logra sacar el brazo porque tiene tiempo y espacio para hacerlo, porque tiene la iniciativa de hacerlo, porque nadie la interrumpe resolviendo su hacer, porque hay una mirada de confianza que la sostiene, y porque está madura para hacerlo. Hay niños que las primeras veces no pueden sacar el brazo. Primero observaremos y daremos tiempo. Si vemos que el niño no puede y llora, anticipándole, lo llevaremos a su posición conocida, es decir otra vez panza arriba (decúbito dorsal). Lo mismo pasa cuando llega a esta posición panza abajo (decúbito ventral) y no sabe volver por sí mismo a girar hacia arriba. Entonces **si nos pide ayuda, lo volveremos a la posición de partida. Esto le posibilita que no queden "agujeros" en su aprendizaje, sino que es él quien conquista cada eslabón del mismo.**

El niño va ganando comodidad y armonía en sus momentos de exploración panza abajo afianzando su capacidad de voltearse, haciéndolo cada vez más seguido, y de a poco llega a la siguiente etapa, que es girar repetidamente. Es conmovedor ver la suavidad con que apoyan los bebés su cabeza en el suelo al girar.

Gira repetidamente

Ahora el niño logra por su propia iniciativa pasar de estar de espaldas a estar de panza, y vuelve a estar de espaldas. Este girar, va dando cuenta y posibilitando la maduración de los músculos de la espalda, que le permitirán más adelante tener el tronco erguido. Es una etapa a la que socialmente no damos demasiado valor, pero es importantísima. Y con esta actividad del niño, crece -si es que no creció antes- también el espacio que le ofrecemos para su juego libre.

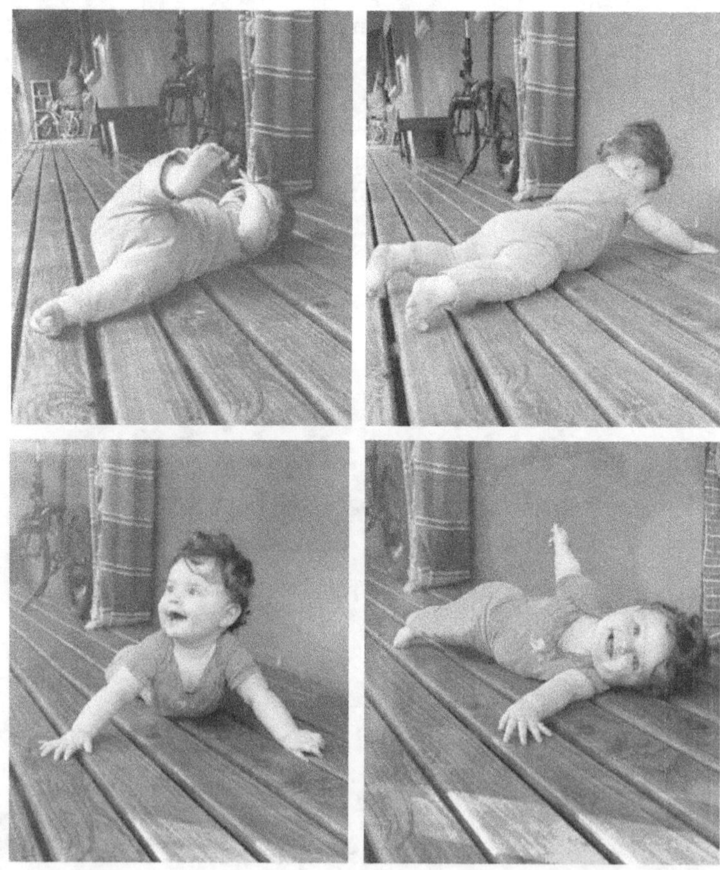

Los caminos de las individualidades

A partir de estas primeras posturas y conquistas, el recorrido que cada niño hace es individual. Hay tantas posturas y recorridos como niños hay.

Hay quienes comienzan a desplazarse rodando, otros que empiezan a reptar, otros van hacia atrás, ya sea estando en decúbito ventral o dorsal. Otros pivotean: giran en redondo de panza o de espalda.

Los tiempos de exploración, de movimiento libre, son los que van posibilitando constantemente que el niño enriquezca los esquemas de acción con los que cuenta: va sumando posibilidades al repertorio de movimientos que tiene a su disposición.

Siempre hay algún tipo de desplazamiento que va a permitir llegar a sentarse: hay niños que reptan, y llegan a sentarse desde aquí, levantando su tronco y apoyando sus isquiones; otros se desplazan, comienzan a erguirse tomándose de algo y se sientan bajando la cola desde esa postura, otros lo hacen de costado, pasando por el semisentado.

En todos los casos observamos procesos donde el pequeño participa activamente y de forma entera en sus movimientos.

En lo que sigue, tomamos la escala de desarrollo del Instituto Pikler, como ejemplo de la mirada que se amplía mucho más allá del clásico "a los tres meses sostiene la cabeza, a los seis se sienta, a los nueve gatea, al año camina". Una vez más repetimos **"no importa cuándo sino cómo"** llega al niño a hacer cada cosa que hace. Y otro de los enormes regalos que Emmi Pikler hace a la infancia -o sea al ser humano en todo su devenir- es no comparar al niño con tablas ni expectativas de patrones ya establecidos, ni con otros niños, sino mirar al niño en relación a sí mismo. Esta es una llave poderosa que abre las puertas al encuentro genuino con el otro desde un lugar donde no hay expectativas cerradas, ni "debería ya poder hacer"... como vimos en el ejemplo de Agustín. Mirar al niño, a cada niño en relación a él mismo.

Se arrastra, repta

Estando sobre su vientre, el pequeño se desplaza por el piso utilizando brazos y piernas: estira una mano hacia adelante y se da envión presionando el dedo gordo y la parte interna del pie del otro lado, sobre el suelo; y repite luego esto con la mano y el pie contrarios.

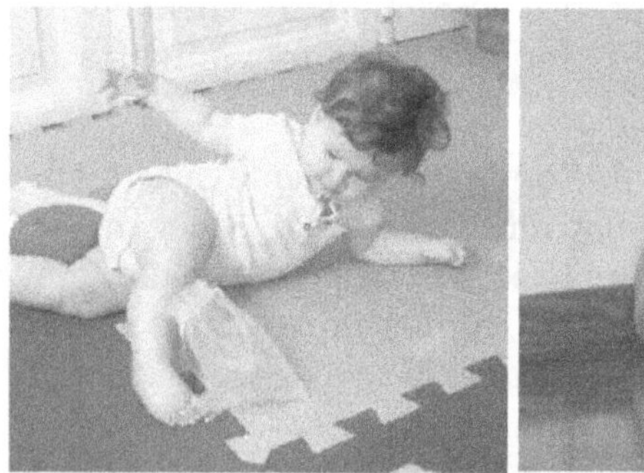

Estos niños reptan por su entorno, y se detienen a explorar cosas que le interesan, liberando una mano para hacerlo.

Explorando en diferentes direcciones, el niño llega a lugares que no nos habíamos imaginado, ¡percibiendo desde muy pequeños las picardías de la vida cotidiana!

Juega semisentado

Esta es otra de las posturas intermedias. Aquí el pequeño, estando de costado, se apoya sobre la palma, y al extender este brazo levanta la parte superior del tronco en un ángulo más o menos grande. Puede entrar y salir de esta postura por sí mismo.

Somos testigos de cómo va achicando la base de sustentación que necesita para sentirse en equilibrio: ahora con tres puntos de apoyo le es suficiente, en esta postura a la que él llega por propia iniciativa.

Se sienta

Cuando el pequeño ha llegado a sentarse por sí mismo, no requiere ningún sostén desde el exterior. Él mismo está sentado, sostenido sobre sus isquiones. Todo el tiempo previo le dio la posibilidad de madurar los músculos que requiere para poder verticalizar su tronco y tener la espalda admirablemente derecha. No se cae para atrás ni para el costado porque ha desplegado el equilibrio para estar sentado. Y las manos las tiene libres, al haber llegado por su propia iniciativa, en el momento adecuado, no necesita de sus manos y brazos para sostenerse y no caerse. Las manos puede utilizarlas para asir, soltar, lanzar, explorar objetos; para comunicar algo…

Las piernas del niño están flexibles, él puede, una vez más, armar y desarmar esta postura.

Si en cambio, nosotros lo sentamos prematuramente, generamos una dependencia del pequeño que "nos necesita": para cambiar de posición porque está incómodo, para que lo acomodemos porque se está deslizando por los almohadones que le hemos puesto en su espalda y en los laterales, para que le alcancemos lo que desea y está lejos de sus posibilidades alcanzar, ya que no puede "destrabarse" de la postura que le hemos impuesto. Su radio de acción queda muy limitado. Todo esto puede ser base para cierto malestar del niño que es coartado en sus posibilidades de movimiento autónomo, que está siendo mirado desde lo que no puede y no desde lo que sí puede; y malestar también del adulto que se siente demandado constantemente por el niño. Pero… ¡fuimos nosotros los que lo hemos sentado!

Las posibilidades que da el haberse sentado solo: el niño arma y desarma con autonomía y con armonía la postura.

Gatea

En esta postura, el niño ha logrado algo importantísimo: la pelvis, centro de nuestro equilibrio, ha sido "despegada" del piso, se sigue achicando la base de sustentación en la que se sostiene.

Gatear es un hacer que colabora con la integración sensorial, con la estimulación natural del uso -y por eso del desarrollo- de ambos lados del cuerpo y por ende, de ambos hemisferios cerebrales. Su ejercicio hace a que podamos integrar completamente el sistema nervioso central, base para el desarrollo de nuestra conciencia espacial y corporal.

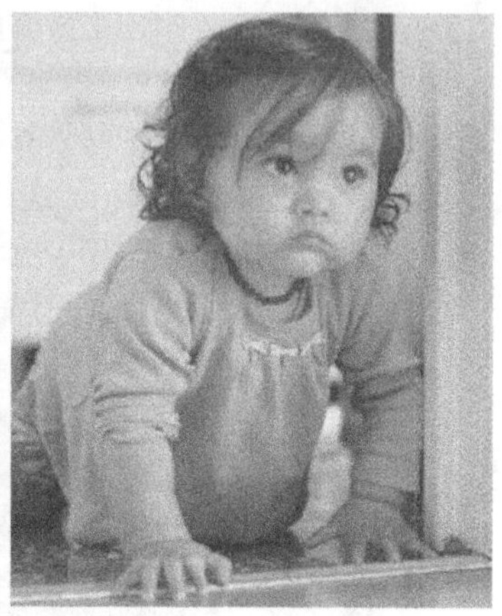

El pequeño se desplaza apoyándose sobre las rodillas y las manos.

Hay niños que reptan o gatean más tiempo, otros menos. Es común observar cómo el andar en cuadrupedia o arrastrarse aparece luego en su juego, cuando "son" perros o gatos, serpientes o buceadores. Esto favorece que los niños que se saltearon alguna etapa, puedan recuperarla.

Tres niños juegan autónomamente en la plaza; es una plaza limpia y segura, ideal para el niño pequeño. Se desplazan gateando, gatean por el pasto, por el cemento... la plaza tiene pequeños grandes desafíos que los invita a seguir investigando nuevas posibilidades. Alguno se para agarrándose de los largos bancos de cemento. Otro llega gateando la lomita hasta la punta y allí se da vuelta para poder bajar hacia atrás hasta el pozo de arena... Las madres conversan, toman mate, los observan, están relajadas y disfrutan de observarlos en su autonomía y en sus nuevos descubrimientos.

Pasa una mamá agarrando a un niño -de la misma edad aproximadamente- haciéndolo caminar con sus manos hacia arriba... se la ve agotada... ya dio varias vueltas a la plaza así , ya subió y bajó con el niño otras tantas veces del tobogán... le duele la cintura y se siente agobiada.

Al ver a los otros niños jugando y las mamás relajadas dice: "Qué tranquilos que son ellos, él es terrible".

Escenas de este tipo nos invitan a repensar nuestro rol en el acompañamiento del desarrollo del niño, tomando conciencia de cómo el entorno y las dinámicas que le ofrecemos pueden favorecer o no su despliegue, e impactan directamente en la relación que tenemos con ellos.

Se arrodilla

Ahora el niño desplaza el peso a las rodillas, estando erguido ya sea en el piso o aferrándose de algo... ¡vemos variadas formas de arrodillarse!

Estas posturas, están preparando la posibilidad de erguirse...

Se para

¡Enorme momento! Los pies del pequeño soportan todo el peso del cuerpo. Posiblemente el niño se ponga de pie primero aferrándose de algo -mueble, pared, baranda- y un poco después lo haga levantándose directamente desde el piso sin necesidad de apoyarse ni agarrarse.

En esta etapa hemos visto a más de un niño jugando con collares, por ejemplo, haciendo un juego asombroso tiempo antes de caminar: el pequeño se yergue, se agacha, se pone el collar, se yergue, se agacha, se saca el collar, se yergue, se agacha, se pone, se yergue… un recorrer la vertical una y otra vez… despacito y sin apuro, gozando de la repetición que va dando confianza en las propias capacidades, que va midiendo la distancia al piso. Buscando el equilibrio, jugando con él.

Es el niño el que arma la postura, ¡y es evidente la alegría que esta nueva posibilidad le regala!

Realiza los primeros pasos solo

Sin que lo incitemos ni lo ayudemos… el niño un día da uno o dos pasos. Cada uno a su manera. Lo vemos recorrer por ejemplo, la distancia entre una silla y otra, pasar de un sostén a otro que está a poca distancia, viene hacia nosotros... En la época que el niño "ejercite" estos pasos, podemos observar la concentración con que lo hace, y cómo recurre al gateo o a la forma de desplazamiento que tuviera más avanzada, en caso de *necesitar* llegar pronto a algún lugar, persona o situación.

Toda la atención concentrada en lo nuevo, en cada paso, en su cuerpo, en el entorno, en la nueva perspectiva que esta posibilidad de andar le brinda.

Para algunos niños, esta nueva conquista implica unos días de cierta angustia frente a las nuevas posibilidades. Acompañar con paciencia y confianza ayuda a recorrer esta transición, hasta volver a sentirse seguro.

Utiliza como forma de desplazamiento privilegiada el caminar

Tiene la libertad de moverse en el espacio, hacia derecha o izquierda, hacia adelante o atrás; mirar y luego trepar hacia arriba, o ir hacia abajo. Habiendo hecho el camino de conquista de todo este recorrido hasta la marcha, el organismo está ahora preparado para lograr destrezas posteriores. Se ha ido afianzando una coordinación entre los huesos, los músculos y los nervios que, a su tiempo, permitirán al niño manipular nuevos objetos, hablar, asimilar la información de los diferentes sentidos y desarrollar su capacidad de pensar.

Ahora el pequeño se desplaza caminando la mayor parte del tiempo, siempre por iniciativa propia.

El niño pequeño usa sus lados izquierdo y derecho de manera indiscriminada; así como antes rolaba para ambos lados. Es este un tiempo de simetría entre un lado y el otro del cuerpo, lo que favorece el uso de ambos hemisferios cerebrales. Vemos que el niño hace cosas como si tuviera en el medio una barrera: entonces toma con su mano derecha lo que está a la derecha, y con la izquierda lo que tiene a su izquierda, y manipula los objetos como si algo le impidiera el cruce de la línea media vertical… durante los primeros años, estas barreras irán desapareciendo: que no estén activas, que los movimientos de ambos lados estén integrados, es algo que nos habla de la madurez que se espera al finalizar este septenio.

Vemos cómo luego de haber logrado la marcha, el niño sigue desarrollando conquistas que hacen esencialmente a la apropiación de su cuerpo, a que física, anímica y espiritualmente pueda sentirse cómodo en él, que sea realmente la herramienta para hacer y ser en esta Tierra.

Observando cómo el niño lleva a cabo su proceso de erguimiento, podemos penetrar en su naturaleza interna, en esa que, en lo sucesivo, se manifestará a lo largo de toda su vida; su peculiar manera de erguirse es la primera actividad de su potencialidad biográfica.

B. Lievegoed, el niño antes de la segunda dentición.

Juliana sube caminando una rampa alfombrada de 3 metros de largo. A mitad de camino la primera vez pierde el equilibrio, apoya las manos en el piso y se vuelve a erguir. Se reorganiza. Sigue caminando. Todo su cuerpo sonríe sin buscar aprobación del afuera.

Baja la rampa. Vuelve a subir pero en vez de empezar por el principio camina por el lateral externo de la rampa y a los 40 cm de inicio, levantando un pie primero, apoyando sus manos en la rampa y subiendo el otro pie ingresa a la misma. Se yergue: erguirse en un plano inclinado requiere una nueva conquista. Continúa subiendo llena de sonrisa, irradiando vivencia de "yo puedo". Baja. Repite el recorrido anterior subiendo cada vez más lejos del inicio. Siempre radiante al conseguirlo, sin necesitar aprobación externa. Repite su secuencia 12 veces. En la mitad del proceso, al observarla, se incorpora Elián. Imita su hacer con todos los detalles. Juliana termina de experimentar y se va al regazo de su mamá. Elián continúa haciendo el mismo recorrido durante un rato más.

Se observa, en el hacer de ambos, disfrute, concentración, alegría y afianzamiento de los movimientos en la nueva

Cuando el niño comienza a caminar, se abre un mundo nuevo muy interesante para él, que a veces puede llegar a ser estresante para quien acompaña, cuando el entorno no es seguro o cuando necesitamos tener todo bajo control. Permitirles "deambular" es muy importante en esta época, es lo que necesitan. Podemos elegir una plaza segura donde realmente puedan moverse, caminar, investigar. Observarlos, ver qué señalan, qué los detiene, qué observan, es una alegría también, una forma nueva de conocerlos.

Paseos donde el ritmo lo ponen ellos y nosotros los seguimos, suelen ser muy enriquecedores también. Algún niño querrá caminar rápido sin detenerse en nada ya que la alegría que ese nuevo andar le regala, es todo lo que necesita. Otro en cambio puede quedarse media hora observando a alguien que barre la vereda, otro juntará tesoros de la naturaleza en su canasta, otro nos señalará cada cosa que le interese. Respetar y acompañar cada una de estas cualidades -siempre garantizando que no haya riesgos- genera alegría del descubrir compartidos. El mundo se agranda para el niño y somos testigos de sus nuevos -o no nuevos- intereses.

Tarimas y escaleras

Una tarima de madera -un cajón dado vuelta, un *palet*- a
disposición en el espacio de un bebé una vez que este empieza a desplazarse, suele traerle -cuando lo percibe y comienza a interactuar con el mismo-, nuevos desafíos,
descubrimientos, una tarima no más alta que la altura de
su cadera. Solo la ponemos en su espacio, nada más. Su desarrollo y su interés lo llevarán en algún momento a perci-
birla, o no. Cuando se acerca por primera vez es porque
algo puede hacer, algún niño apoyará las manos y se arro-
dillará, otro niño subirá directamente.

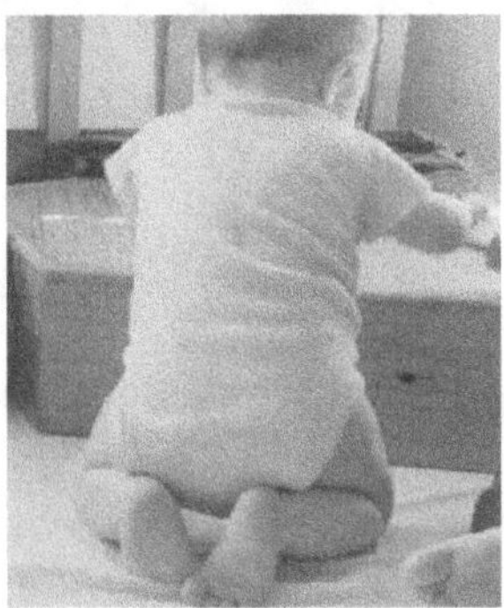

Una vez que un niño se mueve con fluidez subiendo y
bajando, por iniciativa propia, suele poder subir y bajar
cualquier escalera y encontrará su manera de hacerlo sin
que le digamos cómo tiene que hacerlo ni que tiene que
tener cuidado. Los bebés cuando pueden moverse en libertad son muy cuidadosos y cautelosos y no van a hacer nada
antes de testearlo con sutileza casi matemática.

Esa sutileza está dada por su presencia, ya que él es el único artífice de su repertorio de movimientos y la orientación de su cuerpo en el espacio, su organización del equilibrio. Por supuesto que el adulto está a su lado al principio y hasta que lo considere necesario. Dependerá del niño, de su momento evolutivo, del tipo de escalera, y al principio dependerá también de la disponibilidad del adulto.

Es de gran ayuda -imprescindible en realidad- que la escalera pueda tener una puerta o algo que impida el paso cuando el adulto no está disponible. Los límites de entorno evitan muchos riesgos, posibilitan armonía, seguridad y evitan estar diciendo "no" todo el tiempo.

Las escaleras son un desafío. Si están en casa o en el jardín, el niño las irá conquistando de a poco y todos nos quedamos más tranquilos si las sabe subir y bajar con autonomía, incluso cuando solo lo haga bajo nuestra mirada.

Conocimos varias casas de grupos de juegos donde los más pequeños estaban en la sala de arriba y era muy hermoso verlos bajar, una maestra adelante, mirándolos, y ellos cada uno a su forma, alguno hacia atrás, otro parado tomándose de los barrotes o la pared, otros sentados… cada uno percibiéndose, escuchando su cuerpo, buscando su equilibrio, armando sus posturas y movimientos.

Si por algún motivo fuera necesario darle una mano, invitamos a ofrecernos para que el niño pueda tomarse de nosotros… y no ser nosotros los que llevamos flameando al niño. Una pauta para esto es el estar atentos a que sus manos no sobrepasen la altura de sus hombros, ya que si esto sucede trasladamos su centro de gravedad desde la pelvis al cuello, y vemos al niño crispado, desequilibrado, que no puede organizar su postura… ¡algunos no pueden así ni apoyar ambos pies!

Continúan los mismos principios aunque ya camine

Una vez vino a un taller la mamá de un niño de dos años. Al finalizar el taller nos cuenta:

> *Antes de ir al taller me preguntaba: "para qué voy a ir? Nunca intervenimos en su movimiento, no lo dimos vuelta, no lo sentamos, no lo paramos, no le dimos la mano para caminar, lo dejamos desplegarse a su tiempo… para mí ya era suficiente… no me había dado cuenta que esto seguía. ¡Menos mal que vine!*
> *¡Claro que esto continúa!"*

Continuarán buscando ellos sus propios desafíos, siempre a su medida. ¡El mundo crece con ellos!

Mientras esta niña realiza su repertorio de movimientos conocidos, la madre puede observarla a la distancia, la conoce y conoce su forma de moverse en el espacio.

Frente a lo más nuevo y osado, se acerca, con sus manos disponibles, **sin tocarla***. Confía en ella, la acompaña en sus procesos, sin intervenir y al mismo tiempo atenta.*

¿Para quién es la plaza?

El niño puede ir conociendo una plaza paulatinamente según su momento evolutivo.

Primero será un paseo en brazos después de los primeros 40 días, cuando ya no es recién nacido.

Más adelante irá con la mantita, la rolará, la gateará, se parará agarrado de algo y algún día se interesará por algún juego. Tal vez intente pasar la tabla del sube y baja de un lado a otro o tal vez pruebe subir algún escalón del tobogán o incluso subirlo entero. Podemos observarlo, estar cerca y disponibles pero dejarlo hacer. No hay apuro, tampoco hay un programa que tiene que seguir, no necesitamos acelerar nada, ni hacer por él, ni mostrarle cómo se hace. Tiene tiempo y derecho de ir conquistando la plaza a su tiempo y a partir de su iniciativa. Esto genera en el niño confianza, alegría y a quien acompaña, posibilidad de conocer a ese niño: qué le interesa, qué hace, cómo lo hace. Siempre que hacemos cosas por ellos, nos perdemos de percibirlos, nos perdemos de conocerlos, de ver quién es **este** niño. Tanto la plaza como el mundo crecen con él, entonces tendrá muchos años para descubrir y disfrutar de la plaza.

¿Cuándo trepa un niño al árbol? ¿Cuándo se desliza por el caño?

Cuando está preparado y no antes.

Hacerlo antes significaría que no lo hace él, sino que es sostenido por el adulto. Esto suele tener riesgo de accidentes, ya que el niño que subió por sus propios medios al árbol tiene toda su presencia allí en el sostén, lo conquistó él. Cuando el niño es subido, en cambio, no tiene la misma presencia ni firmeza.

En los jardines a los más pequeños les toca a veces "esperar" a crecer para poder trepar a un árbol o deslizarse por el caño, por ejemplo, y miran detenidamente a los más grandes esperando que llegue ese día. La alegría cuando finalmente llega a poder trepar al árbol, o deslizarse por el caño porque creció y ya puede hacerlo solo ¡es indescriptible!

Y así como cada eslabón del movimiento en el aprendizaje del andar, en la conquista de la marcha, el niño fue protagonista; lo mismo vale para los aprendizajes siguientes. Cuanto más es el niño el protagonista de su hacer, más fluídos, armónicos y económicos son sus movimientos, más disfruta de los mismos y menos posibilidades de accidentes tiene.

Si necesita ayuda: volvemos a la posición conocida ¡las nuevas las conquista por sí mismo!

Al ver el despliegue de las diferentes posturas, decíamos que si el niño nos muestra que está incómodo, pero que aún no puede salir por sí mismo de la nueva postura, por ejemplo, lo ayudamos llevándolo a la postura anterior: esa que conoce y domina, generalmente, lo llevamos a decúbito dorsal y posibilitamos que él arme nuevamente el itinerario postural hacia erguirse, o desplazarse, o lo que desee en ese momento.

Cuando comienzan a desplazarse, a subir y trepar, puede ser también que no puedan salir solos de algunas situaciones, y nos hagan señas pidiendo ayuda. Puede pasar que el niño que se subió al bote que balancea no pueda bajar, o que el que entró al arenero no pueda salir. ¿Qué hacer entonces? Si nos acercamos, nos ponemos a su altura, podemos, además de poner palabras descriptivas a lo que está pasando, ofrecernos como sostén desde el cual el niño puede armar las posturas que necesita para resolver la situación. Posiblemente, sostenidos sobre nuestro brazo u hombro, depositen en él algo de su propio peso, mientras levantan una pierna y luego la otra para salir.

Al acercarnos, podemos percibir también si el niño requiere una ayuda física específica, o si nos necesita cerca para sentirse más seguro. "Estoy acá, te veo", ¡muchas veces es un manto de protección!

Y si la cosa está realmente complicada, el pequeño se subió alto y ahora no se anima a bajar y nos pide brazos... o ya es un atolladero de niños que han subido detrás de él, por lo que no es sencillo bajar por donde subió -por ejemplo en un tobogán- si lo tomamos en brazos, será para bajarlo al piso, que es la postura conocida -no lo ayudamos a deslizarse por la rampa que aún no conquistó- y lo bajamos cuidando su equilibrio, bien sostenido.

Sobre las caídas

Si pensamos en ese péndulo que vimos en el sentido vital, los polos entre los que oscila ahora son "no pasó nada, levantate, no es para llorar" y "ay, querido, casi te matás de un golpe, mejor quedate acá quieto".

Observar, nos permite ver que hay situaciones donde los niños se levantan y resuelven la cuestión con tranquilidad y cautela en sus movimientos... y que hay otras escenas, donde leemos en sus gestos que está requiriendo que nos acerquemos.

Al pensar en las caídas, como al pensar en cualquier situación que es para el niño un desafío fuera de lo habitual, de lo cotidiano, la primera pregunta es si es necesario intervenir. Porque no siempre un niño que se cae requiere de algún tipo de ayuda nuestra... Una vez más, vale aquí aquello de **"observar más y hacer menos"**. Muchas veces, con saber que estamos cerca, que lo estamos mirando, le alcanza para estar seguro.

Es una imagen habitual en el colectivo social la de levantar raudamente -desde adelante o desde atrás, depende cómo haya quedado- al niño que se ha caído -sea propio o ajeno- generalmente diciendo: "¡Upa lalá! ¡no pasó nada!"

En esta imagen ya queda de manifiesto que intervenimos en las caídas de los niños tanto con nuestros gestos como con nuestras palabras, y que ambos denotan nuestra emoción… y sabemos que todo esto impacta en el niño.

Al caernos, todo se nos da vuelta, pasan muchas cosas en pocos segundos, y cuando por fin estamos quietos, necesitamos unos instantes para poder percibirnos y de alguna forma, poder reorganizar nuestro equilibrio.

Cuando un niño se cae, perdió por alguna cuestión su equilibrio y el dominio sobre sus movimientos. Este es el momento donde el colectivo social suele intervenir levantándolo. Pero si nosotros nos acercamos con presteza y tranquilidad, eso ya colabora en que él pueda conectarse con la situación. Acuclillarnos a su lado, ponernos a su altura, nos permite estar cerca y que el niño sepa que no está solo, que estamos con él, y sin apuro. Poner nuestra mano sobre su pecho o sobre su espalda –depende cómo ha quedado- lo ayuda a poder percibirse, reordenarse, volver a habitar su cuerpo.

La palabra con la que nosotros acompañemos la situación, también ayuda al niño a poder registrarla. Es bien diferente decirle "te caíste" en tono descriptivo, que en tono de catástrofe. Acercándonos así, posibilitamos que el niño pueda tranquilizarse si se ha asustado, pueda volver a tomar las riendas de su movimiento. Mientras tanto, vamos percibiendo juntos si se ha lastimado, dónde se ha golpeado… Cuando el niño hace un ademán de levantarse, estando nosotros cerca podemos ofrecer si es necesario un abrazo, un rato de upa en nuestro regazo: esto también hace a la autopercepción y al sentirse cobijado en esa situación que lo ha conmovido. Muchos niños necesitan este tiempo, antes de poder mostrarnos dónde le duele, o dejarnos ver si se ha lastimado. Todo esto hace a que el niño esté presente en lo que ha sucedido, porque aunque el dicho popular sea "no pasó nada", ¡al niño le han pasado muchas cosas!

Que se pueda frenar y poner palabras a la situación de caída, hace a la vivencia que el niño tiene de sí mismo, de su cuerpo, de lo que vive en él. Desde ahí, es más sencillo participar juntos en lavar una herida, curarla, poner crema si se ha golpeado, etc…

Recordamos en los cursos de primeros auxilios que más de una vez nos ha dado la Cruz Roja, que la primera intervención frente a cualquier situación es "acercarnos tranquilos y en calma": mucho de lo que podamos hacer luego –observar, escuchar, percibir… antes de actuar-

tiene que ver con esa primera actitud. Estamos hablando de esto mismo.

Por qué no gimnasio, huevito, andador ni similares

Hacemos una salvedad ahora para pensar juntos en los por qué no los gimnasios, el huevito y el andador. No vamos a poner fotos… podemos abrir los ojos y mirar a nuestro alrededor.

Uso de gimnasios para bebés

Entendemos por gimnasio ese arco del que penden diferentes cosas, que se coloca sobre el niño que está acostado panza arriba.

Cuando el niño está haciéndose de a poco una imagen del mundo que lo rodea, los objetos a mínima distancia de ellos no les permiten enfocarlos bien ni percibir lo que sucede más allá. Otra vez invitamos a que nos pongamos en el lugar del niño y hagamos la prueba. Agreguemos a esto la imposibilidad del niño de "sacarse de encima" estos objetos: el pequeño no los puede correr de su campo visual. ¿Y si ya tiene la posibilidad de asirlos? En estos casos el pequeño se confronta con que no los puede manipular, no se los puede acercar a la boca, ni pasar de una mano a otra, ni…

Ofrecemos al bebé una situación en donde lo poco que puede hacer con esos objetos que se le vienen sobre sí es darle golpes con sus manos -entonces favorecemos la construcción de este "pegar" como esquema de acción para conocer o aproximarse a las cosas o a los otros. Claro, ya le llegará el tiempo en que le digamos: "Despacito, así no…"

Además, si el pequeño quiere moverse, ponerse de costado, rolar, se choca con la estructura del gimnasio, que está siendo un obstáculo en el espacio del niño…

-Me regalaron uno de madera tan lindo -oímos decir…

Podemos liberar los bellos colgantes de madera y transformarlos en objeto sueltos, manipulables. Y el arco sacarlo.

Uso de huevito o bebesit

En el *bebesit* o huevito el niño queda en una postura bastante trabada: no puede mover sus hombros, ni totalmente sus brazos. La cabeza, apenas se puede girar un poco a la derecha y otro poco a la izquierda. Su campo visual es reducido. Imposible ponerse de costado o rolar. La columna en la mayoría de los casos se encuentra forzada a sostener parte del peso del niño.

Conocemos niños que luego de haber pasado meses en huevito, cuando finalmente pudieron ir al piso, pasaron mucho tiempo haciendo espontáneamente postura tipo "avión", giraban panza abajo, levantando tronco y cabeza, desplegaban los brazos extendidos hacia los costados. Claramente esta postura complementaba la otra. ¡La inteligencia del cuerpo es enorme! y la sabiduría de los bebés y niños de realizar lo que necesitan también.

Conclusión: no hay duda de que una contención tal es únicamente considerable en situaciones como un viaje en auto o algo parecido, que amerita esa forma de seguridad frente a un peligro. Está lejos de ser lo que el niño necesita para pasar largas horas de vigilia, ya que no posibilita ninguna de las cualidades que hacen al sano desarrollo de la conquista que el niño está haciendo de su propio cuerpo en los primeros meses de su vida.

Uso de andador

El andador es un aparato que tiene su origen histórico en darle la posibilidad de marcha a personas con algún tipo de lesión que necesitaban su asistencia para poder trasladarse.

En relación a los que intentan introducirlo como necesario para que los pequeños aprendan a caminar, hoy conlleva toda una lista, muy difundida para suerte de los niños, de por qué es perjudicial para el sano desarrollo de los bebés, e incluso esté prohibida su venta en algunos países; en Canadá su uso está penalizado por la ley.

Es una obviedad que no favorece el desarrollo natural y sano de la motricidad. Sus implicancias son:

- Se verticaliza al niño antes de que lo logre por sí mismo, generalmente sus rodillas y piernas no están preparadas para soportar su peso, y pueden aparecer secuelas que requieran rehabilitación kinesiológica.

- El niño se desplaza sin posibilidad de controlar los movimientos, a merced de la velocidad y la ruta que tome el aparato. Esto trae consecuencias relacionadas a la obturación del desarrollo del control de los movimientos propios, a la vez que el uso del andador aparece como causa de muchos accidentes en la primera infancia:caídas por escaleras, golpes y fracturas en la cabeza, acceso a lugares u objetos no aptos para el niño.

- El pequeño suele desplazarse en puntas de pie, adquiriendo hábitos que difieren del desarrollo de las posturas saludables… que requerirán luego un rearmado de sus esquemas de acción y de equilibrio.

- El confrontarse con el mundo que lo rodea estando dentro del andador dificulta el trabajo que el niño está realizando de tomar conciencia de su esquema corporal. Esta conciencia se adquiere en función de la exploración de las propias capacidades, de las distancias recorridas… Por ejemplo: el andador choca contra una pared; el niño percibe que no puede avanzar más allá, pero no percibe verdaderamente cuál es su límite corporal.

El niño, en el andador, ejercita y adquiere ciertos esquemas de acción, que luego realiza estando en otros contextos, resultándole no solo ineficaces sino muchas veces peligrosos. Pensamos por ejemplo en el tirarse hacia atrás cuando se enoja o quiere alejarse de una situación: si está en el andador cae allí sentado, pero cuando está en el suelo o en nuestros brazos, puede caerse y golpearse. Pensamos en el andar sin mirar por dónde pisa.

* * *

Soy mamá de un niño llamado Dante Iñaqui, de 2 años y 10 meses. Un par de años antes del embarazo me contacté con la pedagogía Waldorf e inicie un camino de conocimiento sobre su concepción del ser humano. En este sentido la crianza de Dante está muy influenciada por esta. Cuando Dante tenía tres meses, empecé a leer apuntes de Emmi Pikler: sus investigaciones acerca del desarrollo motor y el valor de la actividad autónoma del niño.

A partir de la lectura y la reflexión sobre lo que plantea en relación al rol del adulto en los cuidados y atención de las necesidades del niño, comenzamos con mi marido, poco a poco, a poner en práctica algunas de sus orientaciones ya que sentimos que apuntaban realmente a un crecimiento saludable.

Desde el quehacer cotidiano, nos propusimos no sentar a Dante hasta que por sí mismo lo hiciera. El momento del cambiado y del baño cobraron otro valor para el encuentro afectivo. Tratamos de que su vestimenta y calzado fueran cómodos para facilitarle movimiento y bienestar.

Dante logró gradualmente sentarse, gatear, dar sus primeros pasos a partir de ejercitar, explorar, ensayar mucho en el piso y en la plaza.

Nos costó mucho como padres que otros familiares y amigos cercanos entendieran que era muy importante que nuestro hijo pudiera conquistar a su propio tiempo estos logros.

Recuerdo que antes de empezar a caminar, le encantaba subir y bajar escalones. Le dimos vuelta un cajón de madera más bien bajo y probó diversas formas de subir y bajar el mismo con mucha dedicación y también con alguna caída o pequeño golpe que le ayudaron a ser más cauteloso.

En otra oportunidad, nos encontrábamos en la plaza y Dante llegó gateando a un banco de cemento, se trepó y logró sentarse solo, al momento de querer bajarse se puso más difícil y buscaba mi ayuda.

Haciendo un gran esfuerzo para no resolverlo por él, me quedé cerca y traté de alentarlo y darle tiempo. Se quejó un rato y probando logró hacerlo solo. Al bajar solo, la alegría fue muy grande.

Como padres nos sentimos muy agradecidos de poder contar con herramientas que nos permitan cuidar y acompañar a nuestro hijo en su descubrimiento personal y del mundo que lo rodea.

Natalia

Movimiento en la naturaleza

Niños bosque, en bosque antaño,
en sombra clave, en tronco primordial.
Bosque mágico, en niños equilibristas,
en cresta precaria, en palos que vuelven.
Niños magos, equilibrios buscados
en paisajes encendidos,
en mitos resquebrajados.
Niños duendes, en verde bosque,
en palos bastones, en acordes planos.
Duendes bosque, en retina niña,
corazón que alberga, anima, irradia.
Mañana sombra, en duende sueño,
en canción caminata,
en bosque compartido.

El equilibrio siempre lleva una cuota de riesgo: esto decíamos que era así en los pequeños, y en los más grandes, sigue siendo así. Lo que pasa es que el mundo se va agrandando... ¡y los riesgos también!

Que como adultos podamos ser claros en cuanto al espacio seguro, ¡es parte de nuestra tarea por varios años!

* * *

Solemos -en talleres y clases- hacer un ejercicio donde invitamos a los participantes -de manera introspectiva- a evocar una conquista del movimiento por iniciativa propia. Es decir, dejar que aparezcan en nuestros recuerdos situaciones donde nos hayamos propuesto algún desafío con respecto al movimiento y lo hayamos logrado. Es muy lindo cuando es de niño, pero puede ser también de joven o de adulto ya que el movimiento tiene la posibilidad de desarrollarse hasta el final de vida si es que hacemos cosas nuevas. Y luego de observar el recuerdo, proponemos observar qué sentía esa niña, ese niño, ese o esa joven, esa o ese adulto. Siempre compartimos luego ese sentir y así tenemos vivos los sentires de un niño cuando puede moverse desde su propia iniciativa sin ser intervenido desde afuera.

Una vez, en un jardín, curiosamente todos decían que el desafío había sido aprender a andar en bicicleta... quedaban dos participantes y alguien dice: -*¡Che, alguno que diga otra cosa!* Y compartimos que en realidad no importaba que la situación fuera la misma sino que lo importante era **lo que habían sentido en cada una de ellas y las fuimos nombrando.** Si bien la acción era la misma, cada uno tenía fresca la sensación que su propio recuerdo le había provocado y todo lo que eso les había posibilitado.

Nos llevamos como perla, cuando un profesor de natación nos compartió que él venía observando cuántas personas que de grandes aprendían a nadar, luego se animaban a sacar el registro de conducir. Evidentemente, esta vivencia del "yo puedo" que nos da el movimiento, ¡se sigue manifestando toda la vida!

Podemos leer esta anécdota desde los sentidos: la auto-percepción del equilibrio y del movimiento, el "yo puedo" del sentido vital, el sentirse sostenido.

Hablamos de un niño que ya camina, que ya ha logrado la verticalidad. Pero el camino del desarrollo de la motricidad continúa… y nos invita a repensar nuestra envoltura de amor.

Cada uno tiene su tiempo

El niño en la plaza sube al tobogán llevando su pelota. Él no se ha tirado aún por la rampa, tira su pelota. La pelota se desliza, y el niño baja por la escalera y la va a buscar. Hace esto muchas veces, esa mañana y muchas mañanas. Y un día, baja él también por la rampa, después de haber hecho deslizar su pelota.

Escenas como esta vemos muchas. En el trepador del jardín o del hogar, deslizando la muñeca, los autitos… Todas son una oportunidad maravillosa de disfrutar ese darse tiempo que tienen los niños: no hay un apuro por "tener" que tirarse por la rampa, por cumplir el "deber" de bajar por el tobogán. Hacen un proceso de aprendizaje que es mucho más profundo que bajar este o aquel tobogán. Es un proceso de autopercepción y confianza en ellos mismos y en el mundo bueno que los recibe… del cual somos parte.

Cuando encontramos un niño de cinco años llorando en el trepador del jardín: "porque soy grande y no me animo a tirarme por el caño…" nos surgen muchas preguntas referidas a cómo los niños se sienten mirados por los adultos que los rodeamos, qué mensajes les estamos dando en cuanto a éxitos que hay que alcanzar para sentirse valorados. Los niños son niños, y son recibidos por nosotros, así como son.

Garantizarles posibilidades de movimiento en la infancia es tierra fértil para el resto de su biografía, tanto para los posteriores aprendizajes escolares, como para la autonomía, la palabra, el pensar y la vivencia de libertad.

Movimiento hoy

Mundialmente es alarmante el impacto del déficit de movimiento en los niños, sobre todo en las grandes ciudades: muchas horas de auto, más horas de pantallas, quietud, quietud, quietud. Moverse es una necesidad vital tanto para la salud, como para la formación del cerebro y para la posibilidad posterior de estar quieto cuando es necesario.

En las salas de jardín, los niños nos muestran cómo estamos viviendo; y aquí hablamos tanto del maternal como del de infantes. Niños que al moverse se nota que no han conquistado las posturas intermedias -evidencian que han sido muy movidos por nosotros, los adultos- niños con poca paciencia, que pronto se muestran frustrados si no ha salido al primer intento lo que querían, niños que manifiestan estar aburridos, que tienen poca autonomía para vestirse o usar diferentes utensilios…

El movimiento trae alegría, el "yo puedo". Implica procesos donde cada paso es necesario, ninguno es más importante que el otro.

Los niños necesitan caminar, caminar con ganas y bajo el cielo: muchas maestras les recomiendan a los padres estacionar el auto a unas cuadras del jardín y venir caminando: los niños llegan despiertos, con los cachetes rojos, generalmente ya contando algo... ¡Listos para jugar y vivir la jornada del jardín! Habitando su "cuerpo-casa".

Transiciones

Las transiciones de todo tipo suelen ser momentos difíciles de atravesar. Socialmente se les presta poca importancia y al no tener importancia su transcurrir se dificulta.

Si observamos, suele haber dos gestos que predominan en las transiciones: parálisis o caos suelen acompañarnos en estos momentos.

En general venimos de miradas donde no son los procesos los que cuentan sino los resultados.

¿Se sienta? ¿Gatea? ¿Camina?

O aun peor... ¿No se sienta? ¿No gatea? ¿No camina? ¡Cuánto apuro! ¿Para llegar adónde?

En general las transiciones son difíciles porque nadie las valoró antes para nosotros, porque el mundo se rige por logros y éxitos más que por procesos. ¿Cómo podemos revertir esto?

Como adultos, poniendo consciencia, observándolas, observándonos.

Frente a una transición que genera parálisis podemos preguntarnos: **¿qué pasa cuando parece que no pasa nada?**

Mirando retrospectivamente transiciones vividas podemos obtener muchas respuestas.

Observando el proceso de la oruga también: ellas son las grandes maestras de las transiciones.

La pequeña oruga come y crece, come y crece, come y crece. Luego de ponerse gorda y fuerte comienza a agonizar y en este estadio va tejiendo con finos hilos un capullo con el que se va envolviendo, quedando adentro en aparente quietud para el ojo externo.

Allí donde parece que no pasa nada, ocurrirá la **enorme metamorfosis**. De ahí saldrá un ser alado y colorido, la mariposa, que una vez salida del capullo, quedará en quietud unas cuantas horas secando sus alas antes de volar.

Miremos detenidamente la fase del capullo, allí donde agonizaba una oruga y se transformaba en mariposa sin que nadie lo notara. ¿Podemos reconocer estas fases de quietud aparente en nuestras vidas, y cómo era allí cuando sucedió la transformación que luego se manifestó como cambio de rumbo, nuevas decisiones, nuevos giros en nuestra consciencia?

¿Cómo podemos, como cultura en este mundo tan instantáneo, acompañar a los seres que llegan para que de adultos puedan tener otra vivencia de las transiciones? Primero, por supuesto empezando por nosotros mismos, a transitarlas nosotros con mayor consciencia, habitarlas, transitarlas con lo que traen. Incomodidad a veces, otras veces impaciencia, incertidumbre. Algo que no es más lo que era y aún no es lo que será. Puede ser un hermoso desafío a observar y transitar.

También podemos acompañar a los pequeños dando a las transiciones la importancia que merecen.

Como vimos, el niño que se mueve por iniciativa propia y que es protagonista de todos sus movimientos tiene un repertorio enorme de estos, muchísimas posturas más que solo sentarse, gatear, pararse y caminar. Y cada pequeña acción es requisito y base para la siguiente; cada "postura", empezando por la espalda apoyada, es decir, panza arriba, tiene idéntica importancia que los "logros" esperados por el entorno. Cada postura -o postura intermedia- es el eslabón que prepara la siguiente y a su vez es fuente de alegría y disfrute, de conquista de lo nuevo.

Cuando observamos -sin intervenir- a un bebé moverse ¡se abren nuevos mundos ante nuestros ojos! Si los dejamos ser protagonistas de sus movimientos, se tornan maestros de las transiciones, porque las transitan, las abarcan, las hacen cuerpo. Ellos hacen, se mueven, intentan, y vuelven a intentar. No tienen apuro.

Contamos antes todo lo que hacía un bebé que "aparentemente" no hacía nada.

> *"Los estadios menos espectaculares, desde el punto de vista del niño no son tiempos vacíos de espera o de "estacionamiento", sino períodos importantes de intentos, ensayos de experiencias, de descubrimientos y de ejercicios durante los cuales se plantea tareas cuya solución le es accesible en ese momento.*
>
> *"De esta manera pueden adquirir informaciones sobre sus propios actos y sus efectos.*
>
> *"Sus tentativas infructuosas no se transforman en fracasos explícitos, pueden detenerse y recomenzar o modificar su acción y a través de sus experiencias, perfeccionar sin cesar las adquisiciones anteriores.*
>
> *"Todo eso lo vuelve capaz de emprender nuevas experimentaciones y llegar a nuevos progresos.*
>
> *"El fruto de esas experiencias no es solo la nueva adquisición -por ejemplo, una nueva postura- sino que ellas son fuente de placer, de satisfacción y de sentimiento de eficacia, representando un valor no solo para el presente sino también para el futuro del niño."*
>
> *Judit Falk, Mirar al niño.*

* * *

Debes amar el tiempo de los intentos,
debes amar la hora que nunca brilla
y si no no pretendas tocar lo cierto,
solo el amor engendra la maravilla.

Silvio Rodriguez

Lo mismo ocurre con el proceso del cambiado o de la alimentación. Escuchamos varios relatos donde al niño pequeño se lo ayuda en todo, se hace todo por él y luego de un día para el otro se le dice:

-¡Ya tenés 4 años! ¡Deberías cambiarte solo! ¡ya sos grande!

-¡Pero si hasta ayer me cambiaban, me felicitaban por quedarme quieto acostado en el cambiador! -podría ser la vivencia del niño.

¿Y el proceso? Podemos pensar que **la observación y el tiempo son llaves maestras** para acompañar estas situaciones. El tener un proyecto compartido, como el cambiado donde el niño es un sujeto competente y cooperante desde que nace y donde desde el diálogo tónico corporal gestual y la palabra va creciendo la participación del niño. Al principio responde a mi palabra cambiando el tono corporal, luego se sonríe, más adelante estira la mano colaborando para que pueda ponerle el saco, y un día intenta sacarse solo la media o desabrocharse un botón.

Entonces ese momento llegó. Y necesita tiempo para probar. El "intento" solo se ejercita intentando y eso lleva tiempo y presencia disponible que acompaña con confianza y sin prisa ese proceso de investigación. Esta nueva etapa continúa en diálogo, es un proceso, se va construyendo. No es que siempre lo cambiamos y de un día para otro se cambia solo. Es un proceso gradual, dinámico, es una transición, un momento de enormes aprendizajes.

Y ¿qué necesita para poder hacerlo? TIEMPO. A veces no es la cantidad sino la calidad del tiempo lo que lo posibilita. Una mirada atenta de confianza, disponible. La observación y el diálogo con el niño me va mostrando cuándo es tiempo de intentos o cuándo es necesario intervenir y ayudar.

La autonomía no puede ser una exigencia. La autonomía surge de adentro, de la propia iniciativa. Tampoco es un proceso lineal... es espiralado.

Un niño ya se puede poner solo sus zapatillas, pero hoy está muy cansado y me pide que se las ponga. O simplemente no tiene ganas. Puedo hacerlo sin temor al retroceso.

Lo mismo ocurre con la alimentación, con el baño. Y tanto el vivir estas transiciones acompañados con tiempo y confianza, como la consciencia del adulto acompañante de que **las transiciones son verdaderos momentos de aprendizaje** -donde todo se desacomoda hasta que se vuelve a acomodar- y transformación, van formando los cimientos para las futuras transiciones. A veces son incómodas por su incertidumbre o por el "caos" que producen, pero si tenemos de niños presencia de quien mira las transiciones como maestras, como tierra fértil donde algo está sucediendo -aunque en el momento no parezca-, podremos atesorarlas en otros momentos.

Una imagen que puede mostrar este caos: Quietud en donde se ve el reflejo de los árboles. Cae una piedra al agua. La imagen de los árboles se desdibuja, la imagen se caotiza hasta que luego de un rato vuelve a encontrar una nueva armonía.

Como dicen en Oriente, la piedra que se rompe al golpe 21 necesitó 20 golpes anteriores, donde aparentemente nada pasaba, pero sin esos 20 golpes anteriores, no se hubiera roto al golpe 21. Cada uno de esos 20 golpes anteriores donde no pasó nada, tuvieron un sentido.

Y con esta vivencia en nuestro entorno podemos abrazar la incertidumbre de otra manera.

Podemos pensar también el sano aburrimiento como una transición. ¡Cuántos inventos surgieron de ese silencio! Parece que no pasa nada y de esa nada surge algo nuevo.

Todos los colores en el cielo solo aparecen en las transiciones: de la noche al día y del día a la noche.

Tambíen tenemos las **transiciones cotidianas**, que en cualquier grupo suelen ser un momento delicado. Para los niños, por ejemplo, es claro qué hacen cuando están jugando y qué cuando están comiendo... pero cómo vamos del momento de jugar al de comer, nos hace pasar por diferentes situaciones, donde pueden suceder muchas cosas inesperadas. Por esto, en los grupos de niños, los adultos intentamos darle a estas transiciones una forma, un marco: qué señales indican que va a terminar el juego, cómo es el ritmo de ordenar, cómo es el ir llegando a la mesa, el lavado previo de las manos... ¡Rituales y ritmo son grandes ayudas para estos momentos!

"Con el correr de su desarrollo del movimiento no aprende solo a rolar, reptar, a gatear, a sentarse, a pararse y a caminar, sino que aprende a aprender."

Emmi Pikler

7.
Juego

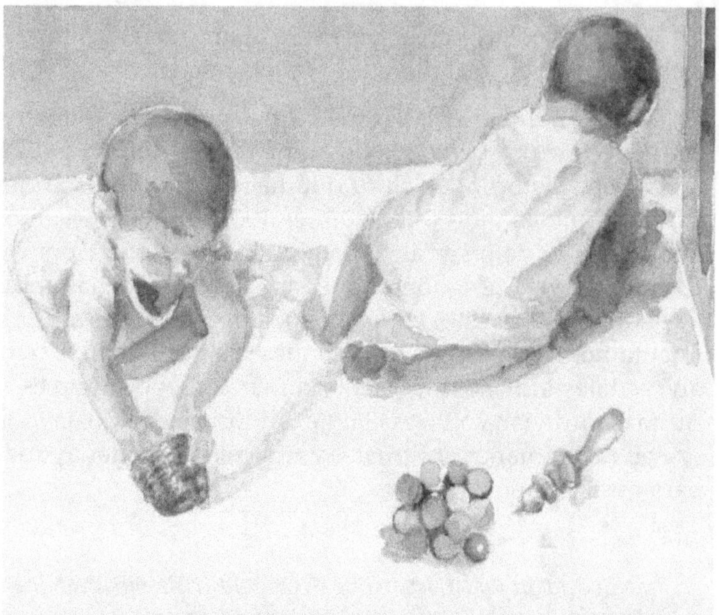

El orden de las cosas, el orden divino, el orden del silencio.
Un silencio que otorga majestuosidad a un gesto, a una mirada,
a una elocuente palabra que brota como de una raíz,
anticipándose cuidadosa y respetuosamente.
Pero sobre todas las cosas, un silencio que otorga majestuosidad
al sagrado hacer del niño: el juego.
El Universo todo se ha manifestado en un modesto mordillo de
madera:
allí todas las formas posibles, los pesos, las dimensiones,
las texturas, los gustos y todos los infinitos.
Pido silencio a mis pasos, pido silencio a mi ego: un niño juega.
La sala se ha convertido en templo.

Mariana Ponsiglione

"El niño empieza jugando, pero lleno de seriedad. La diferencia entre el juego del niño y el trabajo del adulto consiste solamente en que este último se adapta a la utilidad exterior. El trabajo es determinado desde afuera; el juego desde adentro, desde la esencia infantil que tiende a desplegarse."[56]

Si consideramos que el juego es la actividad propia del niño, que a través de ese hacer se hace a sí mismo y se hace del mundo también, vemos que el jugar es algo que surge, despierta, muy tempranamente en nuestra biografía.

Jugar es el hacer del niño. Y nos habla de su salud: un niño transitando una enfermedad o una situación que le convoca fuerzas vitales, deja de jugar... ¡y es un síntoma de mejoría cuando vuelve a desplegar su juego!

El jugar **va de la mano del movimiento y de la exploración motriz.** Desde un punto de partida donde los movimientos son descontrolados y descoordinados, es maravilloso descubrir cómo de a poco, el niño se va apropiando de su cuerpo, y lo tiene a disposición para actuar en el mundo.

Jugar, implica posibilidades de conocer su propio cuerpo a partir de las experiencias que tiene al estar ejercitando su motricidad autónoma; implica también el conocimiento gradual del entorno que lo rodea y los objetos que hay en él. En el encuentro con el entorno y los objetos, también recibe el niño información de sí mismo: así va construyendo la coordinación entre los diferentes movimientos, cómo tomar un objeto y ver qué puede hacer con él...

Etapas del juego infantil

El niño apoyado sobre su espalda: este es el punto de partida; y ya nos hemos detenido en él cuando vimos el desa-

---

56. *La Educación a la luz de la Ciencia Espiritual,* de R. Steiner narrada por Albert Steffen.

rrollo postural. Está en un espacio seguro, preparado para él por su adulto.[57]

Como decía Noemí Beneito: *"El bebé pequeño, para saber que cuando la mano está en la boca no está afuera y que cuando está afuera no está en la boca, necesita espacio y tiempo"*.

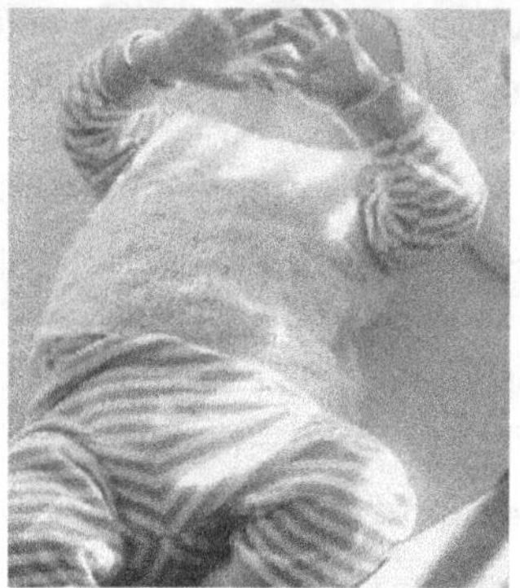

El niño no necesita ningún objeto de juego hasta que no encuentra sus manos. Al principio no sabe que son suyas, pasan y siguen, desaparecen. Más adelante se las encuentra ahí, en su campo visual, las toca y las observa. En ese encuentro de una mano con otra comienza a construirse toda la estructuración del espacio: de ese punto surgirá luego la noción de lo que es arriba, abajo, adelante, atrás, a un lado o al otro... que ahora es experiencia.

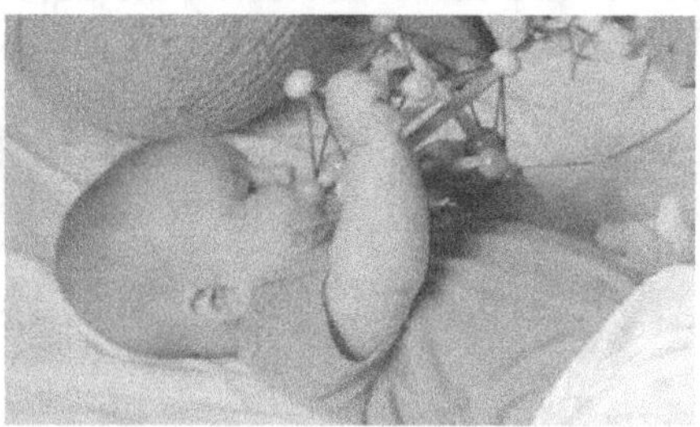

Y ahora que ya ha encontrado sus manos, podemos poner cerca de él, a una distancia óptima, objetos que pueda tomar

---

57. En el capítulo de Movimiento damos más detalles.

y explorar. Un día, al azar, toma un objeto que tiene cerca. Lo toca, lo toma con las dos manos, se lo lleva a la boca ¡la boca le da al bebé mucha información en sus primeros meses! Y luego, tiene la posibilidad de dejarlo, perderlo...

- Objetos libres, que no estén atados, el primero, ¡un pañuelo!

- Objetos pasivos, la acción la pondrá el niño.

- Objetos previsibles, que no sorprendan con ruidos o acciones que no se pueden anticipar ni se comprenden en la acción misma: si se escucha el sonido de una pelota que gira dentro de una rueda ¡que se vea la pelota que gira dentro de la rueda!

- Objetos de materiales nobles: que con sus formas orgánicas y su sencillez, alimentan también los sentidos y la vitalidad del niño.

- Objetos acordes al desarrollo del niño, que ofrecen un desafío próximo a sus posibilidades de afrontarlo: por eso no pondremos una pelota u objetos que rueden y se alejen para un niño que aún no se desplaza.

- Objetos que se pueda llevar a la boca: si algo no puede ir a la boca -por higiene, por pequeño o peligroso- somos nosotros los responsables de no ponerlo o dejarlo a su alcance. El niño se llevará todo a la boca porque es su forma de conocer el mundo.

Es muy precioso observar en el movimiento, tanto de los bebés como de los niños pequeños, la autorregulación de las pausas. Ellos en contacto con lo que necesitan van realizando pequeñas pausas y luego continúan con su exploración.

Estamos hablando del juego, de lo que el niño vive al jugar, al explorar. Podemos leer todo esto a la luz del desarrollo del pensar, de ese orden del mundo que el niño va descubriendo. En este momento evolutivo el niño no piensa en conceptos, como lo hacemos nosotros. Pero ese futuro pensar conceptual, se basará en las vivencias que

antes tuvo en su exploración del mundo y de sí mismo.
Volviendo al ejemplo de la pelota que suena cuando se
hace rodar la rueda, vemos ahí las bases para varias cuestiones: causalidad, leyes de dinámica, adentro-afuera,
distancia, fuerzas, cualidades del sonido...

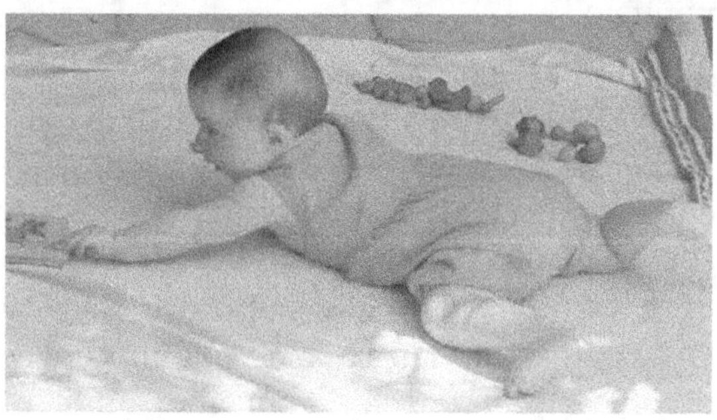

*Esta niña ya se da vuelta, y va afianzando la coordinación entre lo que ve
y cómo tomarlo. En ese intento tiene a disposición todo el cuerpo, no es solo su
mano o su brazo. Toda ella está presente en ese gesto. Se ve
claramente su iniciativa, su ir hacia lo que quiere. Vemos otra vez lo
propio del niño, de esta niña, en este momento.*

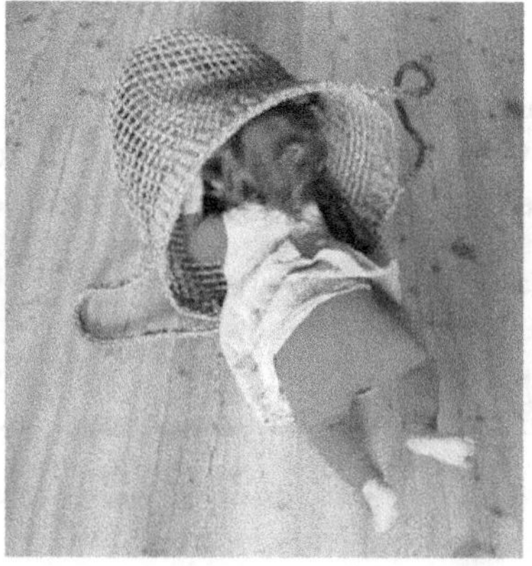

*A medida que el niño crece, y se enriquece su repertorio de movimientos,
también crece la posibilidad de explorar los objetos. Volviendo al "niño activo-
objeto pasivo" un canasto, una palangana, un bol, son posiblitadores de
muchas acciones diferentes, tanto con otros objetos como con su propio cuerpo.*

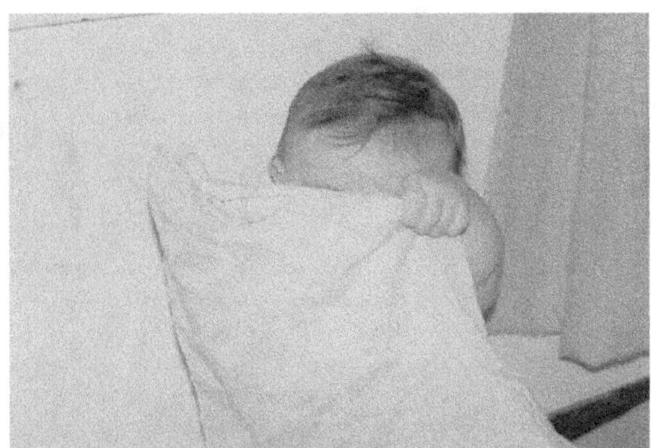

El niño crece en la exploración. Van apareciendo el hacer sonar,
sacudir, golpear objetos entre sí; las relaciones de continente y contenido, cuando
uno o más objetos entran en otro; meter y sacar, el esconder y encontrar…
Solamente con su acción, el niño se va adentrando en las leyes de los objetos, las
*relaciones que ordenan el mundo que lo rodea. Y **todo esto, de la mano de ir***
haciendo cada vez más complejos sus movimientos de motricidad fina y
***de su desarrollo postural.** Este aprendizaj, implica tiempo y repetición, la*
posibilidad de pasar una y mil veces por el mismo lugar, la misma situación,
para hacerla propia y enriquecerla. Así llega a experimentar que el mundo está
en su lugar, que personas y objetos permanecen aun cuando él los tapa, cuando
deja de verlos porque se esconde o cierra los ojos…

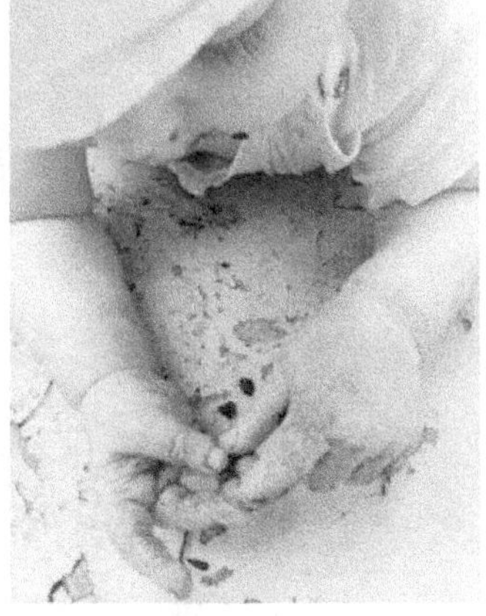

En el juego cotidiano, alterna los momentos de mayor despliegue postural,
grandes movimientos con otros de exploración de detalles de los objetos que va
encontrando, haciendo más sutil su motricidad fina.

Hay un imitar acciones de la vida cotidiana que aparece antes del "juego simbólico". Esta niña le da de comer a su muñeca. Vemos en el gesto de su boca cómo toda ella está en esa acción.

Cuando el niño ya anda: sigue explorando, y aparece de a poco la imitación de acciones del adulto: barrer, llevar… Se van complejizando las acciones cada vez más. El niño que barre, no lo hace con la intencionalidad de juntar lo que ha barrido, al principio, está imitando lo que ve que el adulto hace, la acción misma. En poco tiempo, aparecerá el querer juntar como el adulto junta. Una vez más: esta secuencia de acciones con sentido, va a ir armando la urdimbre sobre la que se desplegará el pensar.

El juego acompaña el proceso de desarrollo. Aquí nos encontramos ejemplos del erguirse, buscar equilibrio, hacer torres. Un niño que aún no comenzó a erguirse no puede hacer una torre. Y los que ya se yerguen siguen ejercitando y complejizando cada vez con estos juegos el manejo del equilibrio, la búsqueda constante que de él hacemos.

Juegos con equilibrio y movimiento

Todas las posturas implican siempre la acción de equilibrio y movimiento; permanentemente estamos buscando el equilibrio; y los niños nos muestran en sus juegos muchísimas formas de afrontar desafíos donde esa es la acción primordial. Es sumamente interesante descubrir de cuántas maneras puede afrontarse un objeto, cómo los movimientos con los que lo aborda cada niño depende del repertorio que tiene a disposición, a la vez que se irá enriqueciendo en la posibilidad de afrontar esa situación repetidas veces.

Volvemos a observar en estas fotos la totalidad del cuerpo involucrado en la postura; en cada movimiento. La concentración de los niños en su hacer, sin duda les demanda atención a la percepción de su cuerpo en el espacio.

Juegos de envoltura y cobijo

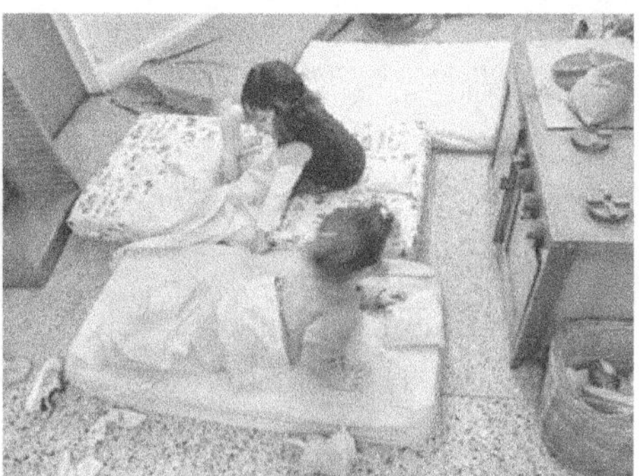

Observamos diversos juegos espontáneos de envoltura y cobijo. A estas fotos sumamos las hamacas de tela, los túneles, las casitas debajo de la mesa, niños que piden meterse en el horno de la casita... En todas volvemos a los regalos del sentido del tacto y el vital: el percibir el límite de nuestro cuerpo, y sentirnos seguros en su interior. Esto obra brindando confianza, seguridad y calma.

Hemos visto muchos niños que luego de momentos de expansión, buscan estos momentos de pausa, de tranquilidad, de autopercepción.

Cuando nos detenemos en el juego de los niños, descubrimos que juegan a lo que necesitan, que hacen lo que precisan, en función de los procesos que están transitando.

Sonia ya camina, se desplaza con seguridad, recorre así su entorno. Un día se confronta con algo nuevo: una base de madera con rampa a uno y otro lado, una de alfombra, otra de madera. Observa: varios niños suben y bajan de la rampa de diversas maneras: uno en cuadrupedia, otro deslizándose, otro caminando. Ella observa.

La rampa está en el jardín, Sonia se encuentra con ella todos los días.

Unos días después, se acerca y la toca con las dos palmas: en la base horizontal y en la rampa. Alterna este juego con otras exploraciones por la sala.

Otro día pisa la rampa: con un pie en el piso, da pisadas con el otro sobre la rampa.

Y sigue observando y explorando.

Otro día se acerca a la rampa con unos objetos en la mano: los hace sonar sobre ella. Este hacer sonar sobre la rampa, que al principio era en su base muy cerca del piso, se fue expandiendo: la niña recorre con sus manos toda la rampa. Hace esto varios días estando en cuadrupedia, va de a poco comenzando a subirla.

Y un día se sube y baja. Su emoción es evidente.

Entonces se retira de la rampa, y se mete dentro de un canasto donde queda sentada, muy contenida por lo bordes del canasto, que no es demasiado grande. Y vuelve a la rampa. Y sube y baja. Y sube y baja. Y se va a meter en el canasto.

Sonia hace este alternar entre estar contenida y expandirse en su acción, muchas, muchas veces.

Y un día sube, se queda en la base y baja por el otro lado.

Otro día sube caminando y baja sentada, deslizándose.

Otro día sube y baja caminando… Sonia combina variadas formas de bajar y subir…

y ya la rampa es suya… como lo es el tiempo para explorar y descubrir, el tiempo de percibirse en su equilibrio y su movimientos, el tiempo de decidir en la acción misma cuándo está lista para animarse a afrontar un desafío.

Del juego paralelo al juego social

Cada niño está en su juego. Es lo que llamamos "juego paralelo".
Quizá "desde afuera" nos puede parecer que están jugando juntos, pero al
acercarnos un poco, nos damos cuenta de que cada uno está sumergido
en su propio relato.

De a poco aparece lo social: breves momentos de juego compartido, donde juntos hacen algo, donde están en la misma escena.

*A partir del momento en que el niño despliega su pensar, habla en primera persona, se dice a sí mismo **yo**, surge la fantasía y el juego simbólico se afianza. Los materiales no estructurados lo convocan y todo esto se hace cuerpo.*

Algo más sobre los objetos
que ofrecemos para jugar

El juego se complejiza porque el niño crece, porque es él el que lo hace más complejo; no solo los objetos que les ofrecemos.

Que los objetos estén sueltos y sean diversos, posibilita hacer muchísimas acciones con ellos, sobre ellos, y relacionarlos de las más diferentes formas. Esto va enriqueciendo el futuro pensar lógico matemático: ahora el niño en el juego mismo va desplegando categorías -tamaños, formas, colores, cualidades… relaciones espontáneas -más grande que, más chico que, continentes y contenidos, secuencias- que luego, dentro de varios años, moverá en su pensar ¡todo esto aparece con solo ver cómo ha dispuesto la mesa para la comida de sus bebés!

Es importante ofrecer entonces lo que llamamos material no estructurado, que no tiene una función definida y su forma es abierta, da muchas posibilidades de hacer cosas diferentes. Y si ofrecemos objetos más definidos -una cuchara, un cuenco, una muñeca, un auto, un animal - estos serán sencillos o inacabados: es el niño el que "completa" con su acción y su fantasía al objeto.

Momo lo intentó con otro juego, y cuando este también fracasó, con otro, y otro, y otro más. Pero no salía bien. Si la muñeca por lo menos no hubiera dicho nada, Momo habría podido contestar por ella, y habría resultado la conversación más bonita. Pero precisamente por hablar, "Bebenín" impedía cualquier diálogo. Al cabo de un rato, Momo tuvo una sensación que no había sentido nunca antes. Y porque le era completamente nueva, tardó en darse cuenta de que era aburrimiento.

Fragmento de Momo, de Michael Ende

¿Vamos en el auto? ¡sí, vamos en el auto! Los cuatro niños buscan sillas, se acomodan cada uno en una, y todos hacen los gestos de tomar el volante y conducir. *¡Llegamos!* dicen. Y se bajan.

Un tiempo después, frente a la misma situación, escuchamos *"no, vos no, yo manejo, este es el lugar del que maneja"*.

Los mismos niños, las mismas sillas… otro juego; que nos muestra cuánto han crecido estos niños.

Juego libre

Hablar de juego libre, es hablar de que le damos al niño el timón para organizar su juego, para poner su tema, su itinerario, su argumento.

En los más pequeños, se ve la continuidad del juego en la misma acción de jugar: no es que todo el rato juegan a lo mismo, o con lo mismo… pero no dejan de jugar, pasan de una situación a otra, quizá de un objeto a otro… y siguen jugando. Muchas veces vemos claramente su interés en este hacer y un hilo conductor que va uniendo sus haceres en una coherencia interna. A medida que crecen, puede ser que se tomen mucho tiempo para armar o preparar un juego -arman un cuento, una salida de pic-nic, una casa- y nos damos cuenta de que el juego es ese proceso de armar… porque luego no se quedan en el pic-nic, ni se detienen en el cuento, ni todos en la casa.

> *Cuando los niños están en el apogeo de su fantasía, el juego se va enriqueciendo con los entramados personales. Es muy divertido escuchar el "¿y dale que?" que va trenzando ambos juegos...*
> *-Y ¿dale que yo era el papá y me iba a trabajar?*
> *-Sí, y ¿dale que yo arreglaba la cerradura de la casa?*
> *-Y ¿dale que yo volvía y me iba a dormir?*
> *-Y ¿dale que yo me iba en mi auto?*

Y así se van tejiendo múltiples recorridos en torno al interés de cada niño entrelazándose mutuamente. A veces van teniendo cierta "coherencia", otras veces ninguna. Esto es irrelevante.

Muchas veces no se entretejen tan literalmente sino que uno o ambos quieren organizar toda la situación.

-¿Dale que yo era la mamá y vos el papá?
-No... ¡yo era el perro!!

En esta etapa los objetos cobran vida con la fantasía del niño. Él va creando su juego a partir de lo que los objetos le sugieren, por un lado con su necesidad de experimentar y por otro con la de exteriorizar cosas vividas significativas para él.

Una niña juega con una tela, la pone en su cabeza y es su manto de princesa, pasan dos niños llevando cada uno un perro: una tela envuelta en una cinta de crochet, ella al verlos se saca su tela de la cabeza y dice a los niños, ¡yo también tengo un perro! Lo envuelve en una cinta de crochet -que es su correa en este caso- y saca a pasear su perro como los demás.

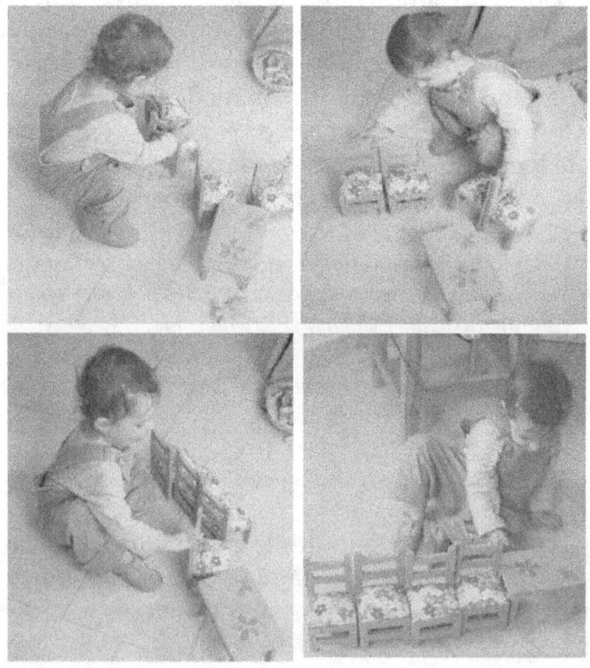

Cuando observamos a cada niño vemos cómo cada uno tiene un propio itinerario, vemos cómo se va entretejiendo el material con su necesidad de exploración y expresión, podemos ver a lo largo de su juego en los días, gestos que se repiten independientemente del material u objetos de juego que tengan.

Durante el último tercio del septenio, vemos cómo va apareciendo el hacer con propósito: ya no es el elemento el que inspira su juego sino que buscan, nos piden, *ese* elemento que necesitan para hacer *eso* que quieren hacer. Y no les da lo mismo cualquier cosa: si están armando un río, van a querer telas azules, celestes... ¡No nos van a aceptar una tela roja! Si necesitan un volante para el camión, este *tiene* que ser redondo. A veces, en esta transición entre la fantasía que se despliega con solo encontrarse con el objeto, y este nuevo momento donde el niño cuente con las ideas previas que va formando en relación a sus ganas de hacer, puede ser que aparezcan momentos en donde el niño dice "estoy aburrido". Son estas situaciones donde suele ser de ayuda convocarlos a hacer algo con sentido, ser parte de lo que nosotros estemos haciendo. Ya vimos que esto moviliza su voluntad. Es importante confiar en que él va a encontrar qué hacer No tenemos por qué temer al aburrimiento. Esto también pasará y dejará sus dones.

Jugar para procesar vivencias

El juego infantil tiene también un rol importante en lo que es **procesar lo que el niño vive:** lo que ve, lo que oye, lo que lo impactó, las situaciones de su vida cotidiana. Preparar una comida, festejar un cumpleaños, ir al médico, mamás embarazadas, bomberos que rescatan gatos, negocios, leones que rugen, princesas que cantan en la torre, adultos eligiendo qué comprar desde su tablet... De los más variados temas llegan al espacio de juego. Intentamos entonces no intervenir con un "a eso no se juega", "no me gusta que jueguen a eso", siempre y cuando no esté en riesgo la integridad del niño ni de sus pares y veamos que el juego fluye.

Y si el juego se estanca, porque el superhéroe que camina con su espada no hace más que caminar con su espada, o los monstruos que asustan no dejan de asustar -irrumpiendo así en el juego de otros- llevar la acción a lo humano, desde donde están, suele ser liberador para los niños y tiene un efecto inmediato en el clima del grupo.

> *-¿A dónde van estos monstruos tan preparados? ¿Hay una reunión de monstruos? ¿un cumpleaños?*
> *-¡Síí!... y las corridas se transformaron en cumpleaños.*
>
> *-Estos policías deben estar ya cansados de perseguir a los ladrones; ¡creo que ya están para una buena comida en su casa!... y allá fueron a armar su casa y cocinar algo.*
>
> *-Por favor, basta de corridas en la sala, que están los bebés que se asustan. Pueden ir a correr por el patio.*

¿Cómo favorecer el juego de los niños?

En todo este devenir del juego, estamos hablando de **juego libre**: del hacer que el niño despliega desde su interior, desde su iniciativa, en el ámbito que los adultos le ofrecemos para ello. Desde aquí, es evidente que **una gran intervención -indirecta- de los adultos en el juego de los niños, es a través del ámbito que les ofrecemos, tanto de tiempo como de espacio.**

Pensando en el espacio:

- Que sea seguro.

- Que ofrezca desafíos acordes a la etapa en que está el niño.

- Que el niño pueda moverse en él con autonomía.

- Que sea claro que es el espacio de juego: allí no comemos, no le cambiamos los pañales, no duerme…

Este espacio incluye **los objetos** -ya dimos varias cualidades de ellos- y la disposición de los mismos. Cómo estén dispuestos los materiales que ofrecemos para jugar, puede incentivar o no el juego; o darle al hacer del niño cierta cualidad.

- Elegimos qué objetos ofrecemos, en función de conocer a los niños; en qué proceso evolutivo están.

- Observar en qué procesos están los niños, nos inspirará también para agregar o quitar material del ámbito de juego.

- En las etapas de juego paralelo, es importante tener cierta cantidad de varios elementos. Que haya más de uno, ahorra algunas disputas por los objetos, comunes a esta edad. Querer lo que tiene el otro es una forma de querer relacionarse con él.

- "Menos es más", como dice Magda Gerber. Hablamos antes de que tengan menos detalle… ahora hablamos de que no es necesario -y hasta puede ser inhibidor del juego- el tener gran cantidad de elementos disponibles. Cuando se trata de grupos de niños, podemos tener ciertos elementos a su alcance, y otros reservados para ofrecer nosotros si vemos que es necesario, por ejemplo, más vasos, más cintas, otras telas…

- Es importante que los materiales tengan un lugar asignado, así el niño puede volver a encontrarlos: el mundo va siendo previsible: podemos tener el canasto de las cintas, el de los animales, el de las bolsitas rellenas con semillas...

- Si hay elementos que ya no se usan, los ordenamos: ese orden invita a jugar otra vez. Y "los ordenamos", quiere decir que nosotros, los adultos, les damos un orden. Esta intervención es sumamente facilitadora del juego de los niños, y la usamos mucho, aun en salas de jardín de infantes con niños más grandes y en otras instituciones donde hay varios niños. Así como un montón de elementos dispersos en el piso no invita a jugar… sí dan ganas de hacerlo con los troncos que están en el canasto, con los elementos dispuestos sobre el estante de la casita, o con los animales que "nos miran" desde su estante.

- Al pensar en los niños que ya están transitando su hablar, pensar, tanto en casa como en los grupos de niños, este espacio va a tener ciertas reglas, pocas y claras porque no es que vale todo al hablar de juego libre: no nos pegamos, pedimos -no nos sacamos los objetos-, no lanzamos los objetos a través de la medianera; trepamos en el trepador y no en los estantes, etc…

- Este elegir los objetos que les ofrecemos a los niños, implica darnos el permiso de repensar todo lo que nos llega para ellos desde el colectivo social, que muchas veces no acompaña esta mirada. Hoy el niño es blanco del mercado, y las publicidades inventan necesidades para el niño y su entorno. Desde aquí, siempre es buena sugerencia que quien quiera hacerle un regalo, pase por el bazar o la ferreteria.

Las contundentes palabras de Steiner muestran el impacto de lo "acabado" en el cerebro del niño - aún en pleno desarrollo- cuando el material inhibe la fantasía:

"Si damos al niño una de las llamadas "muñecas bellas", con articulaciones, ojos móviles, y mejillas sonrojadas, cabellos legítimos, etc, las energías plásticas constructoras del

cerebro y generadas por el sistema rítmico producen el efecto de constantes latigazos. El niño no puede todavía comprender esto pero es como si el cerebro estuviera sufriendo los golpes de un látigo... (...) lo mismo sucede con la multitud de juguetes que se le regala a los niños hoy día."[59]

Y este espacio nos incluye también a nosotros, nuestra mirada y nuestro hacer en el entorno del niño.

Vivificar los objetos de juego, en ausencia del niño, invita al niño a jugar. Volver a darle vida a las cosas, ya sea mirándolas, pensándolas pero sobre todo tocándolas, renueva su presencia, y posibilita que el niño las perciba. A veces pasa que miramos un objeto que hace mucho nadie juega con él -sea en casa o en una institución- y pensamos en sacarlo, pero decidimos por alguna razón hacerlo al día siguiente. Luego viene el niño antes que lo hayamos sacado y elige justo ese objeto que hace tiempo yacía desapercibido.

Freya Jaffke, maestra jardinera Waldorf, contaba que lo primero que hacía cuando llegaba al jardín, antes que llegaran los niños, era vitalizar los objetos de la sala: llevarlos a su conciencia levantándolos y volviendo a ponerlos en su lugar.

Nuestra atención vivifica. Esto se puede aplicar a cualquier ámbito de la vida.

Y antes de hablar del tiempo, una condición material bastante básica pero que igualmente no está de más nombrar: ¡que los niños tengan **ropa cómoda,** que no obstaculice sus movimientos!

Pensando en el tiempo

El juego del niño, su exploración, se va a desenvolver en el tiempo que los adultos dispongamos para ello. Nos parece importante considerar:

---

59. R. Steiner, *Andar, hablar, pensar.*

- Que el tiempo debe ser suficiente para poder empezar, desarrollar, y concluir el juego.

- Saber que este tiempo de actividad autónoma va a ir creciendo con el niño. Si pensamos en un bebé que está comenzando a estar despierto un rato, sintiéndose cada vez más a gusto en su propia corporeidad, hablamos de unos minutos.

- Considerar que por supuesto es un tiempo que se ofrece sabiendo que el niño tiene sus necesidades básicas satisfechas. Un niño con hambre, con sueño, con un pañal muy cargado, con frío, con algún malestar… no estará disponible para jugar.

- Un tiempo que integrará un ritmo en la vida cotidiana del niño; que se lo ofreceremos todos los días, generalmente en la misma secuencia de acciones -entre el comer y el dormir, por ejemplo- y en función de lo que lo conocemos.

Tanto este espacio como este tiempo, el niño los va a conquistar con la mirada de confianza de su adulto. Estaremos más cerca de él, hasta que tome confianza con esta situación cuando es nueva, y podremos ir tomando distancia de a poco, a medida que observamos que se siente seguro y en calma en ella. La seguridad afectiva que estamos construyendo, es parte de las necesidades básicas que un niño necesita tener cubiertas para poder lanzarse a explorar.[60]

Pensando en nuestras intervenciones, que se dan en tiempo y espacio

Cuando un bebé está explorando tiene **derecho a no ser interrumpido**.

---

60. Algo de esto retomamos al mirar el período inicial en el jardín.

Magda Gerber, pedagoga pikleriana, cuenta en uno de sus libros que una vez observaba a un bebé en su espacio de juego mirar ensoñado y atento a un lugar donde ella nada veía. Se agachó a su altura y entonces vio un arco iris entre las pelusas de polvo. Desde entonces antes de intervenir se pregunta...

¿Cómo voy a interrumpirlo? ¡Podría estar viendo el arco iris!

Si necesitamos hacer algo con él, podemos observar al niño primero. Posiblemente pronto haga una pausa y ahí podemos anticiparle lo que haremos.

Derecho al juego ininterrumpido no significa que el niño decide cuándo comemos, cuándo se baña, cuándo nos vamos. Quiere decir, que no interrumpiremos su juego para contarle algo que se nos ocurrió en el momento, que no gritaremos desde el pasillo que lo queremos mucho, que no lo arrancaremos bruscamente de su juego. Observamos, luego cuando hace pausa, le anticipamos, que en breve lo levantaremos para... esto si es un bebé y es claro lo que viene luego, parte de su ritmo conocido. Cuando observamos que el bebé tiene sueño o tiene lleno su pañal, lo levantamos en ese momento, pero avisándole de todos modos y esperando el gesto o sonido que muestre que está preparado; si ralentizamos nuestro lento lo podremos percibir. No lleva mucho más tiempo. En general unos pocos segundos en el bebé, segundos de calidad que se tornan dignidad, respeto.

Esto de anticipar, observar, esperar, vale también si es un niño mayor. En ambos casos esto posibilita que el niño se prepare y no sea arrancado de su juego, que como sabemos suele traer mucho desencuentro ya que el niño no se siente percibido.

Vamos a donde el niño está, y desde su propio juego ayudamos a cerrar o cortar ese momento: los autos van al estacionamiento, los bebés van a dormir a su cuna, una última lanzada de pelota y vamos… dependerá de la cualidad del niño, la imagen, la palabra que utilicemos y la cantidad de tiempo de antelación que necesitaremos para llegar a él.

Cuando el momento de juego es rítmico en la organización del tiempo, intentamos que este cierre del juego y el orden del espacio sean parte del mismo juego, de la misma secuencia.

Durante el tiempo de juego, no interrumpimos el hacer del niño pidiendo que ordene lo que ya no usa, ya que esto interrumpiría el hilo del juego que está desplegando, vimos antes que la continuidad está en el jugar mismo, no en el hacer con el mismo elemento. Y al **momento de ordenar**, sepamos que por mucho tiempo, los niños necesitan que lo hagamos con ellos. Sabemos que si nos ponemos a guardar cosas, posiblemente los niños se acercan a imitarnos, a colaborar, a decirnos "yo puedo"; aquí vuelven a ser útiles las imágenes de llevar a dormir a los bebés, estacionar los autos, llevar los animales a su lugar... Y esto es mucho más efectivo que decirles desde la lejanía que ya es momento de guardar.

Frente a disputas: observar, acercarnos, describir, poner palabras, validar[61]: *me doy cuenta de que no te gustó nada eso... querés el camión, pero ahora lo tiene Marcelo, podemos ir a buscar un auto, y Marcelo te dará el camión cuando termine de usarlo*; muchas veces alcanza esto para que le den el camión. Hablamos de poner palabras que describen la situación, no de dar sermones ni explicaciones que están fuera del alcance de la comprensión del niño, no de apelar a su intelecto. Nuestra intervención tiene que servir para calmar y ordenar, no busca que comprendan al otro, ya que aún no pueden hacerlo.

En estas escenas es contundente el observar la **diferencia de reacción cuando se pide, y cuando se saca:** si me quie-

---

61. Recomendamos ver *El adulto y el juego del niño*, de Anna Tardos.

ren sacar algo, lo agarro más fuerte, me aferro… si me lo piden, puedo entregarlo con serenidad. Y con esto de pedir y no sacar, los adultos tenemos mucho para trabajar sobre nosotros mismos, porque el niño aprenderá de nosotros a pedir y no sacar; no porque se lo expliquemos, sino porque sea lo habitual en nuestros gestos hacia él.

En la época de juego paralelo, en los grupos de niños pequeños, cuando surge alguna situación de disputa que no pueden resolver solos, una de las intervenciones que suele resultar es la de **favorecer que cada niño pueda encontrar su propio proyecto de juego**. No son estas edades donde "hay que compartir". Así como en el acompañamiento del desarrollo postural autónomo decimos que si un niño pide ayuda porque está incómodo en una postura de la cual no puede salir lo volvemos a la postura anterior, la que conoce, esa donde se siente seguro… en el caso del juego, la "postura anterior" a jugar junto con otro es la de jugar solo. En estas edades es facilitador tener varios objetos de juego del mismo tipo.

Lo que vemos mucho en la práctica, es que justamente este no sentirse obligado a jugar con el otro, favorece que lo hagan con mejor predisposición cuando lo hacen. Intentamos que cada uno tenga la confianza en sí mismo y la calma interna que esto conlleva, y esto es fundamental a la hora de relacionarse con los demás.

Nuestras intervenciones en las situaciones sociales, son un gran desafío para los niños más pequeños. Así como ponemos palabra al acercarnos, también ponemos muchas veces gestos muy concretos, luego de la palabra que anticipa lo que vamos a hacer: "Te llevo a esta punta del arenero así cada uno tiene más lugar..." "Te separo de Juan así no se chocan los autos…" Otra vez, la explicación no va a lo intelectual, sino que la palabra describe, y si puede tomar imágenes que remitan al juego, que no sacan al niño de la situación de juego, son recibidas por los niños con naturalidad, y el juego fluye. Con niños ya más grandes, la intervención que separa estos atolladeros pueden apelar a su fantasía: Escucho bebés ya despiertos en la casita…

Un ejercicio interesante es el de no usar imperativos ni prohibiciones, como propone Monika Kiel-Hinrischsen[62]. De esta manera el niño se siente percibido en vez de sentir que todo lo que hace esta mal o que siempre le dicen lo que hay que hacer. En esta dirección, **evitar el uso indiscriminado de "no", utilizando solo los imprescindibles, posibilita que el niño los perciba**; que tengan su presencia. Cuando todo es "no" el niño aparte de sentirse cohartado, deja de escucharlos. En la vida cotidiana de la sala, por ejemplo, esto se traduce en pautas como "la estufa, las maestras", "la puerta, las maestras", "descalzo en la alfombra", "al baño con algo en los pies", "al patio con campera", "nos pedimos las cosas"...y dejamos el "no" para "no pegamos", "no nos sacamos", etc…

A veces en situaciones difíciles, cuando los niños se empacan o hacen berrinches puede sernos de ayuda en algún momento alguno de sus muñecos queridos. Muchas veces son puente para ellos, cuando un muñeco le pide que mire

---

62. *Warum Kinder trotzen?* Monika Kiel-Hinrichsen.

un nido de pájaros, cómo brillan las estrellas o un tesoro que encontré en el jardín. Esto, por supuesto, sin estereotipar, tomando en serio al niño, poniendo primero en palabras que entendemos lo que le pasa y que entendemos su enojo, si es que sabemos qué pasó. Siempre siendo auténticos, sin manipular y sin mentir.

Violeta se despertó de la siesta, los demás niños están afuera. Afuera está fresco. Violeta está en remera. No quiere abrigarse para salir.

Laura le dice que para salir tiene que ponerse abrigo.

Violeta comienza a llorar y cada vez más fuerte. No deja que Laura se acerque en ese momento. Laura toma a Paco, muñeco preferido de Violeta y se pone a "hablar con él", le cuenta que esta mañana vio cómo dos pájaros buscaban ramas y se iban haciendo el nido.

Violeta deja de llorar para escuchar. Laura sigue relatando a Paco sobre los pájaros, las ramas y otras cosas.

Al percibir que Violeta deja de llorar la mira y le dice:

-Paco quiere ir afuera a ver el nido que están haciendo los pájaros.
-Violeta: ¡Yo también quiero verlo!
-Laura: ¡Me voy a abrigar!
-Violeta: ¡Yo tambien!

* * *

Diego llora y grita porque quiere la camicleta que tiene Facundo. Sabe que cuando Facundo termine de usarla le tocará a él.

María, quien lo cuida, se acerca, se agacha, y le dice:

-Entiendo que esto te enoja mucho, cuando se desocupe vas a poder andar vos.

Diego sigue llorando y gritando desconsolado, no quiere en ese momento que nadie se acerque mucho ni que lo toquen.

Tanto en casa como en el jardín, otra gran herramienta en estos momentos de disputas, es la posibilidad de convocar la iniciativa del niño, sus ganas de hacer hacia las tareas de la vida cotidiana: nos ponemos a hacer algo con sentido: preparamos la fruta, ponemos la mesa, llevamos la ropa… La vida social demanda mucha energía y los niños necesitan pausas de la vida social. Hacer algo uno a uno con su adulto, unos minutos, hace muchas veces de respiración y colabora en el clima general.

El conflicto fue resuelto sin necesidad de tener que intervenir directamente

Cuando alcanza con observar

Cuando nos damos tiempo para observar antes de actuar, descubrimos muchas veces que si hubiéramos intervenido precozmente sin tomarnos el tiempo para mirar nuestras palabras o hacer, hubiera interferido en el proceso de los niños. Muchas veces ellos resuelven sin necesidad de nuestra intervención. Ya sea porque uno le saca al otro y el otro elige jugar con otra cosa, o porque se convierte en un juego: uno le saca al otro, el otro vuelve a sacarlo y así sucesivamente. Claramente si vemos que hay situaciones unilaterales que se repiten sí intervendremos, poniendo palabra o propiciando espacios seguros para el niño que aún no puede accionar al hacer de otro.

El hacer con sentido del adulto favorece el juego del niño[63]

Cuando nosotros hacemos cosas con sentido en la vida cotidiana con los niños, esto nutre su juego. A veces, nuestro hacer los invita a hacer lo mismo: entonces imitan all instante. Otras lo hace "en diferido", es posible que el niño imite nuestros gestos en otro momento. Nuestro hacer mueve sus propias ganas de hacer: actúa sobre su voluntad.. El niño que no tenía proyecto de juego, después de un rato de estar cerca del adulto que hace, se aleja a jugar ¡esto lo hemos visto muchas veces!

Cuando el espacio en vez de favorecer, obstaculiza

Un grupo de madres y niños de un año y medio se encuentran en una habitación. Se juntaron a escuchar una charla de un médico. Había muy pocos objetos pertinentes. Los niños gritaban, se buscaban, trepaban a donde no se podía, abrían puertas que no tenían que abrir. Uno se acercó a la puerta, pidiendo salir con un gesto. Salieron pero el afuera, si bien era mucho más espacioso y con desafíos interesantes, tenía una escalera peligrosa y una obra en construcción

---

63. Esta idea aparece en mucha bibliografía de Pedagogía Waldorf y en *El adulto y el juego infantil* de Anna Tardos.

dentro de la casa al fondo, por lo que había que estar atrás de ellos y diciéndoles que no continuamente. Fue un momento muy bullicioso, los niños lloraban, gritaban, se molestaban entre sí. Nadie logró escuchar la charla.

Se volvieron a encontrar al mes siguiente. Se prepararon los objetos afuera, en ese espacio más grande se pusieron tablas y sillas para que los niños no pudieran pasar ni a la larga escalera ni a la obra, se buscaron de la cocina canastos, bowls de acero, cucharas de madera -algunos de los objetos pertinentes que había a mano- y el encuentro se realizó en este amplio lugar, todo alfombrado, con rampa y dos escalones. Los niños pudieron jugar y explorar tranquilos, las madres pudieron estar observando a sus niños y disponibles para lo que necesitaran y escuchar al mismo tiempo al médico.

En esta situación vemos claramente cómo el entorno adecuado para el juego está en manos del adulto.

Juego en la naturaleza

Si bien esto lo retomamos al hablar de ritmos y del cuidado de los sentidos, no podemos dejar de nombrar en este capítulo la importancia del juego en la naturaleza, aunque vivamos en ciudades. El contacto con los elementos naturales, enriquece el repertorio de sensaciones táctiles, de movimiento, de equilibrio, visuales, olfativas, gustativas, auditivas, térmicas, entre otras... a la vez que nos conecta con las fuerzas vitales de los elementos. "Lo vivo, genera vivo" decía Steiner en relación al efecto de las formas orgánicas de los elementos naturales sobre los órganos que el niño está formando en su propio cuerpo. Este estar en la naturaleza, sentirnos parte nos conecta con algo que nos trasciende. El niño se maravilla con una hoja... nosotros nos conmovemos en la cima de una montaña... pero este sentirnos parte del inmenso orden superior, es el mismo.

Los elementos que nos ofrece la naturaleza entran en los objetos no estructurados que nombramos antes, siendo así tesoros para la exploración motriz y fuentes inspiradoras para el despliegue de la fantasía cuando llega el juego simbólico.

Y como el niño es uno y todas sus vivencias se entretejen... haber jugado afuera durante el día, favorece el buen dormir durante la noche.

Muchas veces en los talleres con padres y maestros o en las clases de la época del profesorado volvemos a conectar con nuestro niño interno, reviviendo en recuerdos cosas que nos gustaban y que no nos gustaban de niño. Suelen prevalecer, entre los recuerdos favoritos, los juegos y las vivencias en la naturaleza. Preparar comidas o experimentos con hojas, con tierra, con agua, con arena; jugar en la playa, construir con las piedras del río, juntar bichos y armarles casas... trepar a los árboles, correr en el campo... son experiencias que nos acompañan toda la vida.

Del movimiento libre al juego libre

Hay un claro hilo que une el desarrollo de la motricidad en los primeros meses al desarrollo del juego durante la infancia; y a lo largo de este escrito venimos poniendo luz sobre las actitudes de los adultos que acompañamos a los niños en ese despliegue, y sobre las herramientas de las que se apropia el niño en estos procesos, que son de él para toda su vida: en relación a la confianza en sí mismo, a la autoestima…

Es interesante comprobar todo el tiempo, que niños que han tenido un desarrollo postural intervenido por nosotros desde afuera: los sentamos, los hicimos caminar… cuando tienen la oportunidad de desplegar su juego, por un lado "aprovechan" para pasar por posturas intermedias por las que antes no habían pasado; y por otro, el contexto del juego libre les permite afianzar su autonomía, autoconfianza y autoestima, ahora que pueden desplegar su propia iniciativa a su propio tiempo y estilo.

¿Jugar con celulares o tablets es jugar?

Nuestra vida cotidiana está llena de dispositivos que los adultos usamos, y los niños quieren usar también, porque nos ven y quieren hacer lo mismo… pasa con el auto, con la licuadora, la cortadora de pasto... y pasa con el celular, la tablet, la computadora… Dentro de veinte años, pasará con los dispositivos que los adultos usen dentro de veinte años.

Y así como es una obviedad que no les daremos el auto o la cortadora de pasto... no nos es tan obvio con las pantallas.

¿Están listos para hacer un uso responsable de estos elementos, teniendo en cuenta sus consecuencias…? ¿Qué aportan estas experiencias a su desarrollo? ¿Necesitan pasar por estas experiencias en esta etapa? ¿Vislumbramos consecuencias en el futuro? Son preguntas amplias, que nos pueden acompañar muchos años… porque, al menos es nuestra experiencia como madres, nos las volvemos a hacer una y otra vez a medida que nuestros hijos van creciendo.

A esta altura de la lectura ha quedado claro cuáles son las **vivencias que no pueden faltar en la infancia, y hacen al desarrollo saludable.** Básicamente, estamos hablando de vínculos, de encuentros humanos, de vivencias de procesos con sentido, del hacernos soberanos de nuestro cuerpo conquistándolo a partir del desarrollo del movimiento; confrontarnos con procesos en el tiempo, con diferentes elementos, vivir la naturaleza… Las experiencias multisensoriales que todo esto conlleva, su impacto en el desarrollo de nuestro sistema nervioso central y las habilidades sociales que únicamente se pueden desarrollar entre personas: la empatía, la cooperación, el ver una situación desde diferentes ángulos, probar diferentes resoluciones para una misma cuestión… Mucho de esto se vivencia en el **juego libre**… y **ningún dispositivo puede enseñarlas.**

Los niños aprenderán en la convivencia con nosotros a hablar, a compartir el encuentro social en torno a la mesa de la comida, a confiar, a ser tolerantes, a valorar a cada persona reconociéndola en su individualidad.

Aprenderán en la vida misma a hacer en el mundo las diferentes labores que esto requiere, y esto lleva implícito la vivencia de muchos **procesos, que son base fundamental para el desarrollo del pensar.**

En sus primeros años, en los que **el sistema nervioso central se está construyendo de la mano del desarrollo del movimiento**, la necesidad de desplegar el movimiento por iniciativa propia, es vital.

Es una obviedad, pero **nada de esto sucede en el hacer con las pantallas**. Frente a ellas los **niños** quedan **pasivos**, sin poder poner nada de sí para resolver las situaciones que se plantean -suele haber una única respuesta satisfactoria, ya predeterminada- y los resultados de su accionar son inmediatos. Aquí no hay proceso, todo es ya. No es necesario esperar, todo viene dado con solo presionar un botón o deslizar un dedo. Es más: por más que en la pantalla nos planteen diferentes situaciones -puede ser una carrera, cargar cosas pesadas, vestir a una muñeca, trepar a un árbol- el esquema de acción motriz que desplegamos es el mismo: **deslizar un dedo o presionar un botón.**

Lo que favorecemos si los niños están expuestos a las pantallas y carenciados de las vivencias que necesitan -porque aunque han nacido en el siglo XXI las necesitan- es una generación de jóvenes impacientes, con poca valoración de los procesos de aprendizaje y desarrollo propios y ajenos, con el riesgo de un mundo interior empobrecido y una gran necesidad de buscar satisfacción inmediata en experiencias que vengan "desde afuera".

Es común escuchar caracterizar a estas generaciones, las de los e-born, como seres que nacen sabiendo cómo funcionan los dispositivos. Desde ahí, menos necesidad aún de confrontarlos con ellos en la infancia, donde las vivencias se hacen cuerpo, ese cuerpo que tendrán toda su vida.

Escribimos estas líneas mientras un país bombardea a otro, mientras los intereses de unos pocos ponen en riesgo el agua de millones de seres humanos... es evidente que el gran trabajo que tenemos, como humanidad, va por el lado de las habilidades sociales, el desplegar nuestra conciencia de humanidad...

¿Jugar con pantallas? Eso no es jugar.

¿Usar la tecnología mediática? Claro que sí, ya llegará el momento. Venimos diciendo "objeto pasivo, niño activo" Rudolf Steiner habla del **juego infantil** como un río que seguirá fluyendo subterráneo durante el segundo y tercer septenio, para aparecer luego como la capacidad del juicio crítico, de hacer en el mundo, de pensar con autonomía.

Impacto del juego libre y vivencias con sentido en la infancia

Las conexiones interneuronales y el **fortalecimiento del sistema nervioso central** se enriquecen, en las situaciones donde el sujeto afronta desafíos por sí mismo, organiza su acción, despliega su iniciativa, comienza y termina procesos.

La riqueza de las situaciones favorece el **pensamiento divergente**: poder resolver situaciones de diferentes maneras, probar distintas alternativas.

La vista se despliega "recorriendo" con su movimiento los objetos.

Potencia el **desarrollo saludable de la motricidad** gruesa y fina.

La riqueza de las vivencias se evidencia en la **riqueza de los dibujos infantiles**.

Desarrollo saludable de todo el organismo.

Favorece la **vitalidad** y el **buen descanso**, especialmente si ha habido tiempo de jugar al aire libre.

Impacto del uso de tecnología en la infancia

Las conexiones interneuronales y el desarrollo del sistema nervioso central se debilitan, en las situaciones donde el sujeto es pasivo frente a la pobreza de las propuestas de las pantallas.

Se favorece el uso preponderante del **pensamiento convergente**: una única respuesta posible.

La vista frente a la pantalla rigidiza los músculos oculares, y esta tensión se transmite al resto del cuerpo.

Restringe nuestros movimientos, lo que puede causar un **empobrecimiento de nuestra motricidad.**

La pobreza de las vivencias, aparece en el empobrecimiento de las producciones gráficas de los niños.

Tendencia a la obesidad, por el sedentarismo, sumado a la ansiedad que provoca.

Favorece la aparición de trastornos del sueño: tanto de conciliarlo, como de poder sostenerlo por las horas necesarias. Suelen quedar múltiples imágenes que el niño no termina de procesar y digerir, no puede. Esto impide que pueda relajarse de una forma saludable.

Posibilitan el ser protagonista, **confiar en las propias capacidades**, potencia la inventiva. Este hacer con sentido, tanto solo como con otros favorece el despliegue de aspectos saludables de la personalidad y enriquece las habilidades sociales.

Se despliega un lenguaje rico y vivo.

" Los aspectos más sociales del cerebro maduran durante los tres primeros años y dependen de la calidad y cantidad de las interacciones humanas."[64]

El responder siempre pasivamente al estímulo que viene de afuera **debilita la autoconciencia, la autoestima y la autoconfianza.** Se está estudiando el uso excesivo de la tecnología como posible factor del aumento de los porcentajes de depresión, ansiedad, trastornos afectivos, déficit de atención y otros, en los niños.

Se evidencia un **empobrecimiento del lenguaje, tendencia al uso del castellano neutro y frases estereotipadas.**

Se debilita el desarrollo de las habilidades sociales.

El niño se autorregula: vemos como alterna entre jugar activamente y hacer pausa; jugar solo y con otros juegos de acción y juegos tranquilos. El juego forma parte del ritmo saludable del día.

El uso de la tecnología genera adicción: promueve la satisfacción inmediata, y en los momentos de "no pantalla" los niños suelen estar irritables, con poca tolerancia a la frustración, a los tiempos de espera, a los procesos que implican tiempo.

Potencia la atención, el poder empezar, desarrollar y concluir una tarea.

Empobrecimiento de la atención, siempre convocada desde el dispositivo.

El juego es la forma más alta de investigación.

Albert Einstein

---

64. Plebst, Christian, *De las neurociencias a su living: el efecto nocivo de las pantallas y "Jueguitos" antes de los tres años de edad.*

8.
RITMO[65]

Somos parte de innumerables ritmos

Como seres humanos, estamos atravesados y somos parte de innumerables ritmos.

El día y la noche se suceden incesantemente, así como las estaciones del año también lo hacen.

---

65. Recomendamos ver *La dignidad del niño pequeño* y *Lóczy ¿Un nuevo paradigma?*

En nuestro cuerpo todo ocurre rítmicamente, inhalaciones y exhalaciones, ritmo cardíaco, la digestión...

Ritmo no es pulso, ritmo son secuencias de sucesos que se repiten, esto nos permite situarnos en el devenir de las cosas otorgándonos **seguridad.**

Para el niño pequeño la repetición es alimento, es algo que busca. Todos lo conocemos de nuestras vidas, de nuestros recuerdos, el querer escuchar o cantar siempre la misma canción, jugar repetidamente a los mismos juegos, querer volver a escuchar el mismo cuento.

Muchas veces el ritmo es llamado rutina, pero pensemos en cada una de estas palabras y qué producen en nosotros...

La palabra **rutina** nos produce: aburrimiento, peso, gris, monotonía, carga, falta de alegría.

Ritmo en cambio: vida, vitalidad, seguridad, orden, respiración, claridad, alegría, liviandad, fluidez.

El ritmo ES ENVOLTURA TEMPORAL. Posibilita prepararse relajado para lo que viene -que no siempre tiene que ver necesariamente con las agujas del reloj, si bien muchas veces coincide- por supuesto.

El ritmo no es algo intelectual sino la posibilidad de entregarse a un fluir segurizante. No importa si son doce y cinco o doce y diez, sino que después de jugar ordenamos, después de ordenar, nos lavamos las manos y luego de lavarnos las manos comemos. Entonces, prontamente estos ritmos se hacen cuerpo y la vida se hace más fluída. No tenemos que repetir que luego de comer se laven los dientes. Cuando esto está en el cuerpo, sucede con naturalidad. Acá vemos cómo **el ritmo sustituye la fuerza,** ya que demanda mucha más energía una tarea nueva, que las que tenemos el hábito de realizar, que están ya en nuestro ritmo cotidiano.

En lo cotidiano hablamos de "entrar en ritmo" cuando pasamos de las vacaciones al ritmo laboral, por ejemplo;

Se evidencia entonces que en los ritmos vamos entrando, los hacemos propios, y una vez que "estamos en ellos" todo es más fácil, nos demanda menos energía, fluimos. Esto aparecerá varias veces: al hablar de los cuidados, de sentidos, de los tiempos de juego, del ir al jardín...

Si cada día todo es distinto, si no hay ritmos claros de alimentación y sueño -que suelen ser el primer esqueleto del ritmo- el niño se desorganiza. No puede entregarse a jugar -que es su hacer- porque está en estado de alerta. Y ahora, ¿con quién me quedo? ¿qué vamos a hacer ? ¿cuándo comemos?

Esa vivencia de ritmo, es cuerpo, no es cabeza, es ritmo como secuencia de sucesos. Siempre su maestra llega cuando él se despierta de la siesta. Ese día fue distinto, una excepción y él se desorientó.

El ritmo se va modificando. El recién nacido duerme la mayor parte del día y esta relación vigilia-sueño va cambiando con el tiempo.

Poder ofrecer a los niños ritmos saludables, como dijimos, es **cuidado de su sentido vital** y garantiza un fluir que repercute tanto en su cuerpo, como en su ánimo, en los vínculos y la atmósfera de la casa, el hogar o el jardín... siendo base para su salud.

Veremos algunos de estos ritmos por los que estamos atravesados y a los cuales podemos de una u otra manera darle forma: ritmo diario, semanal, mensual, anual; aunque por supuesto **en el bebé y los niños pequeños será relevante el ritmo diario. De a poco, a medida que crece, se nutrirá también de los demás tipos de ritmo, que por ahora, los vivencia el adulto que lo cuida.**

Ritmo diario

En el transcurrir de los momentos del día tendremos en cuenta que haya una respiración entre:

- Momentos de **sueño.**
- Momentos de **vigilia.**

Los momentos de vigilia, tienen a su vez una respiración entre:

- **Momentos de interacciones** -calidad de los cuidados- es decir, cuando estamos en un hacer compartido donde nuestra intervención es directa.

- Otros **momentos de libertad de movimiento y autonomía en el juego**, donde nuestra intervención es indirecta; que incluirán en el día, **juego adentro**, en la casa, **momentos al aire libre**.

Que el ritmo diario cuente con momentos al aire libre nos regala renovación, nuevas experiencias, contacto con los elementos; impactando directamente en la salud y la alegría.

Varias veces, madres de bebés nos han compartido:

"Desde que vamos a la plaza, empezó a dormir mucho mejor."

Si en el futuro el niño va al jardín, este pasará a formar parte de su ritmo diario, siendo el ritmo una continuidad casa-jardín.

En una situación tan compleja como está siendo la del aislamiento por la pandemia del covid19, mientras corregimos

Ritmo semanal: cada día tiene su cualidad

Cuando son pequeños podemos pensar qué cosas repe-
titivas se dan rítmicamente, por ejemplo:

El día que viene la abuela.
Día del grupo de crianza.
Día de baño, cuando no se bañan todos los días.
Día de amasado del pan, cuando no se amasa todos los días,
entre otras cosas.

Más adelante también las comidas pueden acompañar
el ritmo semanal:

Día de arroz.
Día de cebada.
Día de mijo, etc.

Los niños nos muestran constantemente cómo este ritmo
es vital, crece con ellos y no los aburre.

Estas niñas compartieron dos años de jardín maternal donde amasaban todas
las semanas. Ese momento siempre fue para descubrir, investigar, compartir,
hacer con sentido -amasan el pan para la merienda… nos dio mucha ternura
encontrar estas fotos de las mismas niñas, en la misma mesa, un año después
con nuevas ganas de seguir amasando.

En el jardín de infantes -entre los 3 y los 6 años-, este ritmo semanal contemplará la actividad propia de cada día, por ejemplo: día de pintura, día de euritmia, día de labores, día de amasado.

Ritmo mensual: es el ritmo de la luna

Este ritmo tiene que ver con lo vital en nuestro organismo: lo vemos en los ciclos de las enfermedades, en el ciclo menstrual... Por eso se lo toma luego en el jardín de infantes, donde contaremos el mismo cuento durante cuatro semanas, haremos ese tiempo la misma ronda: cada una de estas "épocas" tiene un inicio, un desarrollo, una fiesta donde culmina -la de otoño, la de faroles, la de primavera- y un resonar de la misma.

Más adelante, las épocas en la Escuela Waldorf tienen esta duración también.

* * *

La Pedagogía Waldorf es generosa en rituales y fiestas que forman gran parte de la cultura que se vive en los jardines de infantes. Pero volvemos a insistir, una y otra vez, en que los espacios para los niños pequeños tienen una cualidad diferente a la de los espacios para niños más grandes; el jardin maternal no es igual al jardín de infantes "pero más petiso".

Desde aquí, es que nos es importante volver a hacer un llamado a que como adultos podamos retener nuestras ganas de hacer *ya*, con los más pequeños, cosas que les llegarán con el tiempo, *a su tiempo*, y que son en este momento evolutivo para ellos una gran exigencia, vivencias estresantes, carentes de la envoltura necesaria. Cuentos largos, aceitito antes del cuento, fiesta de farolitos al atardecer con todas las familias del jardín, mesa para que ocho niños pinten al mismo tiempo con acuarelas... todo eso puede esperar, no hace falta correr.

Ritmo anual

Lo que se repite año a año, que mayormente está dado por las estaciones del año, y todo lo que con ellas vuelve: frutas de estación, sabores, aromas, temperaturas, colores, posibilidades, canciones, rimas; y por los festejos: cumpleaños, fiestas religiosas... que siempre vuelven.

Una característica de estos festejos como hecho cultural y que hace a lo rítmico es que tienen una preparación, el festejo en sí mismo y el resonar del festejo.

Al repetirse esto en el tiempo, los niños se alegran -con todo su ser, la sensación es que todo su ser sonríe- cuando se vuelven a encontrar después de un año con los aromas, sabores, colores, canciones conocidas.

Todo esto envuelve al niño, le da seguridad.

En los pequeños vemos la alegría en su semblante, los niños más grandes ya lo verbalizan:

"¡Qué olor a Navidad!" -decía una pequeña al oler jazmines.

Otra niña: *"Mamá, debe faltar poco para la fiesta de Farolitos, ¡Porque ya estamos cantando las canciones!"*

Cosechando las semillas de rabanito y rúcula, cosechando ciruelas. Plantas que regaron y cuidaron juntos. Claramente como vivencia quedará anclada a un determinado momento del año, y este mismo hacer podrá volver a repetirse los años venideros para la misma época.

Cuando hablamos de ritmos no nos referimos a ser esclavos de ellos sino al contrario. Los ritmos son los que nos regalan seguridad, organización, orden, armonía, salud.

Lo podemos ver en nuestras propias vidas, nuestra vida es más ordenada y tenemos más vitalidad cuando estamos dentro de un ritmo que cuando tenemos todo el tiempo disponible.

Cada ritmo tiene por supuesto su excepción: posibilita salirnos de él y volver a entrar.

Rituales

Todo es ceremonia en el jardín salvaje de la infancia.
Pablo Neruda

El cuidado del ritmo, es muchas veces acompañado de **rituales**, rituales con sentido que dan forma y nos preparan para lo que viene.

Podemos agradecer a la Tierra y al Sol los alimentos:

"Tierra, esto tu gracia nos dio,
Sol, esto tu luz maduró.
Sol y Tierra bienamados
nunca seréis olvidados"

Christian Morgenstern

o *"Gracias por hacer de esta semilla una maravilla"*.

El agradecer los alimentos se vivencia en todas las culturas, a veces con distintas palabras a veces con las mismas:

Almorzando una vez con Hilaria Supa Huamán en Lima,
Perú, decidimos juntos agradecer en ambos idiomas, pri-
mero ella en quechua, luego nosotros en castellano. Nos
miró abriendo grandes los ojos y con una sonrisa de en-
tusiasmo dijo: -¡decimos lo mismo!

* * *

Hay situaciones donde los rituales surgen de la vida
misma: cada mañana, Juana llega al jardín con su papá;
se despide, se acerca a su maestra y le dice -mientras se
sienta en su falda-: ¿Me cantás mi canción? La maestra

El bebé no tiene el ritmo día y noche incorporado desde un principio: esto lo hará paulatinamente. Algunos más rápido, a otros les llevará más tiempo.

Nosotros, como adultos, podemos ayudar a través de **rituales** a diferenciar día de noche. Dos momentos que tienen características bien distintas.

Un bebé seguirá mamando durante la noche, pero nosotros podemos pensar cuál de sus mamadas sería la "última"del día. Y luego de esa mamada sería el momento de hacer el **ritual de cierre del día.**

- Podemos cerrar persianas o bajar cortinas cantando una canción, la misma cada vez.

- Podemos contar brevemente algo que sucedió en el día.

- Podemos cantar alguna canción de la noche.

- Podemos hacer una pequeña oración, prender una vela.

- Podemos saludarlos hasta mañana nombrándolos amorosamente por su nombre completo -si tienen dos o más, nombrarlos también- es un regalo que puedan escuchar cada día su nombre completo dicho con amor.

Cuando se despierte a mamar más tarde, podemos hablar susurrando, marcando la diferencia con el día. En vez de la luz prendida puede acompañar una tenue lámpara de sal -como luz de noche- por ejemplo.

Cuando nos referimos a que como adultos podemos decidir a qué hora empieza su noche no es menor.

Una gran preocupación -a nivel mundial- compartido por médicos y maestros es el déficit de horas de sueño en los niños y cómo impacta esto en su salud, en lo anímico, en su atención, en su humor.

Un niño pequeño necesita dormir para crecer. Que el cierre de su día lo hagamos a las 18:30, 19:00... le da posibilidad de conquistar luego una noche con suficientes horas de sueño.

Si el niño va a ir al jardín a la mañana siguiente, más todavía ¡necesita contar con todas sus fuerzas vitales! Lo ideal sería que se despierte solo cada mañana, habiendo dormido lo suficiente, y que no haya que despertarlo.

La posibilidad de que el día del bebé y del niño pequeño termine temprano, da al niño las horas de sueño que necesita -suelen ser entre 10 y 12 horas- y al adulto momentos de reciclaje para sí mismo, que en esos tiempos de tanta intensidad son un bálsamo, necesarios para la disponibilidad que el día venidero le requerirá.

Muchas personas jóvenes y adultos, comentan lo difícil que les resultaba la mañana en la escuela por lo tarde que se acostaban. Su día terminaba cuando terminaba el día de los adultos. Esto quiere decir también que los adultos tenían muy pocos momentos al día para sí mismos.

"No tengo recuerdo de niña de haber tenido un ritmo en mi casa. Mis padres me daban demasiada libertad... No había hora de dormirse ni de levantarse, todo era espontáneo y dependiendo de cuán cansados estábamos. La primera hora en la escuela siempre estaba casi dormida. Hoy en día como adulto me doy cuenta lo difícil que es tener un ritmo con las comidas, la digestión no tiene mucha fuerza y tengo que poner mucha voluntad para tener un ritmo saludable entre el sueño y el día." Marina

¡El sueño es sagrado!

¿Podemos decirle no a una invitación de salida nocturna por cuidar el ritmo y el sueño de nuestro niño?

¡Claro que sí! Es un desafío que nos trae la maternidad/paternidad el de constatar que la vida no sigue como antes, que hay cambios... hay cosas que por un tiempo -un tiempo que es más breve del que nos imaginamos al estar inmersos en él- van a ser diferentes: vivencias habituales que postergaremos y vivencias nuevas que no tendríamos si no estuviera el niño con nosotros. Volviendo al sueño, si sabemos que al salirse del ritmo nuestro niño no está bien, ni esa noche ni el día siguiente, no nos va a resultar difícil sugerir un cambio de horario, o sencillamente decir que no podemos ir.

¿De verdad quieren vernos? ¡Invítennos de día!

Esto suele ser difícil de entender cuando uno no tiene cerca a un bebé o niño pequeño, pero nos encontramos muchas veces con personas que con asombro y alivio nos dicen: *"ahhh claro, **¡puedo decir que no voy!**"*

Y por supuesto que toda regla tiene su excepción y si hay alguna situación especial que amerita esa salida se hará y luego el ritmo sigue.

> *Cuando mi bebé tenía 8 meses, fuimos con ella al casamiento de mi primo hermano. No teníamos alguien de confianza para dejarla, toda la familia iba al casamiento, y allá nos fuimos nosotros también; pensando que dormiríamos todos al día siguiente, lo que no íbamos a dormir esa noche. La pequeña durmió un rato en la fiesta, luego se despertó... y estuvo 24 horas en las que no durmió más que siestas de 40 minutos, con intervalos de vigilia de más de una hora... Aprendimos que pasada de sueño... ¡a la niña le costaba más dormir!*

Ritmo en situaciones de trauma

En situaciones de **trauma,** sea en casa, en familias de tránsito u hogares de tránsito, el cuidado del ritmo tiene aún más peso y más impacto, ya que luego del trauma el niño se desorganiza, ya nada es como era y necesita situaciones segurizantes que lo ayuden a reconstruirse. El **ritmo es una de esas envolturas sanadoras** que le posibilitan reorganizarse y que son piso -junto con otras- para reorientarse y poder volver a confiar. El ritmo devuelve la vivencia de "el mundo es bueno" y confiable. Reorganiza, da seguridad.

El microritmo de los momentos de cuidado, de las tareas cotidianas

Estando en el cambiador con el niño, seguimos siempre la misma secuencia: sacamos el calzado, luego el pantalón, abrimos el pañal de un lado, luego del otro, sacamos el pañal, vemos qué tiene, pasamos un algodón con óleo...

Otro ejemplo. Nos sentamos a la mesa. Repartimos las servilletas. Repartimos los cuencos en el orden en que están sentados los niños, todos comienzan a comer. Repartimos los vasos en ese mismo orden.

¡Esto es solo un ejemplo! Pero puede ser el ritmo de una merienda que se repite así cada día. Todos sabemos lo que va a pasar, todos conocemos la secuencia de las acciones; y esto hace al clima de tranquilidad en el momento que estamos compartiendo. Desde aquí, podemos pensar en el ritmo de cada momento que compartimos con los niños.

Podemos pensar el ritmo, porque es similar cada día; en el ritmo que alterna momentos de expansión y momentos de relajación ¡Así respiramos! Con los niños pequeños, debemos estar atentos a no sobreexigir su capacidad de esperar, de estar quietos, de quedarse sentados... Si el ritmo que proponemos no es acorde a la respiración que necesitan, nos lo van a demostrar.

El afuera: parte del ritmo diario

Estar, moverse, jugar al aire libre para un bebé o un niño pequeño es alimento también. Es una de sus necesidades, tan importante como comer, cambiarse o dormir.

Cada estación del año nos regala sus colores, sus aromas, su temperatura, su singularidad, su posibilidad. ¡Basta estar preparado! -con el abrigo, o la protección correspondientes, gorro, malla, botas, ropa de lluvia- lo que requiera cada situación.

Un lugar *especial* en la casa: la mesa de estación

Los niños son grandes descubridores de tesoros... y cada estación tiene los suyos. Tener en su casa o en el jardín un lugar -por lo general, estante o mesa petiza- para ponerlos, les transmite a ellos que los adultos compartimos esa devoción por lo que la naturaleza y el ritmo del año nos regalan.

Según la cultura de la familia o el jardín, se pueden sumar a esta "mesa de estación" alguna imagen o decoración que se vincule con la época; podemos ir variando el color del mantel, de la decoración... ¡Cada estación, cada fiesta, tiene sus colores!

Hace unos años, visitando un jardín público del interior de la provincia de Buenos Aires, las maestras nos comentaron que habían preparado en la sala una mesa para tesoros. Era otoño y junto con los niños trajeron varios que juntaron en el parque o el jardín: piñas, hojas... Contaban cómo esto irradió a la comunidad: los niños comenzaron a traer tesoros que encontraban con sus padres, y las familias agradecían este regalo de descubrir lo que tenían a su alrededor, siguiendo el asombro de los niños.

De eso se trata, de volver a reconectar con lo que vive en la naturaleza, con la Tierra que respira también.

En el jardín, además de la mesita de cada sala, tuvimos una mesa de estación compartida, en el hall. A esta mesa le habíamos dado un carácter estacional: un mismo paisaje -hecho de vellón- que iba transformándose durante el año: el árbol se pintó de rojizos y dorados, luego perdió las hojas, reverdeció en primavera, floreció… Fueron sumándose a la escena animales, alguna figura humana con una actividad característica de la época -cosechar, sembrar, regar-, gnomos, ondinas y salamandras... ¡La imaginación de la maestra que lo llevaba adelante le aportaba los condimentos propios! Los niños disfrutaban de detenerse en ella cada día unos instantes y descubrir si había algo nuevo, o simplemente encontrar "otra vez" lo que ya había ayer, que los esperaba.

Repensando los festejos para los niños

Los primeros cumpleaños son un momento especial. Muchas veces esto se traduce en un gran festejo, con mucha gente, muchos globos, mucha comida, mucho ruido… Lo que parte del colectivo social naturaliza como forma de festejar un cumpleaños, sea el primero o el de veinte. Nos parece que podemos cuestionar esto, que no nos convence.

Invitamos a ponernos en la sensibilidad del niño pequeño ¿Qué necesita? ¿Necesita acaso esa gran fiesta? ¿O es para los adultos? ¿Podemos priorizar sus necesidades a las nuestras?

Proponemos pensar en algo más pequeño, más digerible para el niño... sabiendo que su tranquilidad irá de la mano de nuestra tranquilidad también. Lugares que dan aire y posibilitan movimiento y expansión, como plaza, río, sin demasiados invitados, ni tantos estímulos, suelen ser una buena opción. Otra vez aquí, "menos es más" y seguramente el nivel de estrés cumpleañero baja y nos permite a todos festejar con más armonía y disfrute.

Claro que es un día diferente, pero la cualidad diferente la puede dar nuestra actitud, un ambiente sereno preparado tal vez con algunos elementos distintos que acompañen la época, por ejemplo unas guirnaldas caseras de hojas si es en otoño -hermanos mayores suelen hacerlas con alegría-, estrellas de papel si es invierno o verano, transparencias con flores en primavera. Algunas de estas cosas podemos guardarlas y sacarlas nuevamente el próximo año. Un hada de cumpleaños de vellón puede aparecer cada año otra vez, acompañada de tantas palomas o pájaros como años cumple el niño. Suelen alegrarse mucho los niños cuando año a año vuelve el hada -o lo que elijamos- para este evento. Una rica torta, acorde a la edad del niño; que él pueda comerla es importante. Cuando los niños son más grandes, podemos en casa vestir una silla de manera especial.

Los cumpleaños al aire libre -plazas, jardines, río- suelen ser fuente de alegría para los niños, tanto cumpleañeros como invitados, ya que merma mucho el aturdimiento y aunque sea siempre la misma plaza, al crecer ellos también, cambian las posibilidades que la plaza ofrece. Suelen no necesitar demasiada intervención de los adultos. Contemplando las diferentes edades, podemos tener a disposición objetos pertinentes que inviten a jugar: tizas de colores para pintar o armar distintos juegos, baldes y palas; para niños más grandes puede haber zancos, pelotas, camicletas.

> *Festejamos el cumpleaños de Simón en el parque: el de dos, el de seis, el de diez, el de doce... cada año llevamos un mantel, frutas, galletitas que hicimos juntos, una torta... y algunos elementos que enriquecieran el poder hacer con autonomía: para el de dos fueron cosas para jugar en la arena, una manta, tizas para dibujar en el piso... A medida que fueron creciendo -y crecía también el número de invitados- armamos desafíos como sogas para caminar entre árboles, algún juego tradicional que suele involucrar varios sentidos: las siete maravillas, la búsqueda del tesoro con pistas por el parque, la rayuela. Para el de doce alcanzó con llevar una pelota, ya ellos or-*

Cumpleaños adentro

Por diversos motivos uno puede llegar a la situación de tener que festejar en un salón; y pensamos que en este contexto, también podemos rever qué se ofrece. ¿Queremos música fuerte todo el tiempo? ¿Queremos un animador gritando por un micrófono, promoviendo la excitación –la sobreexcitación, podríamos decir- de los niños? ¿hay alguna edad donde los niños "necesiten" los juegos virtuales que se ofrecen en algunos locales de festejos para niños? **Podemos decir a todo esto, que no.**

En muchos ámbitos de nuestra vida se ve el apuro por tratar a los niños como si fueran adultos y después nos sorprende que niños de 13 años tomen las escuelas, que niños y niñas se expongan en las redes como modelos sensuales... Cumpleaños de niños con bolas de espejo, música adolescente, luces de colores en la oscuridad… Hay una gran oferta de estímulos inadecuados, que el mercado nos ofrece y frente a los cuales **podemos decir que no.**

Proponemos volver a **mirar a los niños**; un ambiente tranquilo y seguro, con posibilidades de explorar y desplegar su juego y movimiento, ¡hará que todos la pasemos mejor!

-Mamá… ¡quiero de la comida de los grandes!

La calidad de la comida, es otro gran tema en los cumpleaños. Que se ofrezca a los niños comida chatarra y a los adultos algo más casero y saludable, es una viñeta que todos conocemos y habla de nuestra mirada como sociedad a estos eventos que creemos que son para los niños.

Seguimos invitando a la reflexión. ¡Todo esto puede ser de otra forma! Podemos decidir.

Acontecimientos especiales

Hay situaciones especiales que no tienen ritmo establecido pero pueden tener un pequeño ritual sutil y profundo,
por ejemplo después que un niño hace un proceso de fiebre*, podemos encender una vela ya que es algo realizado
por el niño de gran valor. O cuando corta un diente, cuando
dice "yo" por primera vez, entre otras cosas. No es un llenar
de aplausos ni decir "que genio sos" sino una profunda valoración respetuosa, de veneración interna a esa nueva conquista en el niño.

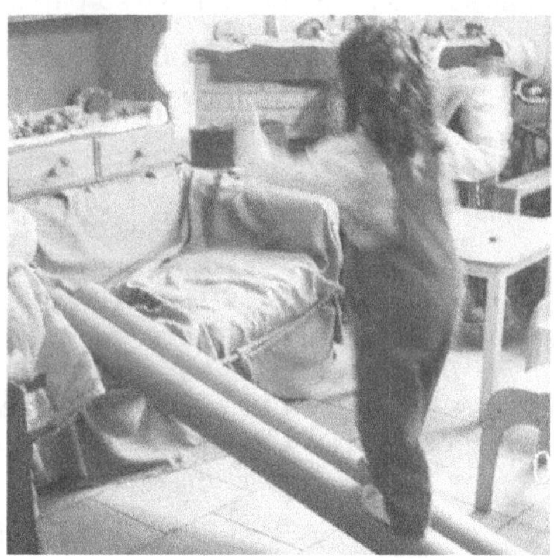

Objetos simples pueden ser buenos aliados los días de lluvia cuando no podemos ir a la plaza o para días de convale-
cencia, donde el niño está saliendo de una enfermedad. Ya
pasó el agudo, se siente mucho mejor, tiene nuevamente ganas
de jugar pero necesita aún días en casa para recuperarse.

En este caso, dos largos cartones encontrados ofrecieron
muchas y muy variadas posibilidades de juego.

---

* Ver Glöckler, M. Pediatría para la familia. Editorial Antroposófica.

Concretizando el tiempo

El papá de Pablo suele viajar. La mamá al observar como él se desorganiza en la inabarcabilidad de hasta cuando su ausencia, manifestada en el *¿Cuándo vuelve?* decide armar para él **algo gráfico y tangible, ya que para un niño tan pequeño contar los días o nombrarlos sería una abstracción.** Cuelga una cinta a lo largo de una pared y cuelga con pequeños broches un dibujo dentro de un sobre para cada día. Pablo cada día al levantarse corre a abrir un sobre, y cuando ya no hay más sobres para abrir... llega su papá.

Luego de unos años, en vez de dibujos hubo un cuento que su mamá le leía cada día un poco y más adelante aún fueron adivinanzas y trabalenguas.

> *-¿Qué es un rito? -dijo el principito.*
>
> *-Es también algo demasiado olvidado -dijo el zorro-. Es lo que hace que un día sea diferente de los otros días; una hora, de las otras horas. Entre los cazadores, por ejemplo, hay un rito. El jueves bailan con las muchachas del pueblo. El jueves es pues, un día maravilloso. Voy a pasearme hasta la viña. Si los cazadores no bailaran en día fijo, todos los días se parecerían y yo no tendría vacaciones.*
>
> *Antoine de Saint-Exupéry, El Principito.*

9.

Compartiendo la crianza

"El niño de esa primera fase que, aparentemente "todavía nada entiende", es el que con mayor intensidad asimila los más profundos contenidos anímicos de su medioambiente."

B. Lievegoed. El niño antes de la segunda dentición.

Llegamos con este a uno de los últimos capítulos del libro. Venimos reflexionando acerca de las cualidades de los niños, los entornos que favorecen su desarrollo saludable. Poder detenernos en cuándo este entorno se agranda más allá de los límites de la familia nuclear, nos parece importante.

Hay muchos y diversos motivos que nos pueden llevar a compartir la crianza; a que haya momentos donde nuestro niño queda al cuidado de una persona que no somos nosotros. Puede ser por trabajo o porque necesitamos hacer una pausa para recargarnos de energía y estar mejor con nuestro niño. A los maestros no nos compete juzgar, sino colaborar en que este paso sea vivido de la mejor manera posible por todos sus protagonistas.

Nos parece fundamental tener en la conciencia algunos puntos que nos pueden ayudar a darle a esto una forma que sea saludable para todos, especialmente para el niño.

- Si compartimos la crianza con una niñera o llevando al niño a un grupo de juegos o jardín:

  ❖ Tomarnos el tiempo de elegir a la persona o lugar que nos inspire confianza.

  ❖ Preguntar en el jardín todo lo que necesitemos saber en función de cómo será tratado nuestro niño en diferentes situaciones: período inicial, alimentación, sueño, cambiado, juego, etc.

  ❖ Si es niñera en casa, transmitirle con claridad nuestra mirada y forma de hacer las cosas.

Una vez a un taller de cuatro encuentros, vino al primer encuentro la mamá, al segundo la mamá y el papá y a los demás: la mamá, el papá y la niñera, ya que se dieron cuenta que la niña pasaba mucho tiempo del día con ella y era importante que ella también vivenciara y estuviera al tanto de cómo ellos querían acompañar a la niña.

- En todos los casos, considerar que el tiempo que el niño esté con otra persona sea orgánico dentro de su ritmo… porque **los referentes fundamentales seguimos siendo los padres, y necesita tiempo compartido con nosotros.** El estar con otras personas es un esfuerzo para el niño, y a esto debemos estar muy atentos.

- Sea alguien en casa o los maestros del jardín, **la comunicación** que se entable con ellos es fundamental, porque **hace a la mirada al niño, que es uno y único aunque lo cuiden diferentes personas.**

Entablando nuevos vínculos

Sea que alguien comienza a cuidarlo en casa, sea que lo llevamos a un grupo de niños, **el punto de partida es el encuentro vincular del niño con esa persona que será su referente en nuestra ausencia.**

Construir esta confianza tiene tres grandes pilares: el encuentro que se genera entre el nuevo referente y el niño; el encuentro que se genera entre los adultos -sobre este se apoyará el del niño- y nuestro propio vínculo con el niño.

Y en relación a los vínculos, **sabemos ya que se construyen en el tiempo.** Así como al estar frente a un recién nacido vamos de a poco decodificando sus señales, respondiendo a ellas, mostrando en este gesto nuestro interés en comprenderlo y en darle la posibilidad de ir conociendo el mundo, así se irá forjando de a poco el encuentro del niño con cada adulto que lo cuida.

La confianza que el niño tiene en sus padres es el punto desde el cual construye la confianza en ese nuevo adulto. Por este motivo, partir de tiempos compartidos donde estén ambos adultos, es para el niño fuente de seguridad.

En casa, un tiempo acotado donde quien lo va a cuidar pueda participar observando y poco a poco entrando en cómo es su dinámica en el juego, en el movimiento, en los cuidados del niño: permite que conozca al niño y que el niño lo vea, sabiendo que es de confianza para su referente habitual, además de favorecer que los adultos se vean en situación y puedan hablar de los temas que haga falta hablar.

En el jardín, que los padres participen en la adaptación, favorece que el niño pueda de a poco conocer todo lo nuevo, que entable vínculo con su maestra o maestro estando tranquilo, y que los padres -especialmente en el jardín maternal- conozcan y puedan poner palabras a lo que sucede allí, cuando están en casa.

Insistimos en la importancia de este encuentro del niño con el nuevo referente, ya que una vez que este está dado, es muy sencillo alargar los tiempos en que se quedan juntos. Pero para eso, es fundamental darle a esta construcción inicial, el tiempo necesario.

En un hogar de niños la situación es diferente: el niño llega, y ya se quedará en el hogar, todo es nuevo para él. Pero así y todo, se evidencia el proceso de ir armando el vínculo con quien, quienes serán sus referentes. Lo que no tiene de gradualidad, este proceso, lo tendrá de presencia y disponibilidad: sus necesidades serán prioridad, y los tiempos de espera irán creciendo a medida que vaya entrando en confianza, y en el nuevo ritmo.

El *período* inicial en el jardín

En capítulos anteriores hablamos de cómo recibimos al niño; en el caso del jardín, la imagen es "los maestros, recibimos al niño con sus adultos", porque el niño llega por ellos, y es con ellos. Que maestros y padres se conozcan previamente, puedan compartir sus expectativas y hacer acuerdos de la mejor forma de acompañar al niño, que armen un equipo, es ir ya preparando ese nuevo espacio para él.

Los jardines surgen, por definición, como lugares donde los padres llevan a sus niños, los dejan a cuidado de los maestros, y vuelven luego a buscarlos. Diferenciamos entonces un jardín de un grupo de crianza, o de ir a la plaza, y esto va de la mano de saber cuál va a ser el rol de cada uno.

La imagen arquetípica de los padres va a ser la de entregar al niño y la de los maestros, la de recibirlo. Pero como ya dijimos, llegar a esto es un camino que recorremos juntos. Y nunca está demás recordar, que dejar al niño en el jardín no es abandonarlo, ni lanzarlo para que los maestros lo tomen: es elegir un lugar con la cabeza y el corazón, donde llevar al niño con alegría... sabiendo que esto genera en los padres muchas veces sentimientos contradictorios, especialmente si se trata de niños de 0 a 3 años.

Teniendo en cuenta esta imagen, es que solemos decirles a los padres que "no arrancamos niños de los brazos de sus padres" "si ustedes nos lo entregan, nosotras lo recibimos". La maestra tironeando del niño que se agarra con brazos y piernas de quien lo ha traído, es justamente la antiimagen de lo que estamos planteando.

Cada jardín le da a este período su forma particular; pero sabemos que la presencia de los adultos de confianza a la vista del niño hace que él pueda estar tranquilo y desde esa calma, perceptivo a lo que sucede en el nuevo espacio. Porque no es solo que está conociendo a su maestra: también está conociendo a los demás niños, un espacio nuevo, objetos nuevos, ritmos y haceres diferentes a los de su casa.

Que no haya ni demasiados niños, ni demasiados adultos en el ambiente, es algo que facilita estos procesos de percepción y de encuentro. Si de un grupo que va a tener 12 niños, podemos invitarlos en grupos de 3 o de 4 -y cada uno viene con UN adulto-, esto favorece que las maestras se vayan encontrando con cada uno, aunque sea unos minutos, y esos son momentos fundantes.

Hay países donde hasta que no comenzó a quedarse un niño, no se recibe a otro: los grupos tienen dos maestras, por lo que van ingresando los niños de a dos. En Argentina estamos lejos de esta forma, pero la de armar grupos acotados, suele darnos buenos resultados.

Generalmente los niños permanecen unos minutos muy próximos a su adulto, para de a poco ir tomando distancia. Es el niño el que va tomando distancia, no nosotros que lo empujamos; y lo hace cuando se siente seguro, convocado por algo que sucede a su alrededor, y con la certeza de que su adulto está ahí. Es más: estos primeros días de jardín, muchas veces vemos que los niños toman distancia, despliegan una secuencia solos, o con otros niños, o con su maestra; y vuelven un rato al regazo de su adulto, para luego alejarse otra vez. Magda Gerber llama a esto "recarga emocional"; una definición muy gráfica de lo que el niño está haciendo; es como una nueva versión de la historia de Sonia y la rampa, del capítulo de Juego.

Este ir llegando, es gradual y tiene muchas formas, todas valoradas.

Para muchos niños, ir llegando, es observar estando en el regazo o al lado de su adulto. Vemos cómo le brillan los ojos, sonríen, miran atentos. Es habitual que los padres nos cuenten que luego en casa el pequeño nombra a los niños, o hace los versos o canciones que ha escuchado en la sala, o despliega juegos o acciones que ha visto en el jardín.

Otros, toman distancia cuando ven que las maestras hacemos algo que los convoca: amasamos, regamos, ordenamos algunos juguetes, guardamos la ropa y los pañales que trajeron de casa...

Que las maestras estemos disponibles, acercando materiales que nos parece les va a interesar, poniendo palabras si llama la atención algo que sucede en el jardín, también es una forma de ir acercándonos. Y así, vamos conociendo algunos de los intereses, las iniciativas y las cualidades de cada niño.

En todos los casos es preciso estar atentos a no presionar: esperamos que este construir el salir de casa más el encontrarse con otros, sea algo vivido con alegría, confianza y tranquilidad.

Solemos pedirles a los padres que se queden sentados, en el ambiente donde está inicialmente el niño -sea adentro o afuera en el parque- haciendo algo con sentido -les damos para tejer, coser, arreglar algo... no cuenta hablar por celular ni sacar fotos- y que se queden en el mismo lugar. Vimos muchas veces niños que se separan de sus padres unos metros, arman un juego, y si al pasar la mirada por el lugar donde antes estaba su mamá, ahora no la ven... entran en un estado de alerta: dejan de jugar, buscan y van a donde está su mamá, se quedan más cerca y más atentos a lo que ella hace.

El gesto de los maestros es el de recibir: estar disponibles para armar una confianza con el niño que comienza a llegar. Otra vez, darle al niño la seguridad afectiva que necesita. Aquí también es una obviedad que cualquier tipo de presión juega en contra de esa confianza. Estar cerca y atentos, nos permite de a poco ir reconociendo las señales del niño y responder a ellas, intentando estar tan cerca o tan lejos como el niño necesite.

Segunda semana de jardín. Sala de dos años. La maestra comienza a preparar los elementos para amasar. Varios niños se acercan a la mesa. Cuando la masa está lista, la docente pone frente a cada niño un poco de harina sobre la mesa. Una de las niñas que miraba expectante, se larga a llorar con angustia. Se consuela en el regazo de su mamá.

Conocer los tiempos y las señales de cada uno. Saber que nuestro lento le puede resultar rápido al niño. Y que todos los niños son distintos. Conocer a cada niño, es la gran tarea de estos primeros días de jardín.

El niño vendrá al inicio un tiempo acotado, que no alargamos hasta que no comienza a quedarse en el jardín con las maestras como referentes. Este tiempo, varía según los niños, y es un tiempo que vamos acordando con los padres.

Las maestras intentamos ofrecer un ritmo y un espacio estable, que le posibilite a los niños ir interiorizando lo que sucede en el jardín, y hace que sepan lo que va a suceder: esto es fuente de calma también. Y hace posible, que cuando los padres comienzan a retirarse, puedan remitirse al ritmo: "después de que coman la fruta, vengo a buscarte", "jugás un rato en el patio, entran a comer, hacen el verso y vengo".

Que los adultos puedan poner palabra avisando que se van, y que van a volver -esto último es fundamental- es de suma importancia para que el niño pueda quedarse. Hablamos de palabras claras y concisas. Un adulto que se despide y se queda en la puerta; o que vuelve sobre sus pasos para decirle al niño que ya está jugando: "no me diste un beso"; o que le pregunta reiteradas veces: "te quedás en el jardín, ¿no?", hace dudar al niño, que lee su inquietud.

Un papá en la sala en período inicial desde hace varios días. En este momento es el único padre en la sala. Se acerca a su hija que está jugando en el entorno de las maestras:

-Teresa, me voy a tomar un café y vuelvo.
- Sí –dice la niña.
-¡¿Cómo que sí?!

Obviamente, este papá se quedó en la sala este día y al otro día se despidió con más convicción. Fue muy lindo, al año siguiente, escuchar cómo él mismo podía acompañar a otros padres que empezaban a transitar el llegar al jardín. Y de esta anécdota, ¡nos hemos reído mucho juntos!

Decíamos antes que vamos acordando con los padres cuándo es el momento de comenzar a retirarse de la sala, ya que son ellos quienes más conocen al niño. De a poco vemos que los niños no están dependientes de los padres para poder armar juego, y que van desplegando sus iniciativas; que las maestras somos referentes si tienen hambre, sed, si necesitan un objeto que no está al alcance, o si hay que resolver una situación con otro niño. Que tienen confianza para tomar distancia de la mamá que queda en la sala, por ejemplo, y viene el niño al patio con nosotras... que lo vemos cómodo en el fluir de la sala.

Hay niños que cuando sus adultos les dicen hasta luego, les dicen *chau*, y siguen jugando. Hay otros que no pueden aún despedirse, y los mismos padres nos dicen "va a llorar unos instantes, y luego se calma". **El niño se calmará con nosotras, si está armado ese puente de confianza.** Este paso lo damos cuando sentimos que ya tenemos un piso de conocer al niño, y sobre él apoyamos nuestros gestos y palabras, sentimos que podemos contenerlo. Parte de la contención es poder remitirnos a las palabras de su adulto que dijo -por ejemplo- "vengo después del verso", y ya conocemos en qué ámbitos de la vida de la sala el niño podrá encontrar un espacio donde sentirse a gusto.Y obviamente, si no logramos contenerlo, llamaremos a los padres; ya que consideramos que tener a un niño llorando con angustia es una gran fuente de estrés para el pequeño, que no se siente percibido, claramente, si se lo deja llorar pensando: "ya se va a calmar cuando se acostumbre", no se lo está percibiendo.

Un niño que llora, está manifestando algo que intentamos decodificar y responder.

El lenguaje corporal está muy ligado a las emociones, nos las muestra. Por eso insistimos en darle valor comunicacional a los gestos, a las acciones de los niños, aunque ya estén empezando a hablar. Hay muchas cosas que aún no las pueden expresar con sus palabras, pero sí lo hacen con sus gestos. Básicamente preguntarnos acerca de si está tenso o distendido, ya es algo que nos da mucha información, y a su luz podemos pensar qué entorno le ofrecemos nuestras actitudes, los ritmos, los espacios y tiempos…

Otra vez el valor de la palabra. **Los niños confían en nuestra palabra.** Un niño que está angustiado puede calmarse cuando le contamos lo que vamos a hacer, lo que está pasando y le abrimos el espacio para jugar o hacer a nuestro lado.

La seguridad con la que los adultos se despiden, es fundamental para que los niños puedan quedarse en el jardín. Sabemos -como maestras y como madres- que los niños perciben nuestros sentimientos, y resuenan en ellos. Si los padres se van angustiados, hay muchas chances de que el niño se quede angustiado.

Saber que maestros y padres podemos encontrarnos, y hablar en un ámbito sin el niño delante, de todo aquello que necesitamos compartirnos para poder crear un entorno de seguridad y claridad para él, es parte esencial del período inicial... y de todo el año.

El trabajo conjunto de maestros y familias, podemos leerlo como armar juntos un cuenco para los niños. Si previo al inicio de clases hubo días de trabajar juntos en la sala, pintando, ordenando, limpiando… y los niños con sus familias han podido habitar ese espacio, eso ya es parte del "llegar al jardín". "Ese perchero lo puso mi papá". "Ese estante lo puso mi mamá", decían una vez, muy contentos, unos niños de dos años, sabiendo que sus padres eran parte de la sala.

Es muy habitual que los niños que comienzan a quedarse en el jardín estén al principio, o al principio de cada día, muy cerca de su maestra referente. Esto lo vemos aun en la sala de los niños más grandes, los de 3, 4 y 5 años. Los pequeños hacen un vínculo más estrecho primero con una de nosotras, y luego lo extienden a la otra. Una vez más, así nos demuestran el esfuerzo que es estar entablando vínculos, y cómo lo van haciendo de forma gradual.

> *-Ya conocés el jardín, hoy te podés quedar solo- decían los padres al niño luego de semanas de ir juntos a la sala una hora por día.*
>
> *-Yo solo jardín no- decía el niño.*
>
> *Cuando nos encontramos los adultos a hablar, los padres armaron un nuevo mensaje: "en el jardín te quedás con tus maestras, que te cuidan; y nosotros venimos en un rato a buscarte".*
>
> *Porque es claro que no se va a quedar solo en el jardín, tampoco es que un niño se queda porque están los demás niños… Los niños, vienen al jardín, porque los maestros estamos para recibirlos… y porque tienen internalizada la seguridad afectiva que le brindan sus padres.*

Bruno Callegaro, médico escolar, nos hablaba hace unos años de las fuerzas vitales que el entablar vínculos demanda, y de ahí, tomar conciencia de su importancia y tratar en el jardín que los niños -más si son pequeños- estén con la menor cantidad de adultos posible. En la sala maternal, tomando en cuenta todo lo visto ya al detenernos en los momentos de cuidado, que sea la misma maestra, su referente, la que cambia, alimenta y acompaña al sueño a cada niño, es un eje pedagógico básico.

El ritmo de la sala se va afianzando de a poco. Las maestras tenemos alguna idea previa, pero esa idea se ajustará en función de cada niño, que en su conjunto, conforman la sala. Quizá pensamos comer a media mañana, pero nos damos cuenta que llegan a esa hora muy cansados e irritables; y que todos se sienten mejor si han comido ¡entonces hay que rever ese horario propuesto! Parte del período inicial, es para las maestras armar un ritmo con todos los ritmos... y de a poco, un ritmo común, donde todos fluimos.

En los grupos de más pequeños, con niños que aún comen en regazo, armaremos un ritmo donde cada uno tenga su momento de alimentación, quizá previo a una merienda compartida por otros niños que ya comen con más autonomía; pero siempre apuntando a armar un ritmo que sostenemos en el tiempo, que es visible, y que los niños pueden hacer propio.

Un ejemplo del jardín; varios meses luego de haber empezado las clases: los niños llegan a las 8:00. Carmela, de 14 meses, tuvo un viaje largo desde su casa, 8:20 suele estar lista ya para una fruta. Ella es la primera en comer en el regazo de su maestra, y después explora en el área de juego. Luego Lucas come en el regazo. Luego Ernesto. Luego Lucía. Después meriendan cuatro niños juntos, y luego otros cuatro, en la mesa con una de las maestras. Es el momento de cambiar a Carmela, y llevarla a su cuna para la siesta. Después a Lucas. Después a Ernesto. Después a Lucía. Mientras ellos duermen, es el cambiado de algunos de los demás niños. Un poco más tarde, comienzan los almuerzos: algunos niños comen, y luego hacen la siesta. Se van despertando los que dormían, algunos almuerzan en el jardín, a otros los vienen a buscar al mediodía.

Una mamá acompaña el período inicial de su hijo, que se suma al grupo luego de unos meses de su apertura. Está en la sala, sentada en un un rincón del área de juego, viendo cómo algunos niños de un año exploran, mientras una de las maestras llama a dos niños para comer, y los acompaña al área de cuidados, separada de la otra por una baranda. Asombrada pregunta *¿Cómo hacen para que unos jueguen mientras otros comen, y no quieran ir todos a comer?* ¡Es que ya cada uno sabe cuándo come... y lo más importante: ¡saben que nadie se va a quedar sin comer!

Comer en el jardín, para algunos niños es un lugar de pronta confianza, para otros, es de los últimos en conquistar ¡Cada uno tiene su tiempo! Hay niños que, el primer momento en que se quedan con las maestras, es la merienda: quizá porque es un momento donde es claro lo que hacemos, pueden anticipar lo que que va a pasar... distinto al tiempo de juego libre. Para otros, comer en el jardín es empezar de a poco a armar nuevos hábitos, incorporar otros sabores...

Con estos ritmos que estamos compartiendo, tanto desde el juego como desde los cuidados; es evidente que **se quiebran los paradigmas del colectivo social "en el jardín los niños hacen todos lo mismo al mismo tiempo" y "la maestra prepara las actividades para que los niños hagan, y la auxiliar cambia los pañales, cuanto más rápido, mejor".**

Muchas veces ir al jardín es la primera vez que vemos al niño entre pares; a lo que se suma en el jardín maternal el desafío de que el niño no tiene esto -tan difundido socialmente- de "socializar" ¡él no tiene todavía conciencia de sí mismo, menos aún de otro! Esta variable muchas veces muestra cosas nuevas del niño, desconocidas para sus adultos, que vuelven a plantearse si es el jardín lo mejor o no para su niño en este momento: niños que comienzan a replegarse, otros que de pronto pegan o empujan a otros.

Hay familias que llegan diciendo "le encantan los chicos, en la plaza siempre va tras ellos, por eso decidimos traerlo", que luego se dan cuenta de que su observación era acertada, pero no era más que eso: estar con ellos y ver juntos a otros niños, o alejarse un poco, sabiendo que su adulto está ahí con él.

Cuando los padres lo ven pequeño para ir al jardín, porque a veces recién en la situación dimensionan los esfuerzos que se requieren del niño -esperas, nuevas formas y ritmos, formas de otros niños- y tienen la posibilidad de cambiar de opción, los niños suelen relajar al quedarse en casa, e iniciar su ir al jardín en la sala de infantes teniendo más herramientas para salir de su hogar y estar con otros.

Un grupo de adultos, cuidando a un grupo de niños

La llegada al Jardín maternal o al grupo de juegos, es comenzar un compartir con otros la crianza, no solo con los nuevos referentes de los niños, sino entre todas las familias. Cada niño viene a la sala desde su propio pequeño mundo, y esos mundos comienzan a compartirse: canciones, juegos, hábitos, sabores, relatos, piojos o algún virus, todo confluye en el compartir cotidiano de los niños.

Por eso, hacemos hincapié en la conciencia de ese cuidar entre todos, pudiendo sostener los acuerdos previos, estando atento a si hay que hacer nuevos, ejercitar el pensar en el niño de cada uno y en los demás. Cuidamos los horarios, la calidad de los alimentos que traemos para compartir en la sala, el bienestar de los niños -los niños con dolor de panza, ojos irritados o mucho resfrío ¡no están para venir al jardín! Cuidamos en comunidad.

Es precioso cuando se percibe en la sala que se arma una comunidad: para muchos padres y madres, es encontrarse con otros que comparten sus ideas en relación a la crianza, y comienzan a formarse redes que contienen, comunican y sostienen. Una vez más, ¡esto es un tesoro tanto para los adultos como para los niños!

> *Cuando terminó el año en la sala maternal, y nos encontrábamos en la reunión final de padres, pude expresar, conteniendo un poco las lágrimas, todo lo que sentía por dentro: por un lado agradecía a las maestras por todo su apoyo y su amor, el primer año de mi hijo en el jardín había sido muy valioso e inolvidable en gran parte gracias a ellas y a su entrega diaria; y también agradecí a todos los padres*

*y madres, quería abrazarlos como manera de expresar mis
sentimientos, nos recibieron como si nos conocieran de toda
la vida desde el primer día, y eso queda para siempre guar-
dado en el corazón. Compartir una idea de crianza para
nuestros hijos e ir hacia adelante con ella, nos identifica y
nos cruza en este camino, nos forma como Comunidad.*

Palabras de un papá de la sala maternal

*Recuerdo con enorme alegría a mis padres involucrados
en el jardín del barrio, que visité desde los dos años. Si
bien mis recuerdos más nítidos son de cuando mi hermana
menor iba y yo era un poco más grande, llevo atesorada
esa vivencia de comunidad, de red. Esas vivencias tuvieron impacto cuando fui maestra jardinera. El encuentro
y el trabajo con las familias fue siempre una parte sustan-
cial de la tarea, lo llevaba adentro como parte imprescin-
dible e indiscutible del ser maestra, lo llevaba adentro
como cuenco de gratitud que irradiaba alegría y posibilidad de encuentro.*

En hogares de niños y familias de tránsito

En estos casos, también cuidamos garantizar la seguridad afectiva del niño, brindarle posibilidades de movimiento, juego autónomo y ofrecerles un ritmo saludable ;y
así como la maestra nunca pretenderá ocupar el lugar de su
adulto referente -madre, padre, abuela o quien esté mater-
nando- de esta misma manera tenemos que cuidar en hogares de niños y familias de tránsito -si bien sí están a
nuestro cuidado, y somos su referente afectivo- de no usur-
par un espacio que no nos corresponde. Tener presente que
entre nosotros y el niño hay un **espacio sagrado destinado
a la familia de ese niño** -sea biológica o adoptiva- otorga
mucha **salud al vínculo**.

En algún lugar hay alguien que lo espera. El arte de ser
amoroso y respetuoso sin invadir ese espacio, **evita un
nuevo abandono, un nuevo desgarro, una nueva herida**

cuando el niño se va. Esto tenemos la posibilidad de corroborarlo una y otra vez en Amaranta.

Nos dijo una vez una joven mujer llorando: ¡Haber sabido esto antes! Cuando era niña, mi familia fue familia de tránsito por 10 años, era un desgarro tras otro. Cada vez que se iba un niño quedábamos todos destruidos hasta que llegaba otro y así. De haber sabido esto, hubiera sido mucho más saludable.

¿Cuántas horas puede ir el niño al jardín maternal?

Hablamos antes del esfuerzo que es para el niño estar con otros, y de cómo el ir al jardín tiene que ser parte de un ritmo saludable. Y saludable, implica sin duda la necesidad que el niño tiene de compartir tiempo de calidad con sus padres: eso es vital para él.

En nuestra experiencia, vemos que los niños más pequeños que van al jardín –los que tienen alrededor de un año, un poco más o un poco menos- son generalmente llevados porque sus adultos trabajan. Conocemos salas donde la jornada que se ofrece es de cuatro horas, y está la opción de jornada extendida de seis; y la gran mayoría de los de uno hacen esa jornada de seis, que les permite a sus adultos un turno de trabajo; y es para ellos jugar, comer, dormir la siesta en el jardín, y luego ir a casa.

En encuentros con maestras maternales de diferentes jardines –tanto Waldorf como no Waldorf- que nos piden que las acompañemos en su tarea, muchas veces surge el compartir casos de niños que les generan preguntas, que les preocupan. Por lo general son niños que les cuesta armar juego, vincularse, comunicarse… pero en todos los casos, han sido situaciones de niños que están en el jardín entre ocho y diez horas; y que además, a eso se suma luego la ausencia de su adulto porque estudia, porque hace otra actividad… No estamos diciendo que todos los niños que están ocho horas en el jardín hacen síntomas; estamos compartiendo la cualidad que observamos en la práctica, que los niños que nos generan preguntas, nos muestran en general que les falta tiempo de verdadero encuentro con sus adultos. Creemos que es una señal para que estemos atentos, tanto padres como docentes; y que no perdamos de vista que el niño es pequeño ahora, que el tiempo pasa más rápido de lo que nos imaginamos, y que lo que el niño vive estos años, es base para el resto de su vida.

¿Cuántas horas puede ir el niño al jardín maternal? Lo decidiremos mirando al niño, a toda la situación que nos rodea, siendo conscientes que el esfuerzo que es para él ir al jardín, se tendrá que acompañar con un esfuerzo de nuestra parte también.

Acompañando al que cuida

Los espacios donde cuidamos niños pequeños, necesitan un abrazo que los sostenga. Si es la sala maternal del jardín de infantes, este abrazo lo da el jardín todo. Si es un jardín solo maternal o un hogar de niños pequeños, este abrazo lo da la organización de la institución, muchas veces apelando a la comunidad también.

Estamos pensando en distintas cualidades de abrazo.

Una es **cómo favorecer que los niños se encuentren con sus referentes, en su día a día.** En el cotidiano, esto implica recibir ayuda en cosas prácticas: los alimentos llegan a la sala preparados por otros, nosotros no atendemos puerta, ni teléfono. En los momentos en que se está recibiendo un nuevo niño, o que el grupo demanda mucha presencia, si viene un adulto más, acompaña la mirada del área de juego, y los referentes del grupo pueden dedicarse a los cuidados corporales de los niños.

Todo esto se repiensa en cada situación. Recordamos momentos donde una niña empezaba a quedarse en el jardín, pero necesitaba a su referente muy cerca para poder estar tranquila: tranquila quiere decir que puede jugar, comer, dormir. Niños muy pequeños, a veces necesitan mucho estar en brazos, hasta poder rearmarse y sentirse seguros. En estos casos, por unos días, la otra referente del grupo puede tomar algunos momentos de cuidado de quien ahora está recibiendo a esta niña o niño, que será en este tiempo el primero en ser atendido, les avisamos a los demás: ahora te va a cambiar... Es como un salirse un poco de ritmo, para encontrar el nuevo ritmo. En el momento esto demanda mucha energía, pero son situaciones que por lo general duran pocos días, porque cuando los niños se sienten cómodos, todo el ritmo vuelve a fluir.

> *Cuando abrimos la sala maternal, los niños fueron llegando de a poco a hacer el horario completo. Los momentos de cambiado y final del día eran los más delicados para el grupo, y muchas veces requerimos un par de manos más, que eran las de la maestra directora, que no tiene sala a su cargo. Siendo tres, el clima de la sala relajaba: ella solía venir y ponerse a lavar la vajilla de la merienda, eso ya armaba un espacio de aire para varios niños. En esa época, nos llegaba de la cocina el arroz, el mijo, la merienda de cada día ya preparada. Estuvimos todo el primer cuatrimestre sin abrir la puerta que comunica la sala con el resto del jardín; el chiste interno era que era Narnia, un mundo paralelo del otro lado de la puerta. Después de las vacaciones de invierno, todo estaba más firme. Comenzamos a salir de la sala a llevar el pan amasado a la cocina, a buscar el arroz, algunos a ir al baño. Comenzamos de a poco a conocer el resto de la casa... llegamos hasta a cocinar bizcochos y repartirlos en las salas de los grandes, ir a visitarlos, las salas*

Otra cualidad de abrazo, el **sostén a la maestra o cuidadora que acompaña un grupo, en espacios de reflexión sobre la tarea y lo que esta tarea moviliza en nosotros.** El acompañar el cotidiano del grupo, demanda energía y presencia, pero el recibir a un niño nuevo, más aún. Y si vemos que hay algo que no termina de fluir entre quien recibe y el niño, es nodal detenerse allí, e intentar favorecer el proceso. Esto puede implicar, además de ayudas en la sala, como compartimos en el párrafo anterior; espacios de encuentro para pensar la práctica, conectarnos con lo que se nos mueve internamente, no todos los niños nos mueven lo mismo ni nos conectan con los mismos lugares internos propios. Este abrazo tiene mucho que ver con el trabajo en equipo, con el clima institucional: poder abrirnos y repensarnos, solo es posible en un ámbito donde podemos compartir sin sentirnos juzgados, y pensar nuestra tarea en función de los niños que nos congregan a hacer juntos.

En un taller, la directora de un jardín de infantes tradicional, nos compartió el trabajo de acompañar a una docente que no estaba logrando vincularse con un niño que no se quedaba quieto y desarmaba el juego de los demás... "Él no me quiere" sentía esta maestra. Esto dio inicio a un enorme trabajo personal, que le permitió mirar al niño, y mirarse ella desde otro lugar.

La soledad de los maestros en las aulas, es algo frecuente de escuchar en los encuentros con docentes... un enorme campo de trabajo a enriquecer...

En el trabajo con adultos, también hace falta poder "ir a donde el otro está". Acompañar el desarrollo de la infancia con estas ideas, implica muchas veces deshacernos de viejos esquemas de acción y hacernos de nuevas herramientas. Esto lleva tiempo. Mirar al otro desde sus talentos, desde lo que puede, resulta favorecedor de cambios; por el contrario, una mirada focalizada en los errores y debilidades suele inhibir la capacidad creativa y la alegría en la tarea.

Una tercera cualidad hace al sostén de la institución. Con la mirada que estamos compartiendo, claramente los grupos de niños no son muy numerosos. Obviamente cada institución arma los grupos **de acuerdo a las cualidades del grupo y las de la propia organización,** pero la relación niños-adultos siempre es un número más bajo del que se sugiere tanto desde las normativas de educación como de lo habitual en las ámbitos de Minoridad y Familia. Esto también es un desafío a la hora de ver la sustentabilidad económica de las instituciones, y una enorme posibilidad de dar a otros, que no están vinculados directamente con la institución, la oportunidad de colaborar: surgen entonces redes de personas que aportan para que estos espacios sean posibles; y en el caso de los jardines maternales, que no requieran un aporte económico de las familias tan costoso, y que puedan ser accesibles para quien lo necesita.

En el Hogar Amaranta por ejemplo, existe un "sostén-mimo" para los cuidadores de una red extrainstitucional "Red terapéutica cuidando a los que cuidan". Terapeutas que donan sesiones mensuales de: osteopatía, masaje californiano, reflexología, terapia floral entre otras, a las personas que trabajan en Amaranta, sabiendo que su efecto positivo tiene impacto directo sobre los niños.

La unidad del niño con su madre: mirando juntos al niño

En hogares y familias de tránsito donde se reciben niños judicializados se percibe mucho la diferencia de niños abandonados, donde ya no se percibe esa ligazón vital y los niños donde la justicia por alguna razón los retiró de su familia y la madre quiere recuperarlos. Se ve la relación entre ambos aún. El niño se enferma y la madre que hace meses no llamaba se comunica para ver cómo está su hijo. O el niño está especialmente sensible o triste unos días sin que haya un motivo aparente y luego se sabe que la madre estuvo atravesando momentos difíciles en esos días.

Así como el bebé en el vientre materno está envuelto por el cuerpo físico de su madre, una vez que nace y durante los primeros 7 años está envuelto por sus fuerzas vitales. El niño está aún muy ligado a su madre en estos años.

Por esto es tan importante en el jardín, la vivencia de equipo con los padres. No podemos pensar al niño por separado ya que se encuentra dentro de su vitalidad.

Esto lleva a un trabajo profundo: no es que se espera que padres y maestros seamos amigos; posiblemente nos sea más fácil el encuentro con unos que con otros. Pero lo que sí es parte de nuestra tarea -tanto de maestros como de madres y padres- es mirar juntos al niño; poder encontrarnos en el observarlo y descubrir por cuáles procesos está transitando y qué es lo que necesita de nosotros ¡trabajar juntos!

Que los maestros del maternal podamos pensar en nuestros alumnos junto a sus padres y madres, colabora en nuestra mirada hacia el niño.

Cuidando la vitalidad del que cuida

Una niña de tres años dice a su mamá
-¡Gracias!
-¿Por qué? -dice la mamá.
-Porque me diste las fuerzas.
-¿Qué fuerzas?
-¡Para crecer!

Esta vitalidad donada al niño sobre todo en los primeros tres años, también nos genera, al mismo tiempo que muchas alegrías, mucho cansancio y a veces falta de fuerzas.

Poder encontrar momentos, aunque sean breves, de poder dedicarnos a nosotros mismos, con actividades que nos hacen bien, nos revitalizan, nos dan alegría nos ayuda a poder estar más presentes, más disponibles. Claro que depende de la edad del niño. Cuanto más pequeño, más cercanía física necesita.

Hay familias amigas entre sí, con niños de edades parecidas, que se juntan semanalmente y más adelante cuando hay vínculo más fuerte establecido entre los niños y de cada niño con el otro adulto se turnan para tener una vez por semana unas horas cada madre libre, mientras la otra acompaña a ambos niños.

Todo esto vale para todo tipo de relaciones familiares, sea quien sea que esté maternando.

También hay versiones más cortas; salir a dar una vuelta manzana, a cambiar de aire cuando alguien puede quedarse con el niño, darnos un baño, tomar un café con una amiga, darse media hora para hacer algo para uno mismo; para alguien puede ser escribir, para otro pintar, para otro regar las plantas ¡hay tantas posibilidades como personas hay! Lo importante es poder reciclarnos y revitalizarnos. **Aire para nosotros, que vuelve en nutrición, disponibilidad y presencia para con el niño.**

Esta tarde es sabia casera
sola conmigo
los demás sueñan
el pan ya está amasado
las verdades olidas
el chimango encontrado
el corazón tiene espacio aún
deja aletear aromas y mariposas
rima con la vida esta tarde gris topo
la quietud ampara pájaros y duendes
atesoro su latir.

Espacios compartidos

Como decíamos en el capítulo 6, la posibilidad de ir rítmicamente a la plaza, suele propiciar también espacios donde nos encontramos con otras madres o padres y sus niños. A algunos los conocemos ahí, otros son encuentros planeados. Estos encuentros suelen ser muy enriquecedores y suelen muchas veces obrar como grupos de crianza espontáneos. Espacios donde se comparten las alegrías y las preocupaciones del momento. Espacios de intercambio de experiencias que van desde las más materiales y cotidianas hasta las más profundas y existenciales. Contar con otros, poder compartir, crecer juntos. Ver crecer a los niños.

Lo mismo en los grupos de crianza, **espacios donde suele tejerse una fuerte red de sostén entre las madres** y donde los niños van teniendo también un primer grupo de pares con quienes interactuar.

Recibiendo a un niño en comunidad: abrazo de comidas

Una bella forma de recibir a un niño que nace dentro de una comunidad -escuela, jardín, club- es armando una red para acompañar a la familia en ese momento único, o sea, por ejemplo "liberando" a la familia de tener que cocinar por algunas semanas, cocinando un poco más de lo que haríamos para nosotros y compartiéndoles. Una comunidad tiene muchas personas, por lo tanto no es muy exigente.

Cada gesto de comida que se recibe en ese estado se potencia y quien recibe, recibe muchísimo más que lo que se entregó. Es un momento muy sensible y todo se magnifica.

El calor y la envoltura de compartir, acompañando a quien está llegando a la Tierra y su familia, es muy particular.

En una de las escuelas donde lo llevamos a cabo, en la reunión de padres de jardín, pedían las maestras a los padres "procuren a los niños momentos de paz cada día", y este abrazo al recién llegado es eso. Ser bienvenido con tiempo para conocerse, tiempo para adaptarse a la nueva situación, pudiendo despejar algunas tareas, como hacer las compras y cocinar, por ejemplo.

Muy importante para la comunidad es que tiene que ser hecho en libertad, solo quien lo siente, puede, tiene ganas. No puede ser un peso -"encima ahora tengo que cocinar"- no es la idea para nada, tiene que ser algo que quien pueda lo haga con amor y alegría. No se espera que todos lo hagan, y aunque hay veces que hay poco, funciona igual. No protestamos. Porque lo que estamos haciendo es una siembra, una siembra de conciencia en lo que es recibir a un ser que llega a la Tierra, unas semanas únicas e irrepetibles que requieren tiempo y disponibilidad en medio de una situación que muchas veces trae algo de "caos" hasta que la familia se vuelve a reacomodar. Y una siembra como tal requiere tiempo. Tal vez cuando la generación de niños así recibidos, crezca les parezca "cotidiano" recibir así a otros que lleguen.

A veces ser quien recibe es difícil. Ha pasado que a familias a quienes al principio les costaba la idea de recibir, les ayudó saber que si bien en este caso era para ellos y su familia, en realidad ese recibir era "para la infancia misma", para otros niños también.

Por supuesto queda en la decisión de cada familia recibir o no y eso es **respetado siempre.**

Algunas devoluciones recibidas en estos años

"Sentía que mi hija desde que nació formaba parte de la comunidad."

"No puedo creer que alguien pensó en nosotros, cuánto amor se recibe en cada plato de comida", este comentario

Una madre va a visitar a su amiga de la escuela que había dado a luz unas semanas antes. En la casa se respiraba paz y armonía, había calma, unas velas encendidas, serenidad.

Otra aclaración es que no se necesita hacer comida gourmet, por supuesto se puede agasajar con comida especial o que sabemos que al otro le da alegría, pero también podemos poner unas lentejas de más en nuestra olla, o un paquete más de fideos. Sea lo que sea suele multiplicarse al ser recibido.

Este mismo gesto se ha generado también en situaciones especiales, como la operación o internación de algún miembro de la familia u otras, que inspiraron el abrazo comunitario.

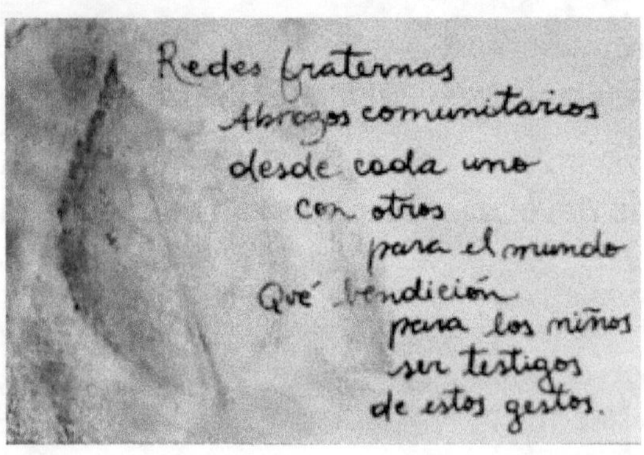

Compartiendo la crianza con los abuelos

Aromas, cantos, comidas, amor incondicional, capacidad de transformación, recuerdo de eternidad, profundidad del silencio, regalos de nuestros abuelos, huella de infancia latiendo aún.

Ser abuelo, abuela, es bien distinto que ser padre o madre.

Recibimos -¡emitimos!- a veces las quejas, que los abuelos intervienen así o asá, que opinan, que hacen las cosas a su manera… La maternidad, la paternidad, nos invita también a resignificar los vínculos.

Creemos que los abuelos pueden ser grandes compañeros en la crianza. Que si sabemos compartir nuestra mirada, pueden tomarla, al menos en algunas cosas, como aquel que, ya sabiendo que su nieta no comía caramelos, si alguien le ofrecía una golosina para regalarle, preguntaba: ¿no tenés mejor una zanahoria? y que si sabemos escucharlos, también podemos aprender de ellos.

En los cuentos tradicionales, los abuelos tienen que ver con la sabiduría, el cobijo, los consejos, la protección… creemos que hay mucho de eso en su rol.

Abuelas y abuelos son portadores de sabiduría y experiencia, de transformación, comparten el hilo transgeneracional, son puente entre el ayer y el mañana, relatando los orígenes, y aprendiendo de lo que las nuevas generaciones traen para enseñarles. Son portadores de tesoros: historias, recetas de comidas familiares... tiempo... detalles que hacen diferencia en la vida cotidiana.

> *El amor y calor que se vivía en la casa de mi abuela, lo revivo cada vez que escucho pájaros madrugada. Ellos cantaban antes que el Sol y siempre vuelven a mis oídos aun después de tantos años. Por las ventanas en cambio solo*

veía gris, el interior del edificio y sus ventanas, eso era todo. Muchas veces observo en cómo ese gris quedaba solapado por el calor y la alegría de estar junto a mi abuela. No sucedía nada especial al estar juntas, no recuerdo de qué hablábamos ni qué hacíamos… era una casa muy muy pequeña con un corazón enorme, el suyo, el que abrigaba mis tardes y transformaba el gris exterior en mantos de confianza: tan grande era el amor que ella sentía por mí.

¡Ser abuela es completud! ¡Es un privilegio que te da la vida! ¡Que volvés a ser niña jugando, tratando de entender las propuestas que te hacen los bebés! ¡Que rejuvenecés, que te energizan! ¡Que te llenan de amor! Que día a día te enseñan; que con la primer sonrisa que te hacen, tocás el cielo con las manos. Que cada mirada te muestra un mundo de pureza y que el vínculo con cada uno, te regala un mundo nuevo lleno de vida, de amor. Y que día a día me siento más feliz de tenerlos y del vínculo sagrado que fuimos creando juntos con cada uno respetando sus individualidades. ¡Los amo y me alimentan de amor cada día! Hasta me hacen creer que soy la mejor abuela del

mundo, la mejor cocinera, la mejor bailarina… Bendigo el rol que a mi otoño me regaló la vida para poder ejercerlo: ¡el de abuela! ¡Soy muy feliz de ser abuela!

Marta

"Los niños que llegan, llegan también a cambiarnos, no a dejarnos igual… Es tan movilizador, que es necesario formar equipo. Hay que acompañar en todo lo que sea necesario. Uno aprende como abuela a que sean los padres los que toman las decisiones… hay elecciones que hacen los niños, y a nosotros no nos eligieron de papás, nos eligieron de abuelos, así que así vamos acompañando cuando nos llaman, no cuando queremos entrar.

Contención: eso es lo que brindan los abuelos: apoyar a los padres, acompañar la decisión que hayan tomado, colaborar en la armonización del entorno del niño.

Y no existe abuela que no sea cuentista, contadora de historias, y las mejores, son esas que empiezan con "cuando yo era chica..." y esos cuentos, ayudarán a los niños a sentirse más seguros, a pasar una prueba…

Ser abuela, implica el amor a los nietos, que es indescriptible".

Olga

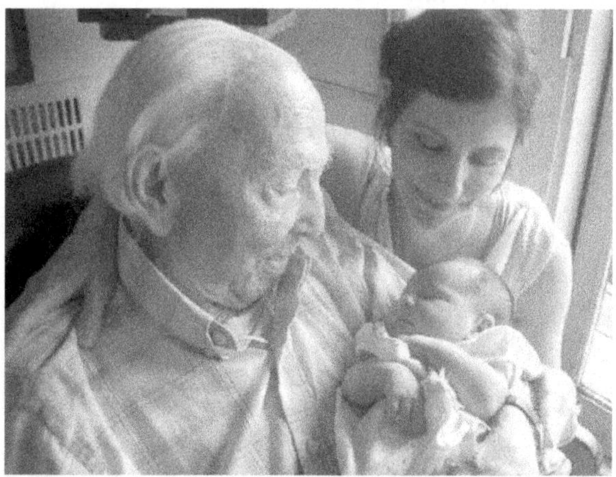

Hoy en día, cada vez más, hay también bisabuelos. Más historias y tesoros para compartir, si estamos dispuestos a escucharlos con el corazón.

En el jardín, es común la alegría el día que saben que viene su abuelo o su abuela. Recordamos el abuelo silbador de Juan, que lo esperábamos en el parque y escuchábamos su silbido cuando se acercaba por la vereda, ¡y el brillo en los ojos de Juan!; el abuelo Osvaldo de Milena, que siempre tenía algo rico para ella; a Marcos contando de la merienda en la casa de té, que era el plan de los jueves con su abuela; y la alegría que era para Teresita quedarse a dormir en lo de su nona.

* * *

Terminamos este capítulo imaginándonos una gran ronda, un cobijo formado por los adultos, que cuidamos juntos a la infancia en todo el mundo.

> *¿En dónde tejemos la ronda?*
> *¿La haremos a orillas del mar?*
> *El mar danzará con mil olas*
> *haciendo una trenza de azahar.*
>
> *¿La haremos al pie de los montes?*
> *El monte nos va a contestar.*
> *¡Será cual si todas quisiesen,*
> *las piedras del mundo, cantar!*
>
> *¿La haremos, mejor, en el bosque?*
> *La voz y la voz a trenzar*
> *y cantos de niños y de aves*
> *se irán al viento a besar.*
>
> *¡Haremos la ronda infinita!*
> *¡La iremos al bosque a trenzar,*
> *la haremos al pie de los montes*
> *y en todas las playas del mar!*
>
> *Gabriela Mistral*

10.

Algo más sobre el rol del adulto: situaciones que nos desafían

Incrementar el interés de ser humano a ser humano, debe ser un impulso fundamental en el desarrollo de la humanidad en la época del alma consciente.

Rudolf Steiner

Cuando es posible pedir consejo a otros, el más sencillo intercambio representa una liberación de la propia confusión. La mirada retorna hacia el niño, y repentinamente se renueva la capacidad de mirarlo de manera adecuada y la relación se aclara.

Anna Seydel, en Yo soy tú

Sepamos que no hay recetas… ¡Hay ideas para compartir y en el encuentro con los niños, sus referentes y/o sus familias, iremos encontrando las preguntas y respuestas que cada uno nos genera!

Acompañando la dentición

En la lupa del cotidiano maternal muchas veces hay "aparentes retrocesos" en principio inexplicables.

-No entiendo, hasta ayer jugaba lo más bien en su espacio de juego y hoy no lo puedo dejar ni un minuto porque llora.

En el momento muchas veces parece que es el fin del mundo.

-¿No serán los dientes?

-Y... se está babeando mucho y se lleva las manos desesperadamente a la boca... puede ser.

Si bien la salida de los dientes a algunos niños no les representa molestia alguna, para otros es un dolor al borde de lo soportable. Dicen que a los adultos tendrían que darnos morfina para tolerar un dolor semejante.

Muchos niños necesitan en esos momentos mucho cuerpo: sostén físico y anímico. Con la confianza y el recuerdo de que esto también pasará y sin perder la empatía por el dolor ajeno, podemos alegrarnos también, por este nuevo diente que viene.

Pueden ser de ayuda durante el proceso de dentición -dependiendo del momento evolutivo y de la estación del año- zanahorias heladas, apio helado... Algo frío para morder: mordillos naturales.

Muchas veces el cuajar de los dientes es más doloroso que la salida de los mismos, y no se ve nada a primera vista. Esto nos hace dudar a veces que sean los dientes.

Una vez que sale el diente el niño vuelve a jugar confiadamente y aliviado. Lo mismo ocurre con el sueño. El dolor interfiere con el ritmo logrado y luego que pasa, el niño vuelve a fluir con su ritmo de sueño.

"Yo" "Yo solo" "Mío" "No"

La edad de la obstinación o del desafío, como dijimos antes, cuando el niño empieza a darse cuenta que no es más uno con el mundo como hasta ese momento, cuando empieza a diferenciarse, suele ser un momento difícil de acompañar, porque el dulce niño que fluía con nosotros y nuestro hacer, comienza a "rebelarse", a querer hacer todo "solo", a decir de repente a todo que no. Lo que para nosotros es difícil, para él es una enorme conquista. Podemos alegrarnos genuinamente por ellos cuando este momento llega, mientras nosotros nos agiornamos a lo nuevo que trae el vínculo ahora, a las nuevas formas y distinta cualidad de presencia que las situaciones requieren en este momento de nosotros.

Como afirma el dicho popular:

> *Para educar a un niño se necesita*
> *el fondo de un vaso de sabiduría,*
> *un barril de amor*
> *y un océano de paciencia.*

Mónika Kiel-Hinrichsen en su libro sobre la época del desafío, comparte la importancia de **evitar o ser lo más escuetos posible en prohibiciones e imperativos** para que el niño pueda sentirse percibido y no siempre interpelado:

Órdenes	Prohibiciones
Quedate quieto	No toques
Lavate los dientes	No trepes ahí
Ponete los zapatos	No grites tan fuerte
Dejá eso	No molestes a tu hermana
Quedate sentado	No llores
Agradecé	No te ensucies
Sacate los dedos de la nariz	No rompas
Dejame tranquila	No corras tan fuerte

Muchas de las **alternativas** para evitar caer en dar órdenes o prohibir las fuimos describiendo a lo largo del libro. En breve podríamos decir:

- Utilizar el humor.

- El ritmo, que evita tener que dar explicaciones, facilitando un fluir orgánico.

- Proponer otra cosa si tenemos que decir que no a algo que el niño quiere hacer.

- Apelar a la fantasía del niño.

- Ir a donde el niño está: hablarle desde su juego.

- Convocarlos de ayudantes: como en el ejemplo del repositor de verduras.

- Proponerles tareas con sentido, donde puedan desplegar el "yo puedo" en la vida misma, no hace falta esperar el momento de crisis.

- Pedirles las cosas de a una, no varias al mismo tiempo.

Todo esto, como venimos hablando, en un marco donde la relación de niño-adulto es claramente asimétrica: estamos en diferentes posiciones, nosotros somos el adulto y ellos son niños; nosotros los cuidamos, no discutimos con ellos como si fuéramos niños y no les damos argumentos ni los esperamos de ellos, como si fueran adultos. En un clima donde es cuidado el uso de la palabra, donde sabemos que los ritmos dan seguridad y que la vida misma da al niño miles de posibilidades de autopercibirse.

Un clima donde el niño debe tener siempre la certeza de que cuenta con nosotros; que no lo abandonamos porque nos gritó o nos pegó o porque hizo algo que no debía... "Yo, igual te quiero. Igual te cuido."

* * *

Cuando los niños muerden, pegan...

Estas reflexiones surgieron a partir de inquietudes de maestras, por eso abundan en intervenciones posibles para realizar en la vida cotidiana del jardín o grupos de crianza
compartida: grupos de juego, hogares de niños. Por supuesto que estas irán de la mano del encuentro que tengamos los adultos, padres y maestros, del *mirar juntos al niño*
del que hablamos en el capítulo anterior. Porque ampliar la
mirada, considerar qué vivencias está transitando el niño
en su familia, o su familia toda, hacen al intentar comprender qué nos está manifestando.

En casos de hogares de niños, esta mirada global sobre
el niño se hace en base a los reportes de los distintos cuidadores, equipo técnico y equipo de acompañamiento pedagógico.

Los niños pequeños se manejan todavía con una notable predominancia del lenguaje no verbal; porque lo verbal
lo están armando, a la vez que están armando las relaciones
que establecen con su entorno y con los demás... porque
también están en ese proceso de separarse del entorno, de
reconquistarlo con el lenguaje y tener poco a poco una incipiente autoconciencia. ¡En los primeros años los seres humano hacemos muchas cosas!

Cuando los niños pequeños se encuentran con pares, se abre todo un campo de aprendizajes, de experiencias. Los vemos observarse, acercarse, sonreírse... A veces se dan diálogos de miradas y gestos, de dar y recibir, de disfrutar de alcanzarle algo a otro que lo está pidiendo... y que dice gracias cuando lo recibe... Hablamos por ejemplo de escenas de bebés y de niños de 1 y 2 años, que tienen una profundidad enorme.

Cada niño nos habla, con sus gestos, de cómo está en él mismo, de cómo es la relación que ha entablado con sus adultos -con sus padres en casa, con sus maestras en el jardín, con sus referentes en el Hogar- de qué necesita. Nos habla y entabla con nosotros una comunicación sin palabras: leemos, percibimos, su tono muscular, la fuerza o relajación de su mandíbula, sus manos, el color de su piel, la cualidad de sus movimientos y los juegos que arma, su mirada...

Para jugar, para moverse con tranquilidad -¡que no es estar quieto!- para no sentir que todo el mundo se desmorona si hay que esperar un poco -para un juguete, para una comida, para subir por el trepador, para... los niños necesitan calma, calma interna que es reflejo -recordemos que los niños son imitadores y son grandes órganos de percepción- de la calma que nosotros les brindamos. Y nosotros brindamos calma -o no- con el ritmo de vida que les proponemos en general y en particular de cada día; con la atención verdadera que les brindamos, con nuestra sincera intención de encontrarnos con cada uno, de reconocerlos y aceptarlos, y amarlos, como son... no como quisiéramos que sean, sino como son. Ese es el punto de partida para caminar juntos.

¿Cómo se traduce esto en la vida cotidiana?

Cuando un niño nos preocupa, nos ocupa de manera especial, porque hay algo que llama nuestra atención, intentamos acercarnos a él especialmente. Una forma fundamental y fundante para encontrarnos, es la observación.

Observar nos permite intentar descubrir en qué procesos está y cómo está el niño, qué nos dice, qué necesita, qué nos muestra de sí mismo y por ende, de las relaciones que establece con los demás.

Cuando los pequeños pegan, muerden , empujan, tiran de los pelos... estamos frente a situaciones donde se entabla una relación con los demás, pero de una forma que no es beneficiosa para ninguna de las dos partes. **Aquí es importante que nosotros estemos cerca, porque impedir que entre ellos se lastimen, es también evitar que se etiqueten roles como "el que pega" o "el que muerde".** ¡Esto vale para todos los niños!

Volvamos a la observación. En estas situaciones lo que hay es una tensión que se descarga, un *acting*. No hay niños malos, no hay niños agresivos, no hay niños pequeños que a propósito quieran lastimar a los demás y elaboren anticipaciones mentales con estos planes. Por lo general hay niños que no saben cómo relacionarse, no pueden, y por eso "hablan" con sus acciones. Niños que necesitan que veamos, los adultos, qué envolturas les estamos ofreciendo, esas envolturas que protegen y dan calma. Y estos niños -como todos los niños, pero quizá un poquito más- **necesitan que nosotros seamos especialmente amorosos y cálidos en nuestro trato con ellos.** Los niños nos imitan: que nosotros seamos cuidadosos en cómo los tocamos, cómo les hablamos, cómo usamos nuestras manos cuando estamos con ellos, qué calidez les brindamos es parte de la envoltura que están pidiendo. Y calidez es también la mirada de sí mimos que les devolvemos.

Y a nosotros:

¿Quién nos dignificó con su mirada?
¿Podemos sentir esas mirada como envoltura?
¿Podemos sentirnos envueltos por ellas?
¿Podemos evocar esas miradas cuando sentimos que las necesitamos?

Es la mirada amorosa y de aceptación a lo más profundo de nuestro ser, la que posibilita toda resiliencia.

Cuestiones concretas que pueden ayudar.

- Saber que el niño tiene sus necesidades básicas satisfechas: estar seguros de que está descansado, no tiene hambre ni sed, está cómodo con su ropa: abrigo, pañal seco si es el caso. Estas son cuestiones que a más pequeños más importantes para estar en calma y poder jugar, solo y con otros. Si necesita algo de esto, ¡debemos brindárselo!

- A las necesidades básicas orgánicas, le sumamos la necesidad básica de saber que cuenta con su adulto: vemos que todos los niños juegan mejor y con más ganas después que han tenido momentos de proximidad con su adulto, que han sido realmente percibidos. Ejemplos concretos en el jardín o el hogar pueden ser tiempos dedicados a la comida o cambiado de cada uno; tiempos donde un niño acompaña a su maestra o cuidadora mientras ella o entre los dos hacen algo: preparan la merienda, buscan algo que hace falta en la sala, riegan las plantas, barren… ¡cosas con sentido!

- Ofrecer espacios cuidados, donde estamos atentos a los materiales que ofrecemos, y retiramos si vemos que algún objeto requiere de los niños más cuidado o autocontrol del que en ese momento tienen.

- Parte del espacio cuidado, es que nosotros estamos atentos y con posibilidad de intervenir si es necesario. Por eso, si no va a ser así, es mejor anticiparnos: por ejemplo, si hay un niño que suele resolver por ahora sus dificultades mordiendo o pegando a los demás y por unos minutos su referente se va a alejar un poco del grupo porque tiene que cambiar el pañal de un compañero, o porque va a amasar… para él y para los demás va a ser una **forma de cuidado** si le dice que lo acompañe. Y este acompañar es verdadero, no es un castigo por nada que haya hecho otro día o en otro momento ¡sabemos que ellos viven en el presente! Cuidamos a todos los niños del grupo, esto es un abrazo para todos.

- Conocer a los niños, evitarles las situaciones que los someten a un estrés mayor que el que pueden controlar: hay niños que se ponen muy tensos por ejemplo cuando están con otros más pequeños -estos niños se sienten mejor entre pares o niños más grandes- entonces podemos medir estos tiempos, y estar muy cerca de él en estas situaciones.

- Es muy fuerte escuchar -y se escucha- niños del jardín que dicen "yo soy malo", "yo siempre pego". Estando atentos a los espacios y ritmos que ofrecemos, seguramente daremos a cada niño la posibilidad de desplegar su juego. Que estos niños que nos ocupan tengan experiencias de sí mismos donde pueden jugar en calma, donde pueden hacer algo que le agradecemos, algo valioso para todos, es sumamente importante para la **imagen de sí mismos que ellos y los demás van construyendo.**

Lautaro tiene tres años, tiene mucha fuerza ,mucha energía. Esto suele a veces generar conflictos con otros niños. Una vez por semana, tiene la posibilidad de trasladar cajas y bolsas pesadas con alimentos desde la vereda hasta la cocina, un buen trecho donde puede expandirse a sus anchas haciendo una tarea plena de sentido. Eso es rítmico, lo sabe y lo espera. Y cuando se necesita hacer otras cosas que requieran fuerza -y que sean acordes a un niño- él es convocado a hacerlo. Está en su elemento , desplegando esa fuerza y esa energía. Su sentimiento de "inadecuación" de los momentos donde no puede parar de pegar, empujar, correr desaforadamente, se transforman en vivencias de "yo puedo" cuando puede canalizar esa fuerza en haceres con sentido.

En la vida cotidiana de cualquier institución educativa, son especialmente sensibles los momentos de transición: cuando pasamos de jugar a ordenar para la merienda, cuando nos abrigamos para salir, cuando nos estamos preparando para jugar, cuando saben que los van a venir a buscar... son momentos para que estemos atentos. Pronto descubriremos quiénes necesitan salir primero, quién es bueno que lo tengamos de ayudante porque le cuesta ese tiempo de espera hasta que estamos todos listos...

Es importante que nuestra palabra sea siempre clara y verdadera, ya sea antes o después de las situaciones entre ellos. A veces es antes.

- ¿Vos querés jugar también con...? podemos decirle. -Y nosotras le decimos...
- Ah, querés el caballito que ahora está usando ella, cuando termine podés usarlo vos.

Los más pequeños suelen agradecer con alivio si en ese momento uno les ofrece otra cosa para jugar, o lo convoca para que nos acompañe a hacer algo.

-Veo que están jugando demasiado cerca y se chocan....vení, sentate un poco más acá asi hay mas lugar para cada uno.

Cuando ha habido una situación, ahí es fundamental que nosotros intervengamos con la palabra clara, acompañada de un gesto preciso si es necesario.

-"Aquí no nos pegamos","no nos mordemos", entonces **hablamos de la acción, no del niño,** no hay un niño pegador *"el que pega",* y es importante que colaboremos para que estos rótulos no se instauren. Esta es una regla de oro.

Si hay dos niños en una situación en la que se pegan, nosotros podemos decirle a uno de ellos que venga a jugar a otro lado y lo acompañamos; no se lo decimos desde lejos para que lo haga solo. Y fundamentalmente, **con mucha**

presencia y paciencia. Cuidamos a todos los niños, haremos todo lo posible para que ninguno se lastime ¡y pondremos la mano para evitar una mordida o un golpe todas las veces que podamos!

Consecuencias lógicas, visibles y comprensibles en sí mismas para los niños:

Si un niño está pegando con un objeto, ese objeto se le pide y se le retira… ¡es para jugar!

Si dos niños se están pegando en un espacio, les ofrecemos espacios diferentes a cada uno.

Recalcamos que lo esencial es conectarnos con los niños, que siempre intentan mostrarnos lo que necesitan. Tenemos muchos hilos para tejer el cobijo que les ofrecemos: nuestra mirada, los espacios, los tiempos, los ritmos… y si necesitamos pedir ayuda, también es un bálsamo para ellos, que no nos quieren perfectos, sino en camino de autotransformación.

Ver las agresiones como un gran llanto y acompañarlos ahí con presencia.

María del Carmen Vásquez
Fundación Ami, Ecuador

El *desafío del trabajo en equipo:*
el encuentro con el otro como posibilidad de autoeducación

Muchas de las situaciones de crianza que hemos ido compartiendo, van de la mano del trabajo con otros, tanto en casa, como en las instituciones. Esta tarea compartida, este hacer juntos en función del niño, de los niños -porque ya no es lo que yo quiero o lo que a mi me parece, sino qué es lo que los niños necesitan y cuál es la mejor forma que tenemos de ofrecérselo- nos ofrece también la oportunidad de crecer en el encuentro con nuestros pares, adultos.

Mirarnos al *espejo*

El trabajo con otros es una hermosa oportunidad de conocernos. El otro espeja siempre algo mío, algo para trabajar, algo para hacerme cargo, algo para transformar, algo nuevo para plasmar. Todo lo que en otro me llama la atención es porque tiene que ver conmigo, sea positivo o negativo, si no, me sería indiferente. Cuando alabo o critico algo en otros, la situación me lleva a mí. Ahí siempre hay materia prima para trabajar conmigo mismo. Si me llama algo la atención es porque ahí tengo algo para mirar. Incluso en situaciones que parecieran objetivamente no tener nada que ver.

Si miro más profundo veo que a mí me enoja algo –una actitud, un modo, una forma- que a otros no les enoja. Y esto me lleva a mirar qué hay atrás de eso. Qué es lo que me enoja. Posiblemente el no sentirme percibida. Y ahí se abre un interesante abanico de autoobservación. ¿Qué me espeja de mi? ¿En qué situaciones no percibo a los otros? Y mientras trabajo conmigo mismo en esta dirección, puedo agradecer, y liberar al otro por haber "jugado ese rol en mi película" como dice Hew Len*.

---

* Hew Len, terapeuta hawaiano.

11.
Madurez escolar y sentidos: por qué no a la intelectualización precoz

"Especialmente en la temprana infancia el cuerpo es enormemente vulnerable y como totalidad irritable en su desarrollo por medio de impresiones nocivas y carentes de sentido. Es por ello que en la edad preescolar el cuidado de los sentidos es de especial importancia. El cuidado de este ámbito dentro del marco de la pedagogía es constituyente, en el sentido cabal de la palabra, no solo para la futura formación de sentimientos e ideas sino en especial para el desarrollo corporal, para el "sentirse bien dentro de la propia piel".

Michaela Glöckler

Cuando hablamos de madurez escolar, nos estamos refiriendo a las cualidades de la maduración necesaria para que un niño pueda afrontar el devenir de la escolaridad primaria. Y dicho de una manera muy sencilla, lo que el niño que va a la escuela necesita es "tener el cuerpo a disposición", una vez más, "ser el soberano de su casa corporal", "sentirse bien dentro de la propia piel".

Solo estas pocas ideas, ya nos remiten a mucho de lo que es cuidado de los sentidos durante toda la infancia. Porque tiempos de calma y concentración, un niño tiene desde muy pequeño, cuando no lo interrumpimos o lo distraemos con muchos estímulos al mismo tiempo. Los va conquistando a la par de nuestra presencia y mirada de confianza. Lo observamos tanto en su exploración y juego, como en la búsqueda de autonomía y de hacer por sí mismo. Entonces vemos que se viste y se calza solo, que ata sus cordones, que puede comer con cubiertos y usar algunos utensilios de la vida cotidiana.

Las fuerzas que durante los primeros años han estado trabajando sobre el cuerpo físico, fuerzas vitales y plasmadoras, se liberan ahora y quedan a disposición para los aprendizajes escolares. Lo que los sentidos básicos posibilitan durante los primeros siete años, tiene que ver con este proceso de hacerse del cuerpo.

Al pasar a la escuela primaria, esperamos que los niños tengan dominio sobre sus movimientos, que lleguen "hasta la punta de los dedos"; ojo, hasta la punta de los dedos haciendo todo el recorrido, no *solo* la punta de los dedos, como pasa con las pantallas. Que puedan sostener su atención y calma en tareas que la necesitan y que se interesen en empezarlas y en terminarlas, también.

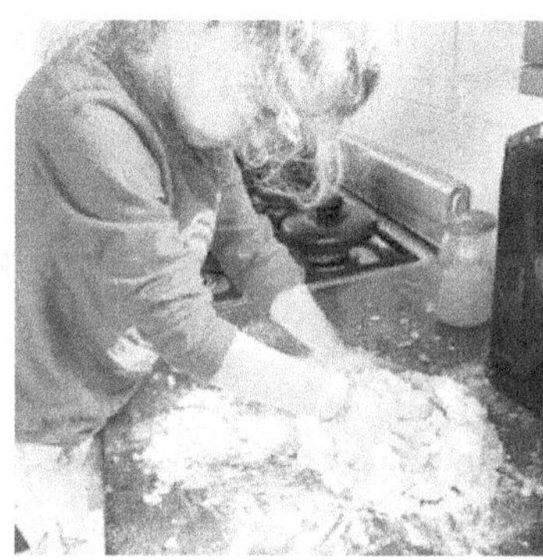

Las vivencias de procesos, que son parte del cuidado del sentido vital, son base para el despliegue de la escritura y la lectura: porque un texto, un relato, es un proceso que empieza, se desarrolla y concluye. Resolver una cuenta, ¡también es un proceso! Por eso, vivir procesos: hacer una ensalada; barrer, sembrar, regar, cuidar, cosechar; amasar lo que vamos a comer; construir; transitar una enfermedad... es prepararnos para la lengua y la matemática.

Para poder recibir lo que viene de afuera, lo que otro le va a enseñar, el niño necesita percibirse él mismo separado del mundo, percibir su límite corporal y sentirse confiado en él: esto nos lo posibilita el sentido del tacto. Esta confianza hace que se sienta él mismo, sin necesidad de ir a choque con los demás, y que pueda reconocer a los demás como otros.

Podrá reconocer que tiene hambre, sed, ganas de ir al baño... y esperar unos minutos si es necesario, sin sentir por esto que se desarma. Podrá disfrutar de afrontar ciertos desafíos que le demandan esfuerzo: una caminata, trepar un árbol, probar muchas veces eso que quiere lograr por sí mismo. Mucho de esto vimos en el cuidado del sentido vital.

Sobre estas experiencias se apoyarán los aprendizajes de la lectoescritura y lo lógico-matemático, tan valorados en nuestra cultura. Volvemos a la imagen de andar, hablar, pensar, esa secuencia de pensar que se apoya en el hablar, y hablar que se apoya en el gesto, el hacer, la voluntad.

Los conceptos que conquistamos cuando vamos creciendo, se basan en nuestras experiencias. Una vez más: el bebé no aprende a caminar porque nosotros le explicamos cómo hacerlo; lo logra a partir de experimentar y vivenciar todo el proceso de erguirse y dar un paso. Para comprender qué es arriba, qué es abajo… un niño necesita haber subido y bajado él, con su cuerpo entero y por iniciativa propia, muchas, muchas veces: es a partir de esa información que tiene en el cuerpo, hecha cuerpo, que llegará a los conceptos. Y conquistar este movimiento por sí mismo es aún más: es construir el entramado del sistema nervioso central, formar su cerebro, en esos años de "hacer cuerpo".

Toda la orientación espacial conquistada desde el cuerpo, confluirá luego en la hoja del cuaderno. Esto lo permite el sano desarrollo del movimiento y del equilibrio.

Para diferenciar la **b** de la **d**, la **p** de la **q**... necesitamos ubicarnos en el espacio, manejar las distintas coordenadas… y esto empezó cuando estábamos acostados panza arriba y juntamos nuestra manos frente a nuestros ojos, cuando rolamos a un lado y al otro, cuando gateamos, uniendo así el funcionamiento de ambos hemisferios cerebrales, cuando con la conquista de las grandes posturas y de la motricidad fina, fuimos superando los movimientos reflejos que teníamos disponibles al nacer.

La dominancia del lado derecho o izquierdo, se irá afianzando a lo largo del primer septenio, cuando el niño va realizando una integración de la barrera media vertical, y puede tanto cruzar la línea media como elegir con qué mano toma un objeto. En el juego y en las actividades que realiza el pequeño, el usar ambas manos en el centro o cruzando la línea media, desempeña un rol importante. Y mucho de este trabajo se realiza en el constante juego con el movimiento -grandes movimientos y motricidad fina- y el equilibrio. Para los más grandes, por ejemplo, podemos recordar aquellos juegos de palmas o de dedos que vienen pasando de generación en generación, que chocan al medio, alternan las manos, cruzan…

Antes de hacer un relato escrito, el niño lo hará de forma oral. Y antes de hacerlo con la palabra, lo hará con sus gestos: podemos leer el movimiento.

Nos habla de un sano desarrollo del movimiento y equilibrio que el niño logre destrezas como saltar con los pies juntos a un lado y a otro, caminar por una línea hacia adelante y hacia atrás, saltar con un pie en el mismo lugar, saltar la soga, hacer juegos de dedos, hacer cruces; a la vez que pueda dejar de moverse, quedarse quieto y "ser todo oídos", ¡quedarse quieto es una de las conquistas del movimiento más difíciles!

Que pueda escuchar a otro, esperar su turno, controlar más sus sentimientos, se relaciona también con su equilibrio.

Lo que planteamos como madurez escolar, es justamente el haber concluido el trabajo sobre nuestro cuerpo físico que realizamos en el primer septenio. La maduración de los sentidos básicos es, por lo tanto, fundamental para el desarrollo de nuestro pensar.

Este "estar listo para ir a la escuela primaria", lo vemos también cuando el niño que en el jardín imitaba y jugaba entregado a su juego, de a poco ve en el adulto alguien que puede enseñarle algo que él no sabe: va apareciendo este gesto de recibir una "autoridad amada". Ya no es la imitación el principal modo de aprender: si bien durante los primeros grados de la primaria, continúa siendo un fuerte gesto, este de imitar, ya hay otra apertura anímica para interesarse y recibir lo que viene de ese adulto que los niños admiran.

Nos gustaría hacer énfasis en el proceso natural de maduración, que no necesita un adiestramiento, sino un entorno apropiado para desarrollarse. Vivimos hoy en un apuro social por acelerar la escolaridad, donde se pretende enseñar a leer y escribir en el jardín de infantes, desestimando muchos de los aprendizajes previos que hacen de base al acceso a la escritura y a la lectura.

Las fuerzas que en el niño de jardín trabajan sobre la formacòn de órganos, *son las mismas* que luego estarán a disposición para el aprendizaje escolar, pero que ahora tienen otra tarea. Vemos que si las convocamos de forma prematura para que el niño "piense, entienda" como pensamos y entendemos los adultos, las quitamos de un ámbito para llevarlas a otro… pero entonces, queda un trabajo sin hacer, sin terminar. Les quitamos vitalidad a los niños.

En encuentros con maestros de diferentes jardines y pedagogías es común llegar a la observación de niños extremadamente intelectualizados -escriben, leen, reconocen los números escritos, nos dan explicaciones científicas- que tienen dificultades en el manejo de su cuerpo, en la coordinación de sus movimientos, en el despliegue de su juego y muchas veces en lo social.

Son niños que nos invitan a rever qué entornos les ofrecemos, y cómo cada aprendizaje se ancla en uno anterior, que no puede faltar. Un niño que lee y escribe, pero que no logra ponerse las zapatillas ni comer en calma, ni jugar con autonomía… ¡no es aún soberano de su cuerpo! Y corremos el riesgo de favorecer aprendizajes hiperacomodativos, donde el niño nos repite la información que le hemos dado, sin tenerla "en el cuerpo" en la experiencia, unida a vivencias…

Hoy en día, es común encontrarnos con niños que tienen mucha facilidad para lo intelectual, un pensar muy despierto. Niños que pronto se interesan por el medio letrado en que viven, que descubren cómo se escribe su nombre, que recuerdan muchísima información, que arman rompecabezas complejos... Nos gusta pensar esto como un don que el niño trae: eso ya es de él, le es propio ¿Qué necesita entonces de nosotros? Que colaboremos en que pueda desarrollar de forma saludable también su sentir y su voluntad, que no se polarice en ese polo del pensar… y que siga construyendo su pensar afianzándolo en el hacer, en el moverse… haciéndolo cuerpo. Que tenga tiempo para jugar, para estar en contacto con el agua, la tierra, la arena, para interactuar con otros… Que pueda ¡lo decimos otra vez! vivir procesos con sentido.

No podemos decirle "no leas" al niño que va por la calle y lee un cartel. Pero sí podemos ir juntos caminando

a la plaza y contener nuestro ímpetu de llenar la heladera de imanes con letras "para que practique".

La madurez escolar es un camino que empieza en el nacimiento y se va desplegando a lo largo de los primeros años. ¡Cada uno tiene su tiempo para estar listo para ir a la escuela!

¿Esperamos que el niño pueda quedarse quieto?
Tiene que haber satisfecho su necesidad de moverse… y sentirse a gusto en su cuerpo.

¿Esperamos que pueda saltar, correr, hacer cruces con brazos y piernas?
Tiene que haber experimentado mucho su movimiento propio.

¿Esperamos que pueda escuchar a otros?
Tiene que tener vivencias de ser escuchado por
nosotros, sentirse bien en sí mismo, encontrar
su equilibrio.

¿Esperamos que se sienta a gusto en su cuerpo?
¿Cómo tratamos nosotros a su cuerpo en los
momentos de cuidado? ¿Qué posibilidad le
damos de moverse por sí mismo? ¿Qué imagen
le devolvemos de él mismo?

¿Esperamos que esté confiado y seguro de sí
mismo?
Posibilitemos que tenga gratas y variadas experiencias con su sentido del tacto. También
será nuestra mirada de confianza en él, la que
tiene internalizada.

¿Esperamos que "no se frustre" si no logra algo
que otro logra, o que él quiere hacer ya?
¿Cómo fue y es nuestra mirada a los procesos
de aprendizaje, a poder probar una y mil veces,
a disfrutar los caminos que nos llevan a diferentes hitos en nuestro desarrollo?

¿Esperamos que empiece y termine su tarea?
Vivir procesos con sentido, en lo cotidiano es
un gran facilitador.

*"Se ha de dejar al niño en la condición apacible, soñadora,
de imaginación pictórica en la que transcurren los primeros
años, tanto como sea posible. Porque, si permitimos que se
fortalezca su organismo en este aspecto no intelectual, de-
senvolverá correctamente después, la intelectualidad que
necesita el mundo de hoy."*

Rudolf Steiner. Andar, hablar, pensar

Epílogo

Cada niño es único, en su historia, en su constitución.

Lo acompañamos en sus primeros años sabiendo que son fundantes para el resto de su vida a la vez que, claramente, transitará su propio camino, se confrontará con los desafíos que necesite atravesar.

No es que con estos cuidados les garantizamos una vida sin problemas, sino que intentamos ofrecerles herramientas para que puedan afrontar lo que les toque transitar.

Acompañar los primeros años es como sembrar una semilla, que lentamente brota, y sus frutos se verán a lo largo de la vida.

El cuidado de los sentidos y un desarrollo integral de los niños nos demanda cuerpo, disponibilidad a los adultos; nos demanda presencia, estar, vivir cosas con ellos, hacer, compartir. Eso es hoy un desafío enorme para la crianza y una inmensa oportunidad para cada uno de nosotros.

La invitación es a disfrutar ese camino.

Bibliografía recomendada

Almon, Joan. *Cómo se desarrolla el niño a través del juego* (disponible en internet).

Beneito, Noemí. *El acompañamiento del desarrollo.*

Beneito, Noemí. *Todo comienza por la espalda* (disponible en internet)

Chubarovsky, Tamara. *El impacto del lenguaje adulto en el niño.* (disponible en internet).

Chubarovsky, Tamara. *Cuentos para Ver, Oír y Sentir*, 2015.

Chubarovsky, Tamara. *La fuerza curativa de la voz y la palabra*, 2015.

Denjean-von Stryk, Barbara. *Habla, para que te vea.* Editorial Dorothea, 2016.

Falk, Judit. *Mirar al niño.* Ed. Ariana.

Gerber, Magda y Johnson, Allison. *Cómo lograr que mi bebé tenga confianza en sí mismo.*

González Rena, Ignacia. *Creciendo con amor; adultos presentes, niños con confianza.* Edit. Antroposófica 2015

Gruss, Liliana y Rosemberg, Francis. *Bebés en movimiento. El desarrollo postural en imágenes.* Ediciones Continente, 2015.

Gruss, Liliana y Rosemberg, Francis. *Los niños y el juego. La actividad lúdica de 0 a 5 años.* Ediciones Continente, 2017.

Howard, Susan y otros. *El juego y el desarrollo en la educación preescolar Waldorf.* Edit. Antroposófica.

Jaffke, Freya. *Juguetes hechos por los padres.* Ed. Rudolf Steiner 2010, 19ª edición.

Köler, Henning. *Educar hoy al niño triste, temeroso o inquieto.* Edit. Antroposófica.

Köler, Henning. *No existen niños difíciles.* Ed. Dorothea.

Lievegoed, B. *Etapas evolutivas del niño.* Edit. Antroposófica.

Messing, Claudia. *Por qué es tan difícil ser padres hoy.* Noveduc.

Murphy Lang, Cynthia. *El desarrollo del ojo observador*, Waldorf Publications 2010.

Patzlaff, Rainer. *La infancia enmudece*.

Patzlaff, y otros. *Directrices de la Pedagogía Waldorf desde el nacimiento hasta los tres años*. Editorial Rudolf Steiner (España) 2017.

Pikler, Emmi. *Moverse en Libertad*. Narcea, S.A de ediciones.

Ruf, Bernd. *Pedagogía de Emergencia*. Tales &Tales, 2017.

Selg, Peter. *Innatalidad*. Ed. Dorothea.

Steiner, Rudolf. *Andar, hablar, pensar*. Edit. Antroposófica.

Steiner, Rudolf. *La práctica pedagógica*.

Steiner Rudolf, *La conducción espiritual del hombre y la humanidad*, Edit Antroposófica.

Steiner, Rudolf. *La educación del niño a la luz de la Antroposofía*. Edit. Antroposófica.

Szanto Feder, A. *Una mirada adulta sobre el niño en acción*. Ediciones Cinco.

Szanto Feder, A. Loczy. ¿Un nuevo paradigma? El instituto Pikler es un espejo de múltiples facetas.

Soesman, Albert. *Los doce sentidos, portales del alma*. Ed. Pau de Damasc, 2016.

Tardos, Anna. *La mano de la educadora*. Revista La Hamaca. (Disponible en internet).

Tardos, Anna. *El adulto y el juego del niño*. Octaedro 2014.

Varios. *La dignidad del niño pequeño*. (Congreso de 1999). Edit. Antroposófica .

Varios. *Caminando hacia el futuro. La educación infantil como base para una vida social saludable*. Edit. Rudolf Steiner. (España) 2019.

9 789876 821865